高等教育跨境电子商务专业"校行企"协同育人系列教材

跨境电商 B2C 运营
——Wish 平台

主　编　刘睿倪　姜继红　卢　洋
副主编　方美玉　甘红云　王恩江
主　审　李　忠　黄文平

电子工业出版社
Publishing House of Electronics Industry
北京·BEIJING

内 容 简 介

本书以"产教融合，服务经济和社会发展需要"为理念；以提高学生跨境电商 B2C 运营的理论知识水平和业务实践能力为目标；以学生能够熟练地完成跨境电商 B2C 运营整个流程，并取得良好运营效果为落脚点来构建跨境电商 B2C 运营——Wish 平台应用型教材的框架体系和编写模式。本书根据跨境电商 B2C 运营——Wish 平台的实践能力需要和基本流程操作的要求设计了 3 篇共 9 章内容，具体为 Wish 平台概述、Wish 平台主要政策、Wish 平台开店、Wish 店铺运营与管理、Wish 店铺优化、Wish 跨境电商网络营销、Wish 店铺违规与申诉处理、项目孵化与创业实践、Wish 卖家成功案例分享。通过对以上内容的教学和实践训练，能较好地实现教学过程中"教、学、做、创、训"的有机结合。

本书主要作为应用型本科院校与高职高专院校的跨境电商、国际经济与贸易、国际商务、国际物流、商务英语等专业的教材，也可以作为国际经济与贸易、国际商务等领域工作人员的培训和自学教材，还可以作为跨境电商 B2C 运营爱好者学习的入门参考用书。

未经许可，不得以任何方式复制或抄袭本书之部分或全部内容。
版权所有，侵权必究。

图书在版编目（CIP）数据

跨境电商 B2C 运营：Wish 平台 / 刘睿伣，姜继红，卢洋主编. — 北京：电子工业出版社，2024.4
ISBN 978-7-121-47590-0

Ⅰ．①跨… Ⅱ．①刘… ②姜… ③卢… Ⅲ．①电子商务－运营管理 Ⅳ．①F713.365.1

中国国家版本馆 CIP 数据核字(2024)第 063174 号

责任编辑：王二华　　特约编辑：肖　芬
印　　刷：天津嘉恒印务有限公司
装　　订：天津嘉恒印务有限公司
出版发行：电子工业出版社
　　　　　北京市海淀区万寿路 173 信箱　　邮编：100036
开　　本：787×1092　1/16　印张：15　字数：360 千字
版　　次：2024 年 4 月第 1 版
印　　次：2024 年 4 月第 1 次印刷
定　　价：49.00 元

凡所购买电子工业出版社图书有缺损问题，请向购买书店调换。若书店售缺，请与本社发行部联系，联系及邮购电话：(010) 88254888，88258888。

质量投诉请发邮件至 zlts@phei.com.cn，盗版侵权举报请发邮件至 dbqq@phei.com.cn。
本书咨询联系方式：wangrh@phei.com.cn。

前　言

跨境电商、国际经济与贸易等专业重点培养具备跨境电商网络营销、活动策划、平台运营等能力，从事跨境电商平台运营及数据分析、视觉营销、网络客服等工作的高素质技术技能型人才。人才培养目标的实现最终落脚在相关课程的建设。作为一门操作性极强的课程，准确把握课堂理论教学与平台操作实践教学的平衡点是建好课程的关键所在。而课程建设的难点就在于选择一本合适的教材。教材的实践部分必须与工作任务高度契合，才能缩短人才从业适应期。两者契合度高，人才从业适应期短，生产力转化能力就强；契合度低，人才职场流动性大，职场体验感弱，人才培养产出与投入比值小，就会造成公共教育资源的严重浪费。纵览跨境电商教材市场，与该课程相关的教材可分为两类：一类是高职高专、本科院校教师编写的教材；另一类则是跨境电商平台企业编写的平台操作指南。院校类教材过于偏重知识体系，操作性比较欠缺；而企业类教材中的平台规则过于烦琐，系统性不强，对于初学者来讲很难把握，不适合课堂教学。

基于以上几点考虑，在"理实一体、工学结合、创新创业"的指导思想下，立足实践教学，我们编写了《跨境电商B2C运营——Wish平台》这本教材。Wish作为全球最大的手机移动端跨境电商B2C运营平台，具有开店门槛低、操作灵活、出单快、适合轻创业等诸多优势，故在跨境电商B2C运营的教学中以Wish平台为基础，全面地教授跨境电商B2C运营平台——Wish平台的相关理论、规则与政策、实践操作技能及创新创业的实战本领。

本书由浙江财经大学东方学院刘睿伲老师担任第一主编，负责全书的大纲编写、框架设计及最后的统稿工作；浙江长征职业技术学院姜继红老师担任第二主编，提供丰富的案例、实务操作资料；广东科技学院卢洋老师担任第三主编，提供知识链接、视野拓展等相关资料；浙江外国语学院方美玉教授、杭州师范大学甘红云老师、浙江财经大学东方学院王恩江老师担任副主编；浙江财经大学东方学院李忠、黄文平老师担任主审。编写人员及具体分工为：刘睿伲编写第1章、第3章、第4章；姜继红编写第5章、第7章；卢洋编写第2章；方美玉编写第8章；甘红云编写第6章；王恩江编写第9章。李忠、黄文平、汤叶灿(杭州外新人信息技术有限公司)、李姿(杭州领聚创海信息咨询有限公司)、聂在心(浙江稳行网络技术有限公司)、成蓉(浙江理工大学)、王淑云(浙江工商大学杭州商学院)、刘嘉(浙江经济职业技术学院)等对本书的大纲、内容和书稿进行了审阅和讨论，并提出了很多具体的意见和建议，同时还有一些外经贸、跨境电商单位及从事跨境电商B2C运营和管理的专业人士对本书的内容设计提出了具体意见和建议，并提供了一些实际操作的案例。因此本书是从事跨境电商一线教学的教师、从事一线跨境电商运营和管理工作的专业人员和有关专家、学者集体智慧的结晶。

在本书编写过程中，编者参阅、借鉴和引用了国内外跨境电商方面的专家、学者和专业人士的研究成果和实践经验资料，同时也得到了相关领导、同事和学生们的大力支持和帮助，在此向他们表示诚挚的感谢。

由于编者水平有限，书中难免存在错误、疏漏和不足之处，恳请广大读者、有关专家和从事跨境电商运营和管理的专业人士批评指正，并同我们交流相关信息，以促进本书的日臻完善以及这一学科领域的研究和教学改革的不断深入。意见和建议请发至邮箱：37576745@qq.com。

编者

目　　录

第1篇　基本知识和基本政策

第1章　Wish平台概述······2
1.1　Wish公司概况······3
1.1.1　Wish公司创始人简介······3
1.1.2　Wish公司发展历程······4
1.2　Wish平台介绍······5
1.2.1　Wish平台的特点与优缺点······5
1.2.2　Wish用户······6
1.2.3　Wish商户······6
1.2.4　Wish品类······6
1.3　Wish购物App······7
1.3.1　Wish综合购物App······7
1.3.2　Mama母婴类购物App······9
1.3.3　Cute彩妆类购物App······9
1.3.4　Home家居类购物App······9
1.3.5　Geek电子产品类购物App······9
1.4　Wish商户App······9
1.4.1　Wish商户App简介······9
1.4.2　Wish商户App特征······10
1.4.3　Wish商户App下载······10
练习题······10

第2章　Wish平台主要政策······11
2.1　产品政策······12
2.1.1　产品禁售······12
2.1.2　产品列表······13
2.1.3　产品促销······15
2.1.4　知识产权······16
2.2　履行订单政策······17
2.2.1　相关概念界定······17
2.2.2　确认妥投······18
2.2.3　政策要求······21

2.3 用户服务政策 ……………………………………………………………… 22
2.4 付款政策 …………………………………………………………………… 23
  2.4.1 订单付款政策 …………………………………………………………… 23
  2.4.2 账户付款政策 …………………………………………………………… 23
2.5 退款政策 …………………………………………………………………… 25
  2.5.1 两层级的高退款率政策 ………………………………………………… 25
  2.5.2 两层级的低评价政策 …………………………………………………… 26
  2.5.3 退款责任 ………………………………………………………………… 27
练习题 ……………………………………………………………………………… 29

第 2 篇 基本流程和基本能力

第 3 章 Wish 平台开店 ……………………………………………………… 33
3.1 开店前调研及准备 ………………………………………………………… 34
  3.1.1 硬件准备 ………………………………………………………………… 34
  3.1.2 供应链准备 ……………………………………………………………… 34
  3.1.3 其他准备 ………………………………………………………………… 35
3.2 店铺注册注意事项 ………………………………………………………… 35
  3.2.1 店铺注册的规定 ………………………………………………………… 35
  3.2.2 注册信息不准确的情形 ………………………………………………… 36
  3.2.3 注册信息不准确的解决措施 …………………………………………… 36
3.3 店铺注册 …………………………………………………………………… 36
  3.3.1 店铺注册操作 …………………………………………………………… 36
  3.3.2 个人店铺升级为企业店铺 ……………………………………………… 45
练习题 ……………………………………………………………………………… 45

第 4 章 Wish 店铺运营与管理 ……………………………………………… 49
4.1 选品与定价 ………………………………………………………………… 50
  4.1.1 选品维度 ………………………………………………………………… 50
  4.1.2 选品方法 ………………………………………………………………… 53
  4.1.3 产品定价 ………………………………………………………………… 61
4.2 产品发布与推广 …………………………………………………………… 65
  4.2.1 产品信息收集 …………………………………………………………… 65
  4.2.2 产品发布 ………………………………………………………………… 83
  4.2.3 产品推广 ………………………………………………………………… 96
4.3 订单处理 …………………………………………………………………… 102
  4.3.1 订单处理时间 …………………………………………………………… 102
  4.3.2 订单处理的一般流程 …………………………………………………… 102
  4.3.3 常用发货物料准备 ……………………………………………………… 103
  4.3.4 订单处理示例 …………………………………………………………… 104
4.4 客服管理 …………………………………………………………………… 110

		4.4.1 客服职责	110
		4.4.2 客服常用的沟通模板	110
		4.4.3 客服操作示例	115
	4.5	跨境物流与配送	121
		4.5.1 邮政物流	121
		4.5.2 国际快递	133
		4.5.3 专线物流	142
		4.5.4 Wish 线上发货平台介绍	145
		4.5.5 欧美海外仓常用物流渠道	145
		4.5.6 Wish Express	152
		4.5.7 Wish 邮物流管理示例	154
	4.6	跨境收款	162
		4.6.1 收款方式	162
		4.6.2 放款规则	163
		4.6.3 收款操作示例	163
	练习题		172
第 5 章	Wish 店铺优化		174
	5.1	Wish 店铺数据分析	175
		5.1.1 数据分析概述	175
		5.1.2 数据分析维度	176
		5.1.3 数据分析操作示例	179
	5.2	产品优化	185
		5.2.1 成为诚信店铺	185
		5.2.2 产品标题优化	185
		5.2.3 产品标签优化	186
		5.2.4 产品图片优化	187
		5.2.5 产品描述优化	188
		5.2.6 产品价格优化	189
	练习题		189
第 6 章	Wish 跨境电商网络营销		190
	6.1	站内营销方法	191
		6.1.1 站内搜索引擎优化	191
		6.1.2 站内付费广告	192
	6.2	站外营销方法	192
		6.2.1 SNS 营销	192
		6.2.2 搜索引擎营销	195
		6.2.3 站外 Deals 营销	196
	练习题		197

第7章 Wish 店铺违规与申诉处理 ·········· 198

7.1 知识产权 ·········· 199
- 7.1.1 未处理 ·········· 199
- 7.1.2 待编辑 ·········· 200
- 7.1.3 等待品牌授权批准 ·········· 200
- 7.1.4 历史记录 ·········· 200

7.2 未处理违规 ·········· 200
- 7.2.1 未处理违规菜单 ·········· 200
- 7.2.2 未处理违规类型 ·········· 200

7.3 等待管理员 ·········· 201

7.4 历史记录 ·········· 201

7.5 违规申诉 ·········· 202
- 7.5.1 违规申诉的类型 ·········· 202
- 7.5.2 违规申诉的注意事项 ·········· 202

练习题 ·········· 203

第3篇　创业实践及分享

第8章 项目孵化与创业实践 ·········· 205

8.1 入驻高校众创空间校园孵化 ·········· 206
- 8.1.1 高校众创空间简介 ·········· 206
- 8.1.2 众创空间入驻的条件和流程 ·········· 207
- 8.1.3 孵化项目管理 ·········· 207

8.2 入驻跨境电商园区孵化 ·········· 208
- 8.2.1 跨境电商园区简介 ·········· 208
- 8.2.2 杭州萧山园区孵化实例 ·········· 209

8.3 实体公司注册 ·········· 211
- 8.3.1 所需材料 ·········· 211
- 8.3.2 注册流程 ·········· 212
- 8.3.3 具体步骤 ·········· 212

练习题 ·········· 212

第9章 Wish 卖家成功案例分享 ·········· 213

9.1 曾旭明：细节决定成败 ·········· 214
- 9.1.1 曾旭明简介 ·········· 214
- 9.1.2 曾旭明 Wish 创业之路 ·········· 214

9.2 杜瑞鹏：跨行业的华丽转身 ·········· 218
- 9.2.1 杜瑞鹏简介 ·········· 218
- 9.2.2 杜瑞鹏 Wish 跨行业转型故事 ·········· 218

9.3 黄远欣：跨境电商这些年 ·········· 220
- 9.3.1 黄远欣简介 ·········· 220

  9.3.2 黄远欣跨境电商创业历程 ·· 221
 9.4 谢剑：内贸转外贸的坎坷 ·· 223
  9.4.1 谢剑简介 ·· 223
  9.4.2 谢剑跨境电商坎坷创业路 ·· 223
 9.5 李大磊：Wish 星青年项目的受益人 ·· 226
  9.5.1 李大磊简介 ·· 226
  9.5.2 李大磊 Wish 创业分享 ·· 227

参考文献 ·· 229

第1篇 基本知识和基本政策

第1章

Wish 平台概述

 内容提要

本章概括地介绍了 Wish 平台，读者将具体了解 Wish 公司概况，包括 Wish 公司创始人简介及公司发展历程；Wish 平台的特点与优缺点、Wish 用户、Wish 商户、Wish 品类；Wish 购物 App 的类型（综合购物及 4 个垂直类 App）；Wish 商户 App，包括其简介、特征和下载步骤等。

 思维导图

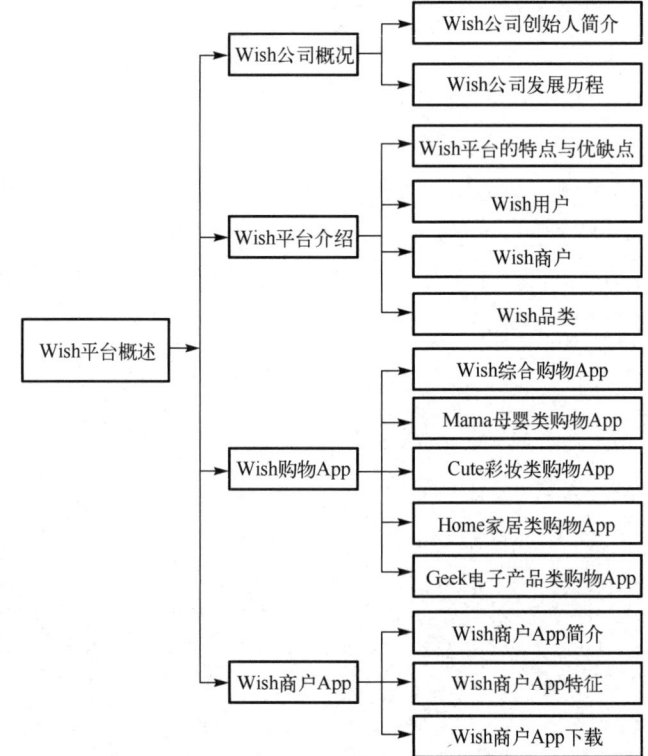

📖 **学习目标**

1. 知识目标

(1) 了解 Wish 公司的发展历程。
(2) 掌握 Wish 平台的特点和品类。
(3) 熟悉 Wish 购物 App 的类型。
(4) 掌握 Wish 商户 App 的特点。

2. 能力目标

(1) 能够下载安装 Wish 购物 App。
(2) 能够下载安装 Wish 商户 App。
(3) 能够正确区分 Wish 品类。

3. 素质目标

(1) 辩证地认识 Wish 平台。
(2) 理性地分析 Wish 平台的前景。
(3) 科学地评价 Wish 平台面临的挑战。

1.1 Wish 公司概况

Wish 公司由来自谷歌和雅虎的工程师 Peter Szulczewski（彼得·斯祖尔切夫斯基）和 Danny Zhang（张晟）于 2011 年 9 月在美国硅谷创立，是一个专注于移动购物的跨境电商 B2C 平台。平台根据用户喜好，通过精确的算法推荐技术，精准地将商品信息推送给感兴趣用户。Wish 公司主张以亲民的价格给消费者提供优质的产品。

1.1.1 Wish 公司创始人简介

图 1-1-1 为 Wish 公司的两位创始人，其中左边的是来自波兰华沙的彼得·斯祖尔切夫斯基，右边的是来自中国广州的张晟。两人曾一起求学于著名的加拿大滑铁卢大学，并且是室友，彼此特别了解。

图 1-1-1　Wish 公司创始人

彼得·斯祖尔切夫斯基目前担任 Wish 公司首席执行官。在大学毕业前，他曾在三家著名的企业——ATI、NVIDIA 和 Microsoft 实习；大学毕业后，他顺利进入谷歌公司，就职于机器学习小组，研究机器自主学习算法；一年后，他成为技术带头人，带领团队参与 Google Adwords/Adsense 等经典产品的设计；2009 年 1 月，他离开谷歌；2011 年，同张晟共同创办了 Wish 母公司——ContextLogic。

张晟目前担任 Wish 公司的首席技术官。大学时期，他在 Alcan 实习期间，曾担任软件工程师；毕业后，他去了雅虎；此后工作于 LineWire 和 AT&T 公司。张晟已经在计算机科学领域拥有了 9 项专利，此外，他对算法技术研究颇深，曾与其导师共同发表专业文章。2011 年，张晟离开 AT&T，与彼得联合创办了 ContextLogic。

1.1.2 Wish 公司发展历程

Wish 平台最初是一个推荐引擎，可以根据用户的浏览习惯推测他们的兴趣，然后将他们与产品或广告相匹配。2011 年，Facebook 试图以 2000 万美元收购 ContextLogic，并将其推荐引擎整合到广告和新闻 feed 中。彼得·斯祖尔切夫斯基拒绝了 Facebook 的提议，然后推出了 Wish 平台，一个能让人们为他们想从外部网站购买的产品制定 Wish 清单的地方。通过使用推荐引擎来分析这些数据，Wish 平台就可以找出用户更有可能购买的其他产品。这一技术基础使 Wish 平台能够创建自己的第三方市场。

2013 年 3 月，Wish 公司成功转型为跨境电商，当年 12 月，转型仅 9 个月的 Wish 公司的平台交易额就接近 1 万亿美元。

2014 年 2 月，Wish 公司在中国上海静安 CBD 成立了全资子公司及中国总部，进一步拓展了中国供应商资源，并在中国展开了大规模招商活动。

2015 年，Wish 公司由单一的 Fashion 品类发展到全品类产品销售，分别上线了科技电子类、母婴类、化妆美容类垂直 App。

2016 年，Wish 平台 GMV（Gross Merchandise Volume，商品交易总额）增幅达 100%，营业收入增幅超过 200%，推广费用降低了 80%，注册用户超过 3.3 亿人，日活跃用户超过 700 万人。

2014—2016 年是 Wish 公司飞速发展的 3 年，Wish 公司连续 3 年被评为硅谷最佳创新平台。在两位创始人的带领下，通过全体 Wish 公司成员的不懈努力，Wish 平台成为了北美和欧洲最大的移动电商平台。同时 Wish 公司荣列全球第六大互联网电商平台，成为全球第 5 家 4 年内 GMV 达到 30 亿美元的互联网公司。

2017 年 3 月，Wish 公司春季卖家大会首次公布了以"星工厂、星青年、星服务、星卖家、星技术"为内容的"五星计划"。特别是 Wish 星工厂和 Wish 星青年两个平台项目，一方面能帮助传统制造业摸索出一个有效推进、实施跨境电商业务的路径；另一方面也能为跨境电商供应链提供更多的人力资源输送。

2018 年，Wish 公司继续保持高速发展的态势，用户规模不断扩大，市场覆盖不断拓展，日活跃用户同比增长超过 50%，月活跃用户同比增长超过 60%。

2019 年，Wish 公司平台的月销售总额明显上涨，其中客单价高于 25 美元的产品增长超过 20%，而客单价在 10 美元以下的高性价比产品销售额增加超过 70%，延续了 2018 年高速增长的趋势。

2020 年，Wish 公司全年营收达 25.41 亿美元，相比 2019 年的 19.01 亿美元，增长约 33.67%。

2021 年，Wish 平台月活跃用户 9000 万人，活跃消费者 5200 万人，商户数量超过 50 万个。

据报道，Wish 平台是全球下载次数最多的购物 App。彼得·斯祖尔切夫斯基自信地说："预计在未来 10 年，Wish 公司就可以成为下一代的沃尔玛和阿里巴巴。"

1.2　Wish 平台介绍

1.2.1　Wish 平台的特点与优缺点

1.2.1.1　Wish 平台的特点

1. 移动端平台

Wish 平台是一个源于移动端的平台，99%的交易都在移动端进行，用户可以随时随地浏览并购物，用户从手机打开 Wish App 到完成付款的流程不过数秒时间。

2. 推送算法

Wish 平台弱化了搜索功能，采用个性化推送机制，运用独特算法，根据用户在社交网络上的浏览轨迹分析用户喜好，向用户推送与之喜好相匹配的产品，因此每个人在 Wish 首页看到的产品都不同，即千人千面。

3. 定位不同

Wish 平台的市场定位是欧美发达地区，消费水平和品位都会略高一些。Wish 平台推送的特色风格为用户先看到的是图片，然后才是价格。所以想要在 Wish 平台上站稳脚跟，一定要提高产品的质量，提供优质的服务，打造出品牌效应。

1.2.1.2　Wish 平台的优点

（1）Wish 平台最大的优点为它是推送算法，可以准确地知道用户需要什么，可以精确定位到用户，大大提高成交率，促进产品销量。通过 Facebook 引流，能清楚地进行营销定位。

（2）入驻门槛低，操作简单，吸引了很多的店铺入驻，可以增加产品的种类。

（3）出单的速度比较快，用户满意度高。

（4）物流渠道的线上化和平台化，商家可以自由选择发货渠道。

（5）在移动电商领域的发展潜力巨大，特别有利于中小卖家。

（6）Wish 的用户满意度高，好评多。

（7）运营简单，上架货物便捷，不需要什么运营技巧。

（8）Wish 平台的利润可观，竞争公平。

1.2.1.3　Wish 平台的缺点

（1）账户申请通过率低，注册的费用成本不断增加。

（2）审核产品的时间过长，需要 2~4 个星期。

（3）佣金的收取费用比较高。

（4）平台对于买卖的规则改动频繁，让卖家无法适应。

（5）平台的单价比较低，需要大量地上传 SKU（Stock Keeping Unit，最小存货单位）。

（6）平台对产品的审核较为严格。

(7) 对用户的容忍度比较高，只要用户提出退货退款，基本上就可以通过。

1.2.2　Wish 用户

Wish 平台可在全球 120 多个国家运行，拥有用户的数量超过 3 亿人，超过 1000 万 Wish 用户每天下的订单数量超过 200 万份。根据 Easyship 的数据，千禧一代(出生于 20 世纪 80 年代中期和 90 年代末之间的人)和 Z 世代(出生于 20 世纪 90 年代末或 21 世纪初的一代人)的年轻用户，占 Wish 平台用户群体的 60%。

1.2.2.1　Wish 用户画像

(1) 60%的用户在 30 岁以下。
(2) 超过 50%的 Wish 用户使用安卓系统。
(3) Wish 用户几乎遍布全球各国。
(4) 90%以上的 Wish 订单通过手机完成。
(5) 用户平均每天在 Wish App 上花费 9 分钟。

1.2.2.2　Wish 海外仓和直邮需求用户画像

1. 海外仓用户特征

(1) 用户消费目的性较强。
(2) 男性用户较多。
(3) 对时间要求较敏感。
(4) 对产品应用场景定位明确。

2. 直邮用户特征

(1) 以推荐和发现为主。
(2) 女性用户较多。
(3) 愿意等待更长的配送时效。
(4) 看重性价比。

1.2.3　Wish 商户

Wish 平台适合具有一定经验的贸易商、B2C 企业、品牌经销商。

Wish 平台 90%的商户来自中国，其在中国遍地开花，华东、华北、华中乃至其他各地，均涌现出诸多快速成长的商户案例。除大商户继续保持迅猛发展的趋势外，众多中小型商户也顺利地实现了草根逆袭，诸多年轻人找到了创业发展的平台，成就了事业，实现了理想。

1.2.4　Wish 品类

Wish 是全品类的平台，目前平台上大部分都是中国卖家，热销类目有时尚服饰类、家居产品、配饰、美妆个护、鞋包、手表、3C 电子、户外运动、母婴、汽配等。整体上还是以轻小件的产品居多，大部分是以国内直发为主。现在有越来越多的卖家加入了 Wish 的海外仓项目。

1.2.4.1 配件配饰类、鞋靴类 PB 驱动型产品

推荐热销品：Jewelry(珠宝)、Necklaces(项链)、Bracelets(手镯)、Running Shoes(跑鞋)、Casual Shoes(休闲鞋)、Heels(高跟鞋)。

推荐季节品：Socks(袜子)、Keychains (Gift Related)(礼品类钥匙扣)、Boots(靴子)、Winter Boots(冬靴)、Hiking Boots(登山鞋)、Tall Boots(高帮靴)。

1.2.4.2 母婴类产品和家居装饰类产品

推荐热销品：Kids Clothing Set(儿童套装)、Dresses(服饰)、Party Decoration(派对装饰)、Kitchen Tools(厨房用具)。

推荐季节品：Stuffed Animals(填充动物类玩偶)、Kids Toys(儿童玩具)、Bedding(床上用品)、String Lights(灯串)、Christmas Decoration(圣诞装饰)。

1.2.4.3 时尚服饰类产品

推荐热销品：T-Shirts(T 恤)、Jackets(夹克衫)。

推荐季节品：Hoodies(连帽衫)、Winter Coats(冬季外套)、Costumes(特色服装，如 cosplay 服装)。

1.2.4.4 3C 电子类产品

3C 电子类产品是 Wish Express(简称 WE)海外仓高占比的品类。

推荐热销品：Smartphones(智能手机)、Drones(无人飞行器)。

推荐季节品：Bluetooth(蓝牙产品)、LED Lights(LED 灯)、Tablets(平板电脑)。

1.2.4.5 兴趣爱好类产品

兴趣爱好类产品是 WE 海外仓高占比和主图驱动型产品。

推荐热销品：Tools(工具)、Tobacco Accessories(烟草用具)、Stationery(文具)。

推荐季节品：Pet Accessories(宠物用品)、Collectible Toys(收集类玩具)。

1.3 Wish 购物 App

Wish 拥有 Wish 综合购物 App、Mama 母婴类购物 App、Cute 彩妆类购物 App、Home 家居类购物 App、Geek 电子产品类购物 App。其中，Wish 综合购物 App 的产品种类最丰富、最齐全。Mama、Cute、Home 和 Geek 是从 Wish 综合购物 App 中精选出来的垂直类产品购物 App，为产品需求相同的用户群体提供简单直接的购物体验。

1.3.1 Wish 综合购物 App

1.3.1.1 Wish 综合购物 App 介绍

Wish 综合购物 App 是综合类商品的购物应用，提供了丰富多样的产品，包括女装、

男装、鞋子、时尚服饰、家居装饰、饰品、手机配件、电子产品、手表、婴儿及儿童用品、化妆美容用品、节假日礼品等。

Wish 综合购物 App 支持在各类手机、平板电脑等设备(苹果/安卓系统)上使用，且具备很好的适应性和极佳的使用体验。

Wish 综合购物 App 提供的产品性价比非常高，优惠折扣高达 50%～80%，还额外提供了每天限时优惠产品，刺激用户进行多次购物。

1.3.1.2　Wish 综合购物 App 使用

下载后打开 Wish App，用户需要先进行注册，若已有账户可直接登录。需要注意的是，商户账户和用户账户不同，商户想要体验用户购买流程需另行注册用户账户。若只是想体验浏览页面，也可以单击"Skip"按钮，以游客方式登录。

若没有账户，则需单击"Create Account"按钮注册用户账户，根据提示输入相关信息，也可以选择使用 Facebook 账户进行登录。

之后，用户还需输入一些信息，如性别和生日。此外，系统还会要求用户选择一些喜欢的产品。完成这些步骤后，用户就可以立即开始愉快的购物体验。随着浏览记录的累积，Wish 平台会越来越了解用户的喜好和需求，从而更有针对性地为其推荐优质产品。

当用户想要购买某个产品时，只需选择该产品，并单击页面下方的"BUY"按钮，这样产品便会加入购物车中。如果是第一次购买，还需要填写常用的支付方式，用户可以使用各类信用卡或 PayPal 账户进行支付。

最后，填写相应的收货地址，这样一次简单方便的购物就完成了。

1.3.1.3　可购物的国家/地区

1. Wish 支持购物的国家/地区

Wish 可以服务到的国家/地区如表 1-3-1 所示。

表 1-3-1　Wish 可以服务到的国家/地区

洲名	可购物国家/地区	数量
欧洲	芬兰、瑞典、挪威、丹麦、爱沙尼亚、拉脱维亚、立陶宛、俄罗斯、乌克兰、波兰、捷克、斯洛伐克、匈牙利、德国、奥地利、瑞士、列支敦士登、英国、爱尔兰、荷兰、比利时、卢森堡、法国、摩纳哥、罗马尼亚、保加利亚、希腊、斯洛文尼亚、克罗地亚、意大利、西班牙、葡萄牙、塞尔维亚、塞浦路斯、波黑、百慕大、阿尔巴尼亚、马其顿、卡塔尔	39
美洲	哥伦比亚、委内瑞拉、厄瓜多尔、秘鲁、巴西、智利、阿根廷、哥斯达黎加、牙买加、波多黎各、英属维尔京群岛、美属维尔京群岛、加拿大、美国、墨西哥、多米尼加、巴巴多斯、摩尔多瓦、洪都拉斯	19
大洋洲	澳大利亚、新西兰	2
亚洲	中国、韩国、日本、菲律宾、越南、泰国、马来西亚、新加坡、印度尼西亚、印度、巴基斯坦、约旦、以色列、沙特阿拉伯、科威特、阿联酋、土耳其	17
非洲	埃及、南非、摩洛哥	3
合计		80

2. Wish 支持 30+种语言

Wish 平台支持汉语、英语、西班牙语、日语、法语、意大利语、德语、泰语、越南语、土耳其语、俄语、丹麦语、印尼语、瑞典语、挪威语、芬兰语、荷兰语、希腊语、波兰语、罗马尼亚语、匈牙利语、白俄罗斯语、捷克语、斯洛伐克语、斯洛文尼亚语、爱沙尼亚语、拉脱维亚语、立陶宛语、阿拉伯语和克罗地亚语等 30 多种语言。

需要注意的是，可购物的国家或地区、语言都会持续增多；同一个国家支持使用不同的语言，也支持使用不同类型的货币购物。

1.3.2 Mama 母婴类购物 App

Mama 母婴类购物 App 是母婴类产品的购物应用，提供了婴童用品、儿童玩具等产品。

1.3.3 Cute 彩妆类购物 App

Cute 彩妆类购物 App 是美容化妆类产品的购物应用，提供了化妆刷等美妆类相关产品。

1.3.4 Home 家居类购物 App

Home 家居类购物 App 是家居装饰用品类产品的购物应用，提供的产品包括厨房用具、家居装饰用品、DIY 用品等。

1.3.5 Geek 电子产品类购物 App

Geek 电子产品类购物 App 是 3C 电子类产品的购物应用，提供了手机配件、电脑配件等数码类产品。

1.4 Wish 商户 App

1.4.1 Wish 商户 App 简介

Wish 商户 App 是全球领先的移动电子商务平台。目前在全球拥有 3 亿多用户，每天有超过 1000 万名活跃用户。通过深入了解用户的爱好和行为，Wish 平台为每一个个体营造了关联性高、娱乐性强的定制化浏览体验。对于商户来说，这意味着其可拥有更高的产品曝光率和销售转化率。

Wish 商户可进行店铺注册、资讯订阅、信用卡使用、产品上架及促销推广。Wish 仅对每个成交订单收取一定的佣金。Wish 平台的产品上传无额度限制，商户同时可以获得海量的数据分析报告，以及优质的商户支持服务。

1.4.2　Wish 商户 App 特征

1．紧随店铺指标

可获知最新的店铺数据，如用户浏览数、收藏数和销售数量。

2．检查系统通知

在手机上实时查看店铺中所有变化和更新通知。

3．查看系统更新

第一时间收到 Wish 平台的变化和更新信息。

1.4.3　Wish 商户 App 下载

本书针对 PC 端商户后台的运营进行详细介绍。

在 Wish 商户平台网站上下载 Wish 商户 App 的步骤如下。

第一步：用百度搜索 Wish 商户平台。

第二步：在 Wish 商户平台网站底部单击"移动 Apps"按钮。

第三步：单击"Download for Android"按钮进行下载。

练　习　题

1．简述 Wish 平台的发展历程。

2．简述 Wish 平台的特征。

3．简述 Wish 平台的优缺点。

4．简述 Wish 购物 App 的类型。

5．试分析 Wish 平台面临的挑战，展望其未来发展前景。

第 2 章

Wish 平台主要政策

 内容提要

本章介绍 Wish 平台的主要政策，读者将具体学习产品政策，包括产品禁售、产品列表、产品促销、知识产权；履行订单政策，包括相关概念界定、确认妥投、政策要求；用户服务政策；付款政策，包括订单付款政策和账户付款政策；退款政策，包括两层级的高退款率政策、两层级的低评价政策、退款责任等。

 思维导图

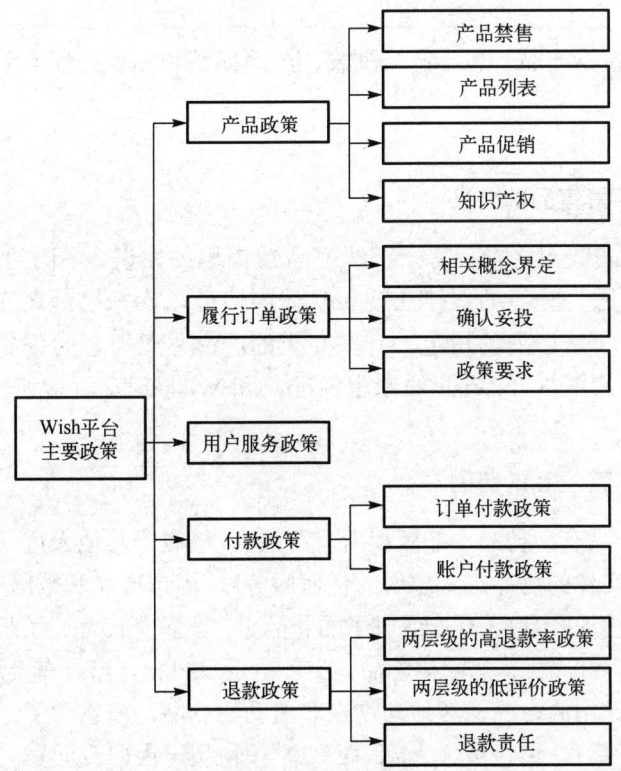

 学习目标

1. 知识目标

(1) 熟悉 Wish 平台产品政策。
(2) 掌握 Wish 平台履行订单政策。
(3) 了解 Wish 平台用户服务政策。
(4) 掌握 Wish 平台付款与退款政策。

2. 能力目标

(1) 能够恰当履行 Wish 平台产品政策。
(2) 能够恰当履行 Wish 平台订单政策。
(3) 能够恰当履行 Wish 平台用户服务政策。
(4) 能够恰当履行 Wish 平台付款与退款政策。

3. 素质目标

(1) 遵守 Wish 平台各项规则。
(2) 认真吃透理解各项政策并履行到位。

2.1 产品政策

产品政策主要包括产品禁售、产品列表、产品促销和知识产权 4 个方面。

2.1.1 产品禁售

2.1.1.1 Wish 禁售品的含义

在了解产品列表政策之前,需先了解产品禁售相关知识。不同的国家(地区)有不同的规则,除遵守各国(地区)的法律法规和具体国情外,卖家店铺还应该遵守 Wish 的政策和规则,包括遵守禁售品的规定。有些品类的产品尽管可以合法销售,但在 Wish 上却是禁售品。因此,不符合 Wish 的销售标准,和 Wish 理念背道而驰的产品就是 Wish 禁售品。

2.1.1.2 Wish 禁售品的范围

Wish 禁售的产品有:仿品,非版权所有产品(版权属于其他人),服务性产品(不能以全新的、有形的、实体的物品形式出现的任何服务),虚拟产品和数码产品(即无形的产品或需以电子形式传输的产品),有形或电子的礼品卡,酒精类产品,烟草及其他点燃抽吸的产品(包括电子烟),打火机,危险化学品,穿刺枪及纹身枪,自行车及摩托车头盔,毒品,药品,声称有医疗作用的产品,活体动物,非法动物制品,植物种子,人体残骸及人类肢体(不包括毛发和牙齿),情色或成人/性/裸露/淫秽物品,火器及武器,儿童汽车座椅,儿

童牵引带，召回的玩具，隐形眼镜，仇恨犯罪及任何鼓动、支持、美化对某一类型人群(基于人种、民族、性别、性别认同、残疾或性取向)的仇恨或造成对某一类型人群的贬低的产品，包括支持持有此类观点的机构的产品或内容。

2.1.1.3　Wish禁售品的注意事项

儿童不宜的产品不适合在Wish销售。Wish官方保留移除不合适产品的权利。此类不合适的产品将从网站中被移除，且该商户的店铺可能会面临暂停交易或永久关闭的处罚。

2.1.2　产品列表

1. 产品上传时提供的信息必须准确

如果对所列产品提供的信息不准确，那么该产品可能会被移除，且相应的账户可能面临罚款或被暂停交易。

2. Wish严禁销售伪造品

严禁在Wish上列出伪造品。如果商户推出伪造品进行出售，那么这些产品将被清除，并且其账户将面临罚款，可能还会被暂停交易。

3. 产品不得侵犯他人的知识产权

产品不得侵犯他人的知识产权，这包括但不限于版权、商标和专利。商户有责任确保其产品没有侵犯他人的知识产权，并且在刊登产品前积极进行知识产权检查。如果商户反复刊登侵犯他人知识产权的产品，那么相关侵权产品将会被系统移除，商户账号也将面临至少10美元的罚款和/或被暂停交易的风险。如果商家继续反复侵犯他人的知识产权，那么该账号将面临更高的罚款、被暂停交易和/或被终止交易的风险。

4. 产品不得引导用户离开Wish

如果商户列出的产品鼓励用户离开Wish或联系Wish平台以外的店铺，那么产品将被移除，且其账户将被暂停交易。

5. 严禁列出重复的产品

严禁列出多个相同的产品。相同尺寸的产品必须列为一款产品，不得上传重复的产品。如果商户上传重复的产品，那么产品将被移除，且其账户将被暂停交易。

6. 将原来的产品修改成一个新的产品是禁止的

如果商户将原始产品修改成了一个新的产品，那么这个产品将被移除，且账号将被处以100美元罚款并将面临被暂停交易的风险。

7. 销售禁售品将被罚款

产品应该清晰、准确并符合Wish政策。Wish不允许销售禁售品。如果发现某产品不符合Wish禁售品政策，则销售该产品的商户将被处以10美元罚款且该产品将被系统下架。当然，商户可就这些罚款进行申诉。

8. 产品列表中不允许存在差异过大的产品

如果产品列表中存在差异过大的产品,那么该产品可能会被移除,而且店铺会有被暂停交易的风险。

产品差异过大是指:根本不同的产品、描述完全不同的产品、无法用单一产品名称描述的产品、一产品为另一产品的配件、难以想象会一起销售的产品。

下面举几个违反产品差异政策的案例。

【例2-1-1】 一根手机充电线和一个移动电源。

【例2-1-2】 一个带有提手的电脑包和一个没有提手的电脑包。

【例2-1-3】 具有相同味道的沐浴露、洗发露、香粉(不同的SKU)。

【例2-1-4】 来自同一个制造商的短袖T恤、长袖T恤。

【例2-1-5】 使用同一个图案的西餐用大盘、沙拉盘、汤碗(不同的SKU)。

【例2-1-6】 适用于不同手机型号和/或来自不同制造商的手机套。

符合产品差异政策的变体主要是指同款产品的不同型号,比如不同颜色、不同尺寸等等,每个尺寸,颜色都将被称为一个变体。以下是不违反产品差异政策的案例。

【例2-1-7】 产自同一个制造商的,图案相同的棉质短袖T恤,仅尺码不同。

【例2-1-8】 产自同一个制造商的,具有相同设计、功能、材质的玩具,仅颜色不同。

【例2-1-9】 产自同一个制造商的,具有相同材质、型号、线程数的床品套件,仅尺码、颜色不同。

【例2-1-10】 具有不同色号的口红。

【例2-1-11】 适用于相同型号手机的手机套,仅颜色不同。

9. 严禁同一产品列表中的极端价格差异

同一产品列表中,最高变体价格必须低于最低变体价格的4倍。不遵循价格差异政策的产品将会被移除,并且账户有被暂停交易的风险。

以下是有关价格差异政策的案例。

【例2-1-12】 产品A有三个变体:SKU A1、SKU A2、SKU A3。SKU A1的价格是4美元,SKU A2的价格是4.5美元,SKU A3的价格是20美元。最低变体价格为4美元,因此最高变体价格要低于16美元,而产品A的最高变体价格是20美元,高于允许的最高变体价格,那么产品A违反了价格差异政策,将会被移除。

【例2-1-13】 产品B有三个变体:SKU B1、SKU B2、SKU B3。SKU B1的价格是25美元,SKU B2的价格是28美元,SKU B3的价格是110美元。最低变体价格为25美元,因此最高变体价格要低于100美元,产品B的最高变体价格是110美元,高于允许的最高变体价格,那么产品B违反了价格差异政策,将会被移除。

【例2-1-14】 产品C有三个变体:SKU C1、SKU C2、SKU C3。SKU C1的价格是15美元,SKU C2的价格是16美元,SKU C3的价格是15.5美元。最低变体价格为15美元,因此最高变体价格要低于60美元,产品C的最高变体价格是16美元,低于允许的最高变体价格,因此产品C符合价格差异政策,其将会继续销售。

10. 存在误导性的产品将被处以罚款

若产品被检测到存在误导性,那么对该产品被判定为误导性产品之日起的过往30天内生成的订单,商户将面临每个订单200美元的罚款,且此后或将承担该产品订单100%的退款责任。

【例2-1-15】如果该产品被判定为误导性产品之日"过往30天内的订单"生成于2018年5月2日23时59分(太平洋标准时间)之前,则处理规则如下。

(1)2018年4月18日0时(太平洋标准时间)至2018年5月2日23时59分(太平洋标准时间)期间产生的订单,其订单金额将100%被罚没。

(2)2018年4月18日0时(太平洋标准时间)之前生成的订单不会被罚款。每个误导性产品的最低罚款金额为100美元,此规则到2018年4月18日0时(太平洋标准时间)之前适用。

当然,商户可以对这些罚款进行申诉。如果卖家认为有正当理由,可以联系客户经理或通过merchant_support@wish.com联系客户服务。

11. 同一产品列表内禁止出现极端价格上涨

商户在4个月内可将产品价格和/或运费提高1美元或最高20%,以数值较高者为准。对于指定产品,该价格限制政策对产品价格和运费单独适用。请注意,促销产品不允许涨价。

12. 操控评论和评级政策

Wish严禁任何操控用户评论的行为,并明确禁止有偿评论行为。一旦发现存在评论和/或评级受操控的订单,商户将被处以每个订单10美元的罚款。

2.1.3 产品促销

Wish随时可能促销某款产品。如果产品的定价、库存或详情不准确,那么商户将有可能违反以下政策。

1. 不得对促销产品提高价格和运费

不得在促销活动前或促销活动中先提高价格或运费,再进行打折或促销。

2. 促销产品不得在可接受范围之外降低库存数量

商户可于每14天内,在至多50%或5个库存的范围内(取数额较大者)减少促销产品的库存数量。库存数量更改适用于各层级仓库。

3. 店铺如果禁售促销产品,将面临罚款(罚款金额持续调整中)

如果店铺禁售过去9天交易总额超过500美元的促销产品,那么店铺将被罚款1美元。如果店铺为促销产品单独屏蔽某配送国家(地区),所屏蔽国家(地区)在过去9天内的销售额超过100美元,则店铺将被罚款1美元。

4. 不得对促销产品进行编辑

不得在促销期间对促销产品进行重新编辑。

5. 禁止为促销产品添加新的变体

严禁对促销产品添加新的尺码、颜色等变体。

2.1.4 知识产权

2.1.4.1 伪造品或仿品

Wish 尊重并保护第三方知识产权。在 Wish 上销售伪造品牌产品是严令禁止的。卖家有义务确保其销售的产品未侵犯任何第三方的合法权利。

2.1.4.2 被视作"伪造品"的产品

第一，直接复制或模仿暗指某一知识产权产品。

第二，产品命名与知识产权所有者的命名相同或几乎无法区分。

第三，产品图片中包含名人或知名模特照片。

第四，在知识产权所有者不知情及未授权情况下的销售是严令禁止的。

相关举例如下：

1. 直接模仿或复制某一品牌商标或含有某种商标的产品

若产品信息中出现非自身产品的商标或品牌名，如 D&G，Tommy Hilfiger 或 Oakley，那么此产品将被视作伪造品。

2. 使用与某品牌相似商标的产品

使用与品牌相似但不完全相同的商标的产品，将被视作故意误导用户认为购买的是品牌产品。

3. 修改遮盖品牌或某商标的产品

明显的涂抹痕迹或用画笔遮盖以隐藏品牌商标的产品将被视作伪造品。若产品图片背景中出现品牌商标，也会被视作伪造品(不论是否遮盖)。

4. 模仿品牌设计和图案的产品

有些品牌用细微标志便于他人辨别。例如，为独特的红色鞋底高跟鞋注册商标，Levi's 为他们的针脚设计及口袋旁的红色标签注册商标，还有 Burberry 的格纹设计图案也是商标。模仿品牌设计的产品将被视作伪造品。

5. 出现名人或知名模特的产品

使用知名模特或人物照片进行宣传的产品将被视作伪造品。许多此类产品都是根据名人身着的服装仿造的。

6. 图片中展示品牌名称的产品

将产品与带品牌信息的包装盒或衣架等一同拍摄并作为图片的产品会误导用户，除非提供合法的销售授权，否则系统会将含品牌的产品视作伪造品。

7. 图片模糊或图片中遮挡人物面部的产品

Wish 严禁商户未经允许使用任何网站或博客等渠道上的图片。

2.1.4.3　知识产权政策

Wish 对销售伪造品和侵犯知识产权的行为制定了严格的零容忍政策。

如果 Wish 单方面认定商户在销售伪造品，商户同意不限制 Wish 在本协议中的权利或法律权利，那么 Wish 可以单方面暂停或终止商户的销售权限，或者扣留或罚没本应支付给商户的款项。

1. 严禁出售伪造品

严禁销售模仿或影射其他方知识产权的产品。

2. 严禁销售侵犯另一个实体的知识产权的产品

产品图像和文本不得侵犯其他方的知识产权。这包括但不限于版权，商标和专利。如果商户上架侵犯其他方知识产权的产品，那么这些产品将被清除，并且其账户将面临罚款，可能还会被暂停交易。

3. 商户有责任提供产品的销售授权证据

为证明产品不是伪造的或并未侵犯其他方的知识产权，商户有责任提供销售产品的授权证据。

4. 严禁提供不准确或误导性的销售授权证据

如果商户对销售的产品提供错误或误导性的授权证据，那么其账户将被暂停交易。

5. 对伪造品或侵犯知识产权的产品处以罚款

Wish 会审核所有产品是否属于伪造品，是否侵犯了知识产权。如果发现某款产品违反了 Wish 的政策，那么 Wish 会将其删除并扣留所有款项，且商户将会被处以每个伪造品 10 美元的罚款。

6. 对已审核产品处以伪造品罚款

在商户更改产品名称、产品描述或产品图片后，已通过审核的产品需要再次接受审核，看其是否为伪造品或是否侵犯了知识产权。在产品复审期间，产品可正常销售。如果产品在编辑后被发现违反了 Wish 的政策，那么此产品将会被删除，且其所有款项将被扣留，该账户也将面临罚款和/或被暂停交易的风险。

2.2　履行订单政策

2.2.1　相关概念界定

2.2.1.1　妥投率

由物流服务商配送并确认妥投的订单百分比。

2.2.1.2 有效跟踪率

物流服务商确认发货的订单百分比。

2.2.1.3 预履行取消率

由于商户无法履行订单导致退款的订单百分比。

注意事项：部分 WishPost 渠道享受确认妥投指标免责，平台为物流服务商遵守确认妥投政策制定了相关激励政策。能够提供"最后一千米"物流跟踪信息，且被确认妥投政策认可的物流服务商列表。

2.2.2 确认妥投

2.2.2.1 确认妥投政策与要求

确认妥投政策对配送至表 2-2-1 所示的国家、订单总价(价格+运费)大于或等于对应国阈值的订单生效。

表 2-2-1 确认妥投政策订单生效条件

国家	价格+运费的阈值
阿根廷、加拿大、智利、哥伦比亚、哥斯达黎加、丹麦、法国、德国、墨西哥、沙特阿拉伯、西班牙、英国、美国	≥10 美元
意大利	≥7 美元
俄罗斯	≥3 美元

符合上述条件的订单必须满足以下要求：订单必须在 7 天内履行且带有有效的跟踪信息；订单必须使用平台认可的，且能提供"最后一千米"物流跟踪信息的物流服务商进行配送。

订单须在可履行的 30 天内由确认妥投政策认可的物流服务商确认妥投。没有达到要求的商户将面临被暂停交易的风险。

2.2.2.2 相关案例

1. 可接受的妥投率案例

【例 2-2-1】 商户 A 收到 20 个目的地为德国的订单，每个订单的总价(价格+运费)是 15 美元。这些订单符合确认妥投政策的标准。商户将这 20 个订单发往德国。自订单生成 2 周后，这 20 个订单全部由物流服务商确认妥投。商户的妥投率是 100%。商户符合要求，将不会受到惩罚。

【例 2-2-2】 商户 A 收到 20 个目的地为美国的订单，每个订单的总价(价格+运费)是 10 美元。这些订单符合确认妥投政策的标准。商户向美国配送了 19 个带有有效物流跟踪单号的订单，这 19 个订单在 30 天内由物流服务商确认妥投。商户的妥投率是 95%。商户符合要求，将不会受到惩罚。

【例 2-2-3】 商户 P 收到 34 个目的地为加拿大的订单。这些订单符合确认妥投政策的标准。商户向加拿大配送了 33 个带有有效物流跟踪单号的订单，这 33 个订单全部由物流服务商在 30 天内确认妥投。商户的妥投率是 97%。商户符合要求，将不会受到惩罚。

【例 2-2-4】 商户 X 收到 20 个目的地为哥斯达黎加的订单,每个订单的总价(价格+运费)是 10 美元。这些订单符合确认妥投政策的标准。商户发往哥斯达黎加的 20 个订单中有 19 个订单带有有效物流跟踪号码,这 19 个订单在 30 天内由物流服务商确认妥投。商户的妥投率是 95%。商户符合要求,将不会受到惩罚。

【例 2-2-5】 商户 Y 收到 50 个目的地为俄罗斯的订单。这些订单符合确认妥投政策的标准。商户向俄罗斯配送了 48 个全部带有有效物流跟踪号码的订单,这 48 个订单在 30 天内由物流服务商确认妥投。商户确认的妥投率是 96%。商户符合要求,将不会受到惩罚。

2. 不可接受的妥投率案例

【例 2-2-6】 商户 C 收到 10 个目的地为法国的订单,每个订单的总价(价格+运费)是 20 美元。这些订单符合确认妥投政策的标准。商户向法国配送了 10 个带有有效物流跟踪单号的订单,无订单由物流服务商在 30 天内确认妥投。商户的妥投率是 0。商户有被 Wish 暂停交易的风险。

【例 2-2-7】 商户 D 收到 25 个目的地为英国的订单,每个订单的总价(价格+运费)是 10 美元。这些订单符合确认妥投政策的标准。商户向英国配送了 25 个全部带有有效物流跟踪号码的订单,自订单生成 45 天后,25 个订单全部由物流服务商确认妥投。商户的妥投率为 0,因为所有订单必须在 30 天内确认妥投。商户有被 Wish 暂停交易的风险。

【例 2-2-8】 商户 E 收到 100 个目的地为美国的订单,每个订单的总价(价格+运费)是 37 美元。这些订单符合确认妥投政策的标准。商户向美国配送了 100 个全部带有有效物流跟踪号码的订单,只有 10 个订单由物流服务商在 30 天内确认发货。商户的妥投率是 10%。商户有被 Wish 暂停交易的风险。

【例 2-2-9】 商户 F 收到 100 个目的地为英国的订单,每个订单的总价(价格+运费)是 10 美元,符合确认妥投政策的标准。同时该商户也收到另外 20 个目的国为英国的订单,每个订单的总价(价格+运费)是 8 美元。商户向英国配送了 120 个带有有效物流跟踪单号的订单,其中 8 美元的 20 个订单全部由物流服务商在 30 天内确认妥投,但却只有 10 个 10 美元的订单由物流服务商在 30 天内确认妥投。商户针对 10 美元订单的妥投率是 10%。商户有被 Wish 暂停交易的风险。

【例 2-2-10】 商户 G 收到 25 个目的地是意大利的订单,每个订单的总价(价格+运费)为 7 美元。这些订单符合确认妥投政策的标准。商户向意大利配送了 25 个带有有效物流跟踪单号的订单,自订单生成起 50 天后,所有 25 个订单由物流服务商确认妥投。该商户的妥投率为 0,因为所有订单必须在 30 天内确认妥投。商户有被 Wish 暂停交易的风险。

【例 2-2-11】 商户 H 收到 100 个目的地为俄罗斯的订单,每个订单的总价(价格+运费)是 3 美元。这些订单符合确认妥投政策的标准。商户向俄罗斯配送了 100 个带有有效物流跟踪单号的订单,只有 10 个订单由物流服务商在 30 天内确认妥投。商户的妥投率是 10%。商户有被 Wish 暂停交易的风险。

【例 2-2-12】 商户 I 收到 100 个目的地为西班牙的订单,每个订单的总价(价格+运费)是 10 美元,符合确认妥投政策的标准。同时该商户也收到另外 20 个目的国为西班牙的订单,每个订单的总价(价格+运费)是 7 美元。商户向西班牙配送了 120 个全部带有有效物流跟踪号码的订单，其中 20 个 7 美元的订单在 30 天内全部由物流服务商确认妥投，但却只有 10 个 10 美元的订单由物流服务商在 30 天内确认妥投。商户针对 10 美元订单的妥投率是 10%。商户有被 Wish 暂停交易的风险。

3. 可接受的有效跟踪率案例

【例 2-2-13】 商户 G 收到 10 个目的地为德国的订单，每个订单的总价（价格+运费）为 25 美元。这些订单符合确认妥投政策的标准。商户在 2 天内将 10 个订单发往德国。发货 3 天后，商户收到全部 10 个订单的第一条扫描信息。这样，在订单生成 5 天内，它们均由物流服务商确认发货。商户的有效跟踪率是 100%。商户符合要求，将不会受到惩罚。

【例 2-2-14】 商户 Q 收到 15 个目的地为加拿大的订单。这些订单符合确认妥投政策的标准。商户在 1 天内向加拿大配送了 15 个订单。发货 3 天后，商户收到全部 15 个订单的第一条扫描信息。这样，在订单生成 5 天内，它们均由物流服务商确认发货。商户的有效跟踪率是 100%。商户符合要求，将不会受到惩罚。

4. 不可接受的有效跟踪率案例

【例 2-2-15】 商户 H 收到 15 个目的地为法国的订单，每个订单的总价（价格+运费）是 25 美元。这些订单符合确认妥投政策的标准。商户在 1 天内向法国配送了 15 个订单。自订单生成 2 周后，全部 15 个订单由物流服务商确认妥投。商户的有效跟踪率是 0。商户有被 Wish 暂停交易的风险。

【例 2-2-16】 商户 J 收到 20 个目的地为法国的订单，每个订单的总价（价格+运费）是 15 美元。这些订单符合确认妥投政策的标准。商户在 2 天内向法国配送了 10 个订单。从下单开始计算，只有 2 个订单由物流服务商在 7 天内确认发货。商户的有效跟踪率是 10%。该商户未在 7 天内履行这 10 个订单，所以有被 Wish 暂停交易的风险。

【例 2-2-17】 商户 K 收到 10 个目的地为德国的订单，每个订单的总价（价格+运费）是 12 美元。这些订单符合确认妥投政策的标准。在订单生成 8 天后，商户向德国配送了 10 个订单。从下单开始计算，10 个订单全部由物流服务商在 21 天内确认发货。商户的有效跟踪率是 0。商户未在 7 天内履行订单，将有被 Wish 暂停交易的风险。

5. 可接受的预履行取消率案例

【例 2-2-18】 商户 L 收到 10 个目的地为法国的订单，每个订单的总价（价格+运费）是 15 美元。这些订单符合确认妥投政策的标准。用户要求取消所有订单。商户的预履行取消率为 0。商户符合要求，将不会受到惩罚。

6. 不可接受的预履行取消率案例

【例 2-2-19】 商户 M 收到 200 个目的地为英国的订单，每个订单的总价（价格+运费）是 30 美元。这些订单符合确认妥投政策的标准。商户没有足够的存货，取消了其中的 180 个订单。商户的预履行取消率为 90%。商户有被 Wish 暂停交易的风险。

【例 2-2-20】 商户 N 收到 10 个目的地为法国的订单，每个订单的总价（价格+运费）是 11 美元。这些订单符合确认妥投政策的标准。商户无法履行这其中的 9 个订单，并需要退款给用户。商户的预履行取消率为 90%。商户有被 Wish 暂停交易的风险。

【例2-2-21】商户R收到50个目的地为加拿大的订单。这些订单符合确认妥投政策的标准。商户无法履行其中的48个订单,并退款给用户。该商户的预履行取消率为96%。商户有被Wish暂停交易的风险。

2.2.3 政策要求

1. 所有订单必须在5天内履行完成

若订单未在5天内履行,该订单将被退款并且相关的产品将被下架。

自世界标准时间2018年8月15日0时起,此类被退款的订单,每单将被罚款50美元。

2. 如果商户5天内未履行完成的订单数量非常高,那么其账户将被暂停交易

自动退款率是指由于5天内未履行完成而自动退款的订单数量与收到订单总数之比。如果此比率非常高,则其账户将被暂停交易。

3. 如果商户的履行率非常低,那么其账户将被暂停交易

履行率是履行订单数量与收到订单数量之比。如果此比率太低,则其账户将被暂停交易。

4. 选择物流服务商

选择确认妥投政策的订单使用平台认可的,且能提供"最后一千米"物流跟踪信息的物流服务商进行配送。

5. 如果订单在规定时间内未由物流服务商确认发货,那么商户将被处以罚款

如果订单自生成起168小时(7天)内未由物流服务商确认发货,则商户将被处以订单金额20%或1美元的罚款(以金额较高者为准)。订单金额计算公式为:订单金额 = 订单数量×(产品售价+产品运费)

注意事项:

(1)此罚款政策将仅对"产品售价+产品运费"小于100美元的订单生效。

(2)如果订单在生成后的 X 天内由物流服务商确认妥投,那么该订单的延时发货罚款将会被撤销。

(3)商户可以通过"物流跟踪申诉"工具进行罚款申诉。

(4)若使用虚假物流单号履行订单,商户将面临订单金额加上100美元的罚款。

6. 使用虚假物流单号履行订单将面临罚款

若使用虚假物流单号履行订单,商户可能会被罚款。

在2019年1月15日0时(世界标准时间)之前标记为已发货或修改物流单号的违规订单,罚款金额为订单金额加上100美元。在2019年1月15日0时(世界标准时间)之后标记为已发货或修改物流单号的违规订单,罚款金额将为订单金额加上500美元。

罚款可于生成之日起90天内进行申诉和审批。但如果罚款未在90天内获批,其将不可再撤回。以上政策自2018年11月12日0时(世界标准时间)起生效。

7. 欺骗性履行订单政策

以欺骗消费者为目的来履行订单会造成商户浏览量减少和每次 10 美元的罚款。

8. 中国大陆直发订单

自太平洋标准时间 2018 年 10 月 22 日 17 时起，Wish Express 成为中国大陆直发订单唯一可接受的物流服务商。除了已经完成 Wish Express 线下转线上流程的物流服务商，其他所有中国大陆直发的物流服务商均不被接受。非中国大陆直发订单将不受影响。

违反配送政策的店铺将面临罚款、处罚、货款暂扣和/或账户被暂停的风险。

在 2018 年 10 月 22 日 17 时(太平洋标准时间)至 2019 年 1 月 15 日 0 时(世界标准时间)期间，凡从中国大陆发出，并由非 Wish Express 的物流服务商履行的订单，每个订单将被罚以 10 美元的罚款。2019 年 1 月 15 日 0 时(世界标准时间)后，每个违规订单将被罚以 100 美元的罚款。

9. 取消订单罚款政策

取消订单罚款政策适用于 2018 年 10 月 17 日 17 时(太平洋标准时间)以后释放至商户后台的订单。

如果订单在确认履行前被取消或被退款，则商户将被处以每个违规订单 2 美元的罚款。

注意事项：从 2018 年 10 月 31 日 17 时(太平洋标准时间)开始，商户可在取消订单的罚款生成后的 3 个工作日内对其进行申诉。

2.3 用户服务政策

1. 如果店铺退款率过高，则该账号将被暂停交易

退款率是指在一段时间内，退款订单数与总订单数的比例。如果这个比率极高，那么店铺将被暂停交易。退款率低于 5%是正常的。

2. 如果店铺的退单率非常高，则其账户将被暂停交易

退单率是指某个时段内，退单的订单数量与收到的订单总数之比。如果此比率特别高，那么店铺将被暂停交易。低于 0.5%的退单率是正常的。

3. 严禁辱骂用户

严禁商户对 Wish 用户施予辱骂性行为和语言，Wish 对此行为采取零容忍态度。

4. 严禁要求用户绕过 Wish 付款

如果商户要求用户在 Wish 以外的平台付款，那么其账户将被暂停交易。

5. 禁止引导用户离开 Wish

如果商户指引用户离开 Wish，那么其账户将会被暂停交易。

6. 严禁要求用户提供个人信息

如果商户要求用户提供付款信息、电子邮箱等个人信息，那么其账户将被暂停交易。

7. 客户问题将由 Wish 来处理

Wish 是处理客户问题的首要联系方。

2.4 付款政策

2.4.1 订单付款政策

2.4.1.1 相关概念

1. 订单确认发货

包裹收到的第一个追踪信息。

2. 订单确认妥投

物流服务商或者用户确认妥投。

2.4.1.2 确认妥投政策与要求

对于在世界标准时间 2017 年 10 月 11 日前标记发货的订单，订单在被物流服务商确认妥投，或在用户确认收货 5 天后将立即成为可支付状态。若订单未确认妥投，则其将会在商户标记发货的 90 天后变为可支付状态。对于在世界标准时间 2017 年 10 月 11 日之后标记发货的订单，订单在被物流服务商确认妥投，或在用户确认收货 5 天后将立即成为可支付状态，同时也可根据配送订单所使用的物流服务商获得快速放款资格。

订单在物流服务商确认 Wish Express 妥投后便成为可支付状态。使用二级物流服务商配送的订单将于确认发货 45 天后成为可支付状态。使用三级物流服务商配送的订单将于确认发货 75 天后成为可支付状态。使用四级物流服务商配送的订单将于确认发货 90 天后成为可支付状态。

如果订单配送使用的物流服务商不在物流选择向导中，并且没有确认妥投，那么订单将于物流服务商确认发货的 90 天后成为可支付状态。如果订单没有被物流服务商确认发货，那么订单将于商户标记发货的 120 天后成为可支付状态。

2.4.2 账户付款政策

2.4.2.1 商户账户启用收款资格

商户账户在启用如下必需的功能后，方具有收款资格。一是两步验证，要求所有账户启用，北京时间 2018 年 4 月 15 日 9 时(世界标准时间 2018 年 4 月 15 日 1 时)起生效；二是账户绑定微信，要求所有中国大陆账户绑定，北京时间 2018 年 7 月 15 日 9 时(世界标准时间 2018 年 7 月 15 日 1 时)起生效。若账户未启用上述两项必需的功能，其款项将会被系统暂扣，后续若账户启用了上述两项规定的功能，将会在下一个付款日收到款项。

2.4.2.2 账户暂停

Wish 商户账户被暂停后，账户访问会受限；店铺的产品不被允许再上架销售；对店铺付款将保留三个月；严重违反 Wish 政策的店铺的销售额将被永久扣留；店铺 100%承担其退款责任。因此，了解 Wish 账户被暂停的原因很重要。

账户被暂停的原因包括但不限于以下内容。

1. 询问用户个人信息

如果商户向用户索取他们的个人信息（包括电邮地址），那么商户账户将有被暂停的风险。

2. 要求用户汇款

如果商户要求用户直接打款，那么其账户将会存在被暂停的风险。

3. 提供不适当的用户服务

如果商户提供了不适当的用户服务，那么其账户将会存在被暂停的风险。

4. 欺骗用户

如果商户欺骗用户，那么其账户将会存在被暂停的风险。

5. 要求用户访问 Wish 以外的店铺

如果商户要求用户访问 Wish 以外的店铺，那么商户账户将有被暂停的风险。

6. 销售伪造或侵权产品

如果商户的店铺正在销售伪造或侵权产品，那么商户账户将有被暂停的风险。

7. 违反 Wish 商户政策

如果商户违反 Wish 政策谋取自己的利润，那么该商户账户将面临被暂停的风险。

8. 关联账号被暂停

如果商户的店铺与另一被暂停账户关联，那么商户账户将有被暂停的风险。

9. 高退款率

如果商户退款率过高，那么该商户账户将有被暂停交易的风险。

10. 高自动退款率

如果商户的自动退款率过高，则该商户账户有暂停交易的风险。

11. 高拒付率

如果商户的店铺拥有无法接受的高拒付率，那么商户账户将有被暂停的风险。

12. 重复注册账号

如果商户已在 Wish 注册多个账户，那么商户账户将有被暂停的风险。

13. 使用无法证实的跟踪单号

如果商户的店铺拥有大量不带有效跟踪信息的单号，那么商户账户将有被暂停的风险。

14. 店铺发空包给用户

如果商户给用户发送空包,那么其账户将会面临被暂停的风险。

15. 使用虚假跟踪单号

若商户使用虚假物流单号,则其账户有面临罚款或被暂停交易的风险。

16. 发送包裹至错误地址

如果商户店铺存在过多配送至错误地址的订单,那么该商户账户将有被暂停交易的风险。

17. 高延迟发货率

如果商户的延迟发货订单比率过高,则该商户账户将有被暂停的风险。

18. 过高比例的禁售品和/或虚假物流订单

如果商户的禁售品订单和/或虚假物流订单与收到订单总数之比非常高,则其账户将可能面临暂停交易,扣留货款和减少产品展现量的惩罚。禁售品包括但不限于误导性产品。

19. 商户滋扰 Wish 员工或财产

Wish 非常重视 Wish 员工,办公室和财产的安全。任何形式的滋扰、威胁,未经邀请访问 Wish 不动产所在地并拒绝离开,或任何对 Wish 员工、办公室和财产安全产生威胁的不当或非法行为,都将受到处罚。若发现商户存在这些不当行为,该商户的账户付款将被永久扣留,且该商户将被处以每起事件 10 万美元的罚款。

2.5 退款政策

2.5.1 两层级的高退款率政策

用户满意度的一项重要指标就是产品的退款率。通常"极高退款率产品"有着较差的产品质量及不佳的用户体验。我们将退款率定义为在某一段时期内退款订单数除以总订单数的比例。

1. 产品退款率的测量标准

每周每个产品的退款表现将受到三个时间段的评估:自评估日起,过去的 0~30 天、过去的 63~93 天和过去的 0~120 天。

2. 产品退款率两级政策

极高退款率的产品会被下架且商户将承担所有退款责任。高退款率产品仍可销售但商户需对此产品的所有退款 100% 负责,商户可自行决定是否将产品下架。需注意的是,订单基数很少时,店铺不会受到此政策影响。

3. 如何重新评估高退款率产品

高退款率产品的重新评估是周期性的。如果某产品的高退款率有所改善,那么商户将不再为该产品产生的退款承担100%的责任。但商户仍需遵循Wish退款政策并承担相应退款责任。需要注意的是,产品须产生足够数量的订单才会被重新评估。极高退款率产品不会被重新评估且将被Wish永久移除。

4. 举例

【例2-5-1】如果产品A在63~93天时间段内有2个订单且退款率为40%,那么产品A不是一个极高退款率产品或高退款率产品,因为该产品订单基数很小,所以不受此政策影响。

【例2-5-2】如果产品B有60个订单且退款率达到40%,那么产品B属于"极高退款率产品",且会被直接从系统中移除。

【例2-5-3】如果产品C有60个订单且退款率达到28%,那么产品C属于"高退款率产品"。若稍后产品C被重新评估,结果显示为20个订单且退款率达到15%,因未产生足够数量的订单所以产品未被重新评估,那么产品C依旧属于"高退款率产品",商户仍需要承担所有的退款。

【例2-5-4】如果产品D有70个订单且退款率达到24%,那么产品D属于"高退款率产品"。若稍后产品D被重新评估,结果显示为60个订单且退款率达到15%,那么产品D就不再属于"高退款率产品"且只需遵循平台的正常退款政策。

【例2-5-5】如果产品E有70个订单且退款率达到24%,那么产品E属于"高退款率产品"。若稍后产品E被重新评估,结果显示为60个订单且退款率达到35%,那么产品E就会成为"极高退款率产品",同时该产品会从平台中被永久性移除。

2.5.2 两层级的低评价政策

低评价产品给Wish的用户造成了极差的消费体验。3星及3星以上的评价是可以接受的,一个拥有平均4星以上评价的产品会被认为是好的产品,最好的产品标准是拥有接近于5星的平均评价。

1. 低评价产品政策

如果一个产品获得较低的平均评价,那么在重新获得评估之前,商户将会对这个产品的退款承担100%的责任。如果这个产品被重新评估后,评价有所改善,那么该产品将不受此政策影响。

如果一件产品获得极低的平均评价,那么它将自动从平台中被移除,且商户将为此承担100%的退款责任。同时这件产品将不会被再次评估。

产品评估以周为单位。每周每个店铺将收到一份受此政策影响的产品汇总表。如果某件产品的评价较低,那么商户应该及时进行优化或者下架该产品。

2. 举例

【例2-5-6】

从5月1日到5月7日,产品A有20个评价且平均评价为1.9。

从 5 月 7 日到 5 月 14 日，产品 A 有 12 笔退款，这 12 笔退款由商户承担。

【例 2-5-7】

从 5 月 1 日到 5 月 7 日，产品 B 有 25 个评价且平均评价为 4.5。

从 5 月 7 日到 5 月 14 日，产品 B 有 10 笔退款，这些退款责任适用于常规的 Wish 政策。

【例 2-5-8】

从 6 月 1 日到 6 月 7 日，产品 C 有 20 个评价且平均评价为 1.65。

从 6 月 7 日到 6 月 14 日，产品 C 有 12 笔退款，这 12 笔退款由商户承担。

从 6 月 7 日到 6 月 14 日，产品 C 有 15 个评价且平均评价为 2.21。

从 6 月 14 日到 6 月 21 日，产品 C 有 20 笔退款，这 20 笔退款都由商户承担。

从 6 月 14 日到 6 月 21 日，产品 C 有 10 个评价且平均评价为 3.12。

从 6 月 21 日到 6 月 28 日，产品 C 的退款责任将依照常规的 Wish 政策划分。

【例 2-5-9】

从 6 月 1 日到 6 月 7 日，产品 D 有 10 个评价，平均评价为 1.65。

从 6 月 7 日到 6 月 14 日，产品 D 有 12 笔退款，那么该 12 笔退款的责任都由商户承担。

从 6 月 7 日到 6 月 14 日，产品 D 有 25 个评价，平均评价为 1.5。

从 6 月 14 日到 6 月 21 日，产品 D 有 20 笔退款，那么该 20 笔退款的责任都由商户承担。

从 6 月 14 日到 6 月 21 日，产品 D 有 10 个评价，平均评价为 1.25。产品 D 现已被自动移除。

【例 2-5-10】

从 6 月 1 日到 6 月 7 日，产品 E 有 10 个评价，平均评价为 4.5。

从 6 月 7 日到 6 月 14 日，产品 E 的退款责任适用于常规的 Wish 政策。

从 6 月 7 日到 6 月 14 日，产品 E 有 25 个评价，平均评价为 3.0。

从 6 月 14 日到 6 月 21 日，产品 E 的退款责任适用于常规的 Wish 政策。

从 6 月 14 日到 6 月 21 日，产品 E 有 10 个评价，平均评价为 1.75。

从 6 月 21 日到 6 月 28 日，产品 E 有 20 笔退款，商户将承担所有的 20 笔退款。

2.5.3 退款责任

1. 退款发生在确认履行前的订单不符合付款条件

如果订单在确认发货前被退款，则此订单不符合付款条件。退款产生前已确认发货的订单才符合付款政策。同时允许商户对这些退款进行申诉。

2. 商户退款的所有订单都不符合付款条件

如果商户向某个订单退款，那么商户将不能获得该笔订单的款项。同时不允许商户对这些退款进行申诉。

3. 对于缺乏有效或准确跟踪信息的订单，由商户承担全部退款责任

如果订单的跟踪信息无效，不准确或缺少此类信息，那么商户必须承担该订单的全部

退款成本。

如果缺乏有效或准确跟踪信息的订单产生了退款，商户无法直接对此进行申诉，需要提供订单物流追踪信息后才能对这些退款进行申诉。

4. 对于经确认属于延迟履行的订单，由商户承担全部退款责任

如果确认履行日为购买后 5 天以上，那么商户应对该订单的退款负 100% 责任。

5. 对于配送时间过度延迟的订单，由商户承担全部退款责任

若在下单的 X 天后订单仍未确认妥投，那么因此而产生的退款，由商户承担 100% 的退款费用。同时允许商户对这些退款进行申诉。

6. 商户负责承担由于尺寸问题而产生的全部退款成本

如果用户由于尺寸问题而要求退款，将由商户承担全部退款成本。同时允许商户对这些退款进行申诉。

7. 对于商户参与诈骗活动的订单，由商户承担全部退款成本

如果商户实施诈骗活动或规避收入份额，则由商户承担诈骗订单的全部退款成本。同时允许商户对这些退款进行申诉。

8. 商户负责承担由于新产品送达时损坏而产生的全部退款成本

如果由于产品送达时损坏而产生退款，那么由商户承担全部退款成本。并允许商户对这些退款进行申诉。

9. 商户负责承担由于产品与商品介绍不符而产生的全部退款成本

如果由于产品与产品介绍不符而产生退款，那么由商户承担全部退款成本。

注意事项：产品图片应该准确描述正在出售的产品。产品图片和产品描述的不一致会导致以产品与清单不符为由的退款。同时允许商户对这些退款进行申诉。

10. 如果账户被暂停，那么由店铺承担全部退款

如果在商户账户暂停期间发生退款，则由商户承担全部退款成本。且不允许商户对这些退款进行申诉。

11. 对于退款率极高的产品，其在任何情况下产生的退款都将由商户承担全部退款责任

商户的每个具有极高退款率的产品都将会收到一条违规警告，且该产品的所有订单中，产生的任何退款都将由商户承担全部责任。此外，退款会从上次付款中扣除。退款率是指某个时段内退款订单数与订单总数之比，低于 5% 的退款率是可接受的。根据具体退款率的高低，该产品可能会被 Wish 移除。未被 Wish 移除的高退款率产品将会被定期重新评估。若重新评估后该产品保持低退款率，那么商户将不再因此政策而承担该产品的全部退款责任。同时不允许商户对这些退款进行申诉。

12. 对于被判定为仿品的产品，商户将承担全部退款责任

Wish 平台禁止销售仿品。侵犯知识产权的产品将被直接移除，商户也将 100% 承担相关退款。同时允许商户对判定为违规的仿品的退款进行申诉。

13. 商户负责承担由于配送至错误地址而产生的全部退款成本

如果因商品配送至错误地址而产生退款,那么该商户将承担100%的退款责任。并允许商户对这些退款进行申诉。

14. 商户将为任何不完整订单承担100%退款责任

如果因订单配送不完整而产生退款,那么商户将承担100%的退款责任。不完整订单是指商户没有配送正确数量的产品或者没有配送该产品的所有部件。同时允许商户对这些退款进行申诉。

15. 对于被退回发货人的包裹,商户将承担因此产生的全部退款责任

如果妥投失败并且物流服务商将物品退还至发货人,那么商户将承担100%退款责任。同时允许商户对这些退款进行申诉。

16. 商户需要对低评价产品承担全部退款责任

对于每个平均评价极低的产品,商户会收到相应的违规通知。同时商户需对该产品收到违规通知的当笔订单及以后的所有申请退款的订单承担100%的退款费用。根据平均评价的高低,确定该产品是否可能会被Wish移除。未被移除的低平均评价产品将会被定期重新评估。如果产品的评价不再偏低,那么根据政策,商户将不再需要承担100%的退款责任。且不允许商户对这些退款进行申诉。

17. 任何客户未收到产品的订单,由商户承担100%的退款费用

若包裹跟踪记录显示妥投,但客户未收件,则由商户承担100%的退款费用。同时允许商户对这些退款进行申诉。

18. 若商户通过非Wish认可的合作配送商配送订单,则其将承担100%的退款责任

如果一件产品以不可接受的物流服务商来配送,那么商家将会承担100%的退款责任。且不允许商户对这些退款进行申诉。

19. 如果店铺退款率过高,那么商户将承担100%的退款费用

如果店铺退款率过高,那么商户将对未来所有的退款订单承担100%的退款责任。当店铺退款率得到改善且不再属于高退款率店铺后,商户将按退款政策承担正常的退款责任。同时不允许商户对这些退款进行申诉。

练 习 题

一、单项选择题

1. 什么是仿品?(　　　)

　　A. 直接模仿或暗指某个知识产权的产品

　　B. 与其他知识产权所有者的产品相同或没有明显区别的产品

　　C. 图片包含名人或知名模特的产品

D．以上都是

2．以下哪种不是常见的仿品类型？（　　）

　　A．图片使用外国模特呈现

　　B．直接模仿某品牌的外观

　　C．背景带有某一品牌名称或 logo 等品牌元素

　　D．使用品牌形象，如迪士尼人物形象

3．如果您的产品被查出是仿品，会受到哪些处罚？（　　）

　　A．产品处于待审核状态被查出是仿品，产品会被下架且取消诚信店铺资格

　　B．已经上架销售的产品被查出仿品，产品会被下架且货款被暂扣

　　C．版权方要求在售其仿品的产品下架后，产品会被下架

　　D．以上都是

4．知识产权不包括以下哪个方面？（　　）

　　A．商标许可证　　　　B．合同　　　　C．专利　　　　D．版权

5．以下不属于品牌所有者合作伙伴计划的是？（　　）

　　A．商户注册成为合作伙伴

　　B．商户针对侵犯了其知识产权的产品提交下架请求

　　C．Wish 审核并移除列出的伪造产品

　　D．商户自行移除侵犯知识产权的产品

6．以下不会导致产品审核速度变慢的因素是（　　）。

　　A．商户为新商家　　　　　　　　B．商户不是诚信店铺

　　C．商户店铺不活跃　　　　　　　D．商户发布大量的同质化商品

7．修改产品信息，哪项是不会触发产品二次审核的？（　　）

　　A．产品标题　　　　　　　　　　B．产品描述

　　C．产品主图与副图　　　　　　　D．以上都不是

8．平均确认订单履行用时指的是什么？（　　）

　　A．买家下单日—确认物流单号上网

　　B．系统单击确认发货—确认物流单号上网

　　C．买家下单日—系统单击确认发货

　　D．买家下单日—确认妥投日期

9．产品描述不允许出现哪些信息？（　　）

　　A．商户自定义尺码表　　　　　　B．产品材质

　　C．站外链接　　　　　　　　　　D．产品使用方法

10．产品 A 在 0～30 天的退款评估期中，共收到 60 个订单，退款率为 28%，平台将会如何判罚该产品？（　　）

　　A．高退款率产品　　　　　　　　B．极高退款率产品

　　C．仿品　　　　　　　　　　　　D．禁售品

11．Wish 可接受的退单率是多少？（　　）

　　A．<0.5%　　　B．<0.8%　　　C．<1.0%　　　D．5.0%

12. 所有订单退款责任评估的前提是什么？（   ）

    A．订单已发货   B．订单已妥投   C．订单已退款   D．订单已生成

13. 以下不会带来账号暂停风险的是？（   ）

    A．重复注册   B．退款率过高

    C．仿品率过高   D．把一个商品修改成一个新的商品

14. 同一产品列表中，最高变体价格必须小于最低变体价格的多少倍？（   ）

    A．2   B．3   C．4   D．5

15. 如果某订单无物流服务商妥投，而是由用户确认妥投，确认妥投后几天后该订单转为可支付状态？（   ）

    A．即时生效   B．3天后   C．5天后   D．7天后

二、实务操作题

1．识别禁售产品自测登录商户后台，单击"帮助"菜单，选择"品牌大学"选项并单击，出现的界面中有一板块是识别禁售产品的内容。选择测试您对于禁售品政策的知识。反复测试，熟练掌握识别禁售产品的知识。

第 2 篇　基本流程和基本能力

第 3 章

Wish 平台开店

内容提要

本章介绍 Wish 平台开店的基本流程和注意事项，读者将具体学习开店前调研及准备，包括硬件准备、供应链准备、其他准备；店铺注册注意事项，包括店铺注册的规定、注册信息不准确的情形、信息不准确和账号被关闭的解决措施；店铺注册，包括店铺注册操作、个人店铺升级为企业店铺等。

思维导图

```
                            ┌── 硬件准备
             ┌─ 开店前调研及准备 ─┼── 供应链准备
             │              └── 其他准备
             │
             │                ┌── 店铺注册的规定
Wish 平台开店 ─┼─ 店铺注册注意事项 ─┼── 注册信息不准确的情形
             │                └── 信息不准确和账号
             │                    被关闭的解决措施
             │
             │              ┌── 店铺注册操作
             └─ 店铺注册 ────┴── 个人店铺升级为企业店铺
```

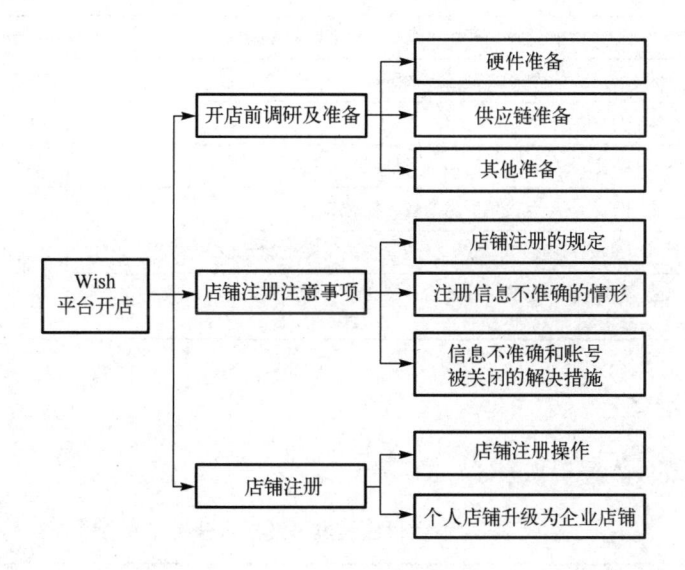

学习目标

1. 知识目标

（1）了解 Wish 平台开店的硬件准备及成本分析。

(2)掌握 Wish 平台店铺注册的注意事项。
(3)熟悉 Wish 平台店铺的个人及企业注册流程。

2．能力目标

(1)能够准备 Wish 平台开店的各项材料及进行成本分析。
(2)能够正确注册 Wish 平台个人及企业店铺。

3．素质目标

(1)遵守 Wish 平台店铺注册规则及政策。
(2)注册店铺准备工作充分、到位。

3.1 开店前调研及准备

开设店铺之前需要从硬件和供应链等方面做一系列的准备。

3.1.1 硬件准备

硬件准备及成本分析如表 3-1-1 所示。

表 3-1-1 硬件准备及成本分析

硬件名称	功能及要求	单价(元)	备注
台式电脑	目前市场上的主流电脑一般均可满足开设店铺的需要	3500～6000	
笔记本电脑	方便移动办公，根据配置高低价格会不同	2000～10000	
手机	能支持上网功能	1000～12000	
数码相机	300 万+像素，CCD 感光器件，有微距拍摄	1000～10000	
打印一体机	针式打印机能打印包裹单所用的多层复写纸	1000～3000	
扫描仪	分辨率 150dpi+，色彩位数为 24 位，扫描仪感光器为 CCD 模式	1000	
摄影辅助设备	根据需要选用摄影棚、摄影台、摄影灯、三脚架、灯架、反光伞、背景布、柔光板、反光板等	1000～2000	逐步添置

3.1.2 供应链准备

供应链准备及成本分析如表 3-1-2 所示。

表 3-1-2 供应链准备及成本分析

名称	要求	成本
产品	产品的采购费用	占销售额的 20%～25%
品牌化材料	购买中性的产品贴标、挂吊牌等	3000 元
物流方式	推荐空运	占销售额的 15%～25%
耗材	胶带、刀、条码纸等	500 元

3.1.3 其他准备

3.1.3.1 产品描述

准备好基础硬件设备和供应链之后，需要给产品取名。产品名称使用简单的描述即可，并非关键词越多越好。清晰、准确、详细的产品名称和适当的特征描述会在一定程度上促进成交量。特征描述包括对产品功能、材质的描述，让消费者有感官的认识，但是并不像其他平台那样需要用关键词堆砌的名称来获得流量。产品描述尽量排列整齐，一段一行。尺码、大小、颜色需简单明了。可以做表格将尺码和颜色截成图片，以图片形式呈现给消费者。可以放置3～10个标签，平台本身的系统也会自动推送相关词汇供商家选择。标签的作用非常重要，相当于关键词。系统主要依靠抓取标签信息来和消费者的需求进行匹配。

3.1.3.2 准备产品基本图片

一般上传3～10张图片，可以上传本地电脑的图片或者网络空间里的图片链接，图片最好用白色背景的产品静物照。

3.1.3.3 库存设置

库存数量的多少会影响消费者体验，影响展现率，所以商家应该定期检查库存是否接近售罄。

3.1.3.4 运费设置

预估产品运费(需要包括15%的平台佣金)。

3.2 店铺注册注意事项

3.2.1 店铺注册的规定

(1)注册过程中提供的全部信息必须真实、完整和准确，否则会注册不成功或者账户被暂停使用。

(2)每个实体只能申请一个Wish账户，个人用户每个ID只能申请一个账户，每家公司只能申请一个企业账户。如果一个实体拥有多个账户，则多个账户都有可能被暂停使用。

(3)临时身份证不能进行注册。

(4)个体工商户不可以注册企业店铺，个体工商户属于个人商户，应按照个人注册流程申请。

(5)Wish注册身份信息可以与货款收款人信息不一致，但必须保证能准确收款。

(6)新注册店铺。自2018年10月1日0时(世界标准时间)起，新注册的店铺需缴纳2000美元的店铺预缴注册费。这项政策将适用于在2018年10月1日0时(世界标准时间)之后收到审核回复的所有商户账户，自2018年10月1日0时(世界标准时间)开始,长时间未使用的商户账户也需缴纳 2000 美元的店铺预缴注册费。但是值得关注的是,从 2019 年 7 月以来,Wish 卖家注册费政策不断在调整,会不定期阶段性地推出免注册费政策。

3.2.2 注册信息不准确的情形

(1)填写的办公地址被别人用过或者不够详细准确,写得太随意。

(2)身份证已经被注册使用过了。

(3)所使用的 IP 地址已经注册过 Wish 店铺。

(4)所填写的手机号码已经注册过 Wish 店铺。

(5)所使用的银行卡账号已经注册过 Wish 店铺。

3.2.3 注册信息不准确的解决措施

(1)办公地址按要求填写,要详细到能在谷歌地图上搜到。

(2)身份证被注册使用过了,需要更换身份证注册。也可能是因为照片不清晰,需要突出本人手持身份证照片的重点信息。

(3)以前注册账号时用过的 IP 地址和电脑不能用了,需要更换 IP 地址和电脑。

(4)如果注册公司账号时发现手机号码被注册过,可联系 Wish 客户经理解决。如果个人手机并未注册账号,则需向 Wish 申诉。

(5)银行卡被注册过,则需要更换银行卡,然后重新注册。

3.3 店 铺 注 册

3.3.1 店铺注册操作

3.3.1.1 准备材料

1. 个人注册准备材料

(1)个人电子邮箱。

(2)个人手持身份证原件和 A4 白纸,以办公场所为背景的彩色照片。

(3)个人银行账号。

2. 公司注册准备材料

(1)公司或个人邮箱。

(2)公司营业执照的彩色照片,照片要求清晰、完整且不经任何后期处理(小于 3MB)。

(3)公司法人代表手持身份证原件和 A4 白纸,以办公场所为背景的彩色照片。

3.3.1.2 注册流程及实名认证操作

Wish 店铺注册适用 PC 端操作系统 WindowsXP，Windows7，Windows10，可使用 Google、360 极速浏览器、2345 加速浏览器 8.8 等。

1. 注册流程

第一步：登录 Wish 商户平台首页，并单击"立即开店"按钮，进入注册页面，如图 3-3-1 所示。

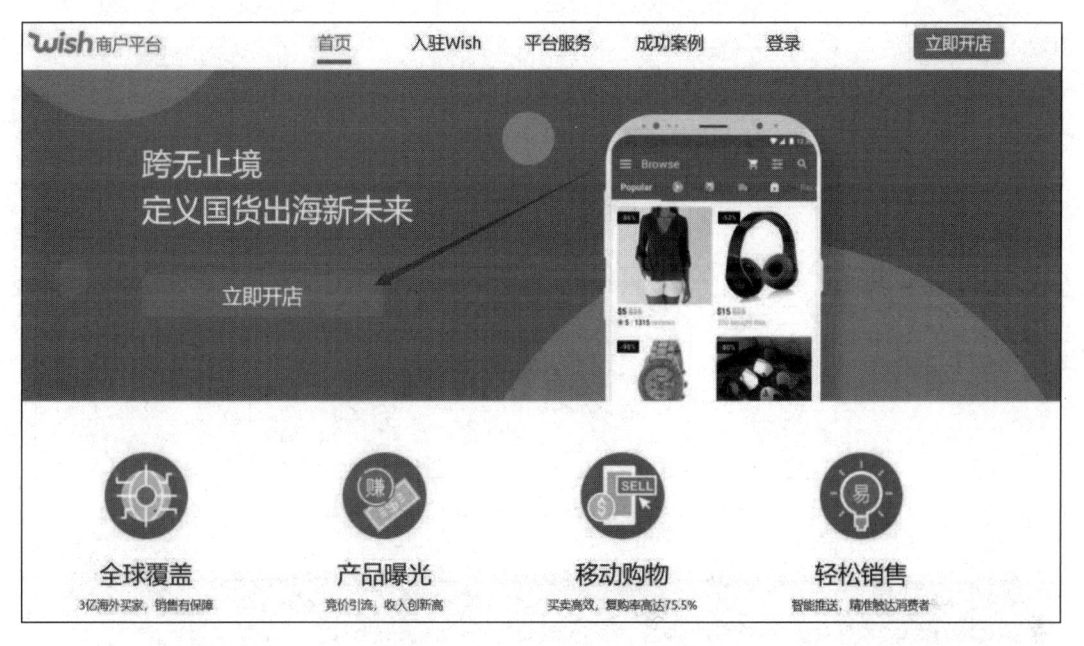

图 3-3-1 Wish 商户平台首页

第二步：进入"开始创建您的 Wish 店铺"页面。在页面右上角语言栏选择中文；输入注册邮箱（常用 QQ 邮箱），此注册邮箱即登录账户的用户名；输入密码，密码不少于 7 个字符，包含字母、数字和符号，如"beginning180112@uk"；输入手机号码及下面显示的图像验证码；输入手机验证码；单击"创建店铺"按钮，如图 3-3-2 所示。

第三步：进入"Wish 与商户协议"页面，阅读并勾选"我已阅读并理解以上所有条款"复选框后，单击"同意已选条款"按钮，如图 3-3-3 所示。

第四步：Wish 将发送验证邮件到注册时使用的邮箱，单击"立即查收邮件"按钮，如图 3-3-4 所示。

第五步：检查邮箱，收到一封如图 3-3-5 所示的邮件。单击"确认邮箱"按钮或者 URL（Uniform Resource Location，统一资源定位符）后会直接跳转到商户后台。

图 3-3-2 "开始创建您的 Wish 店铺"页面

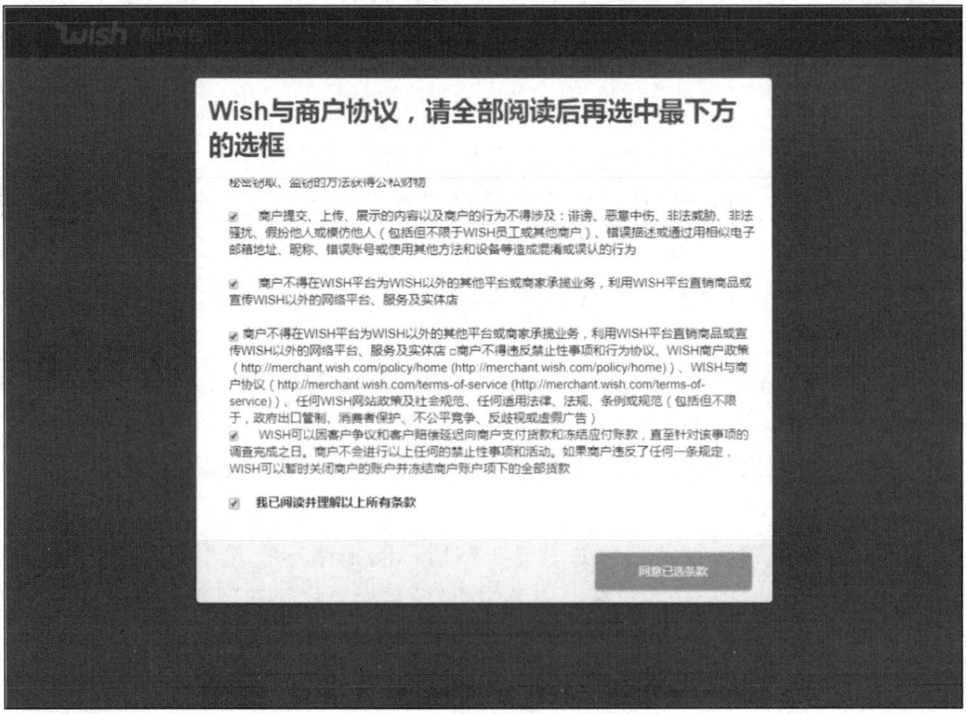

图 3-3-3 同意 Wish 条款

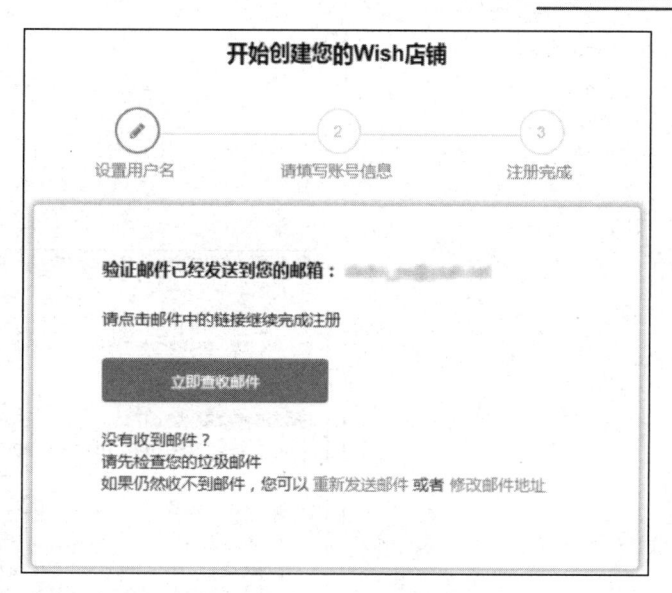

图 3-3-4　查收邮件

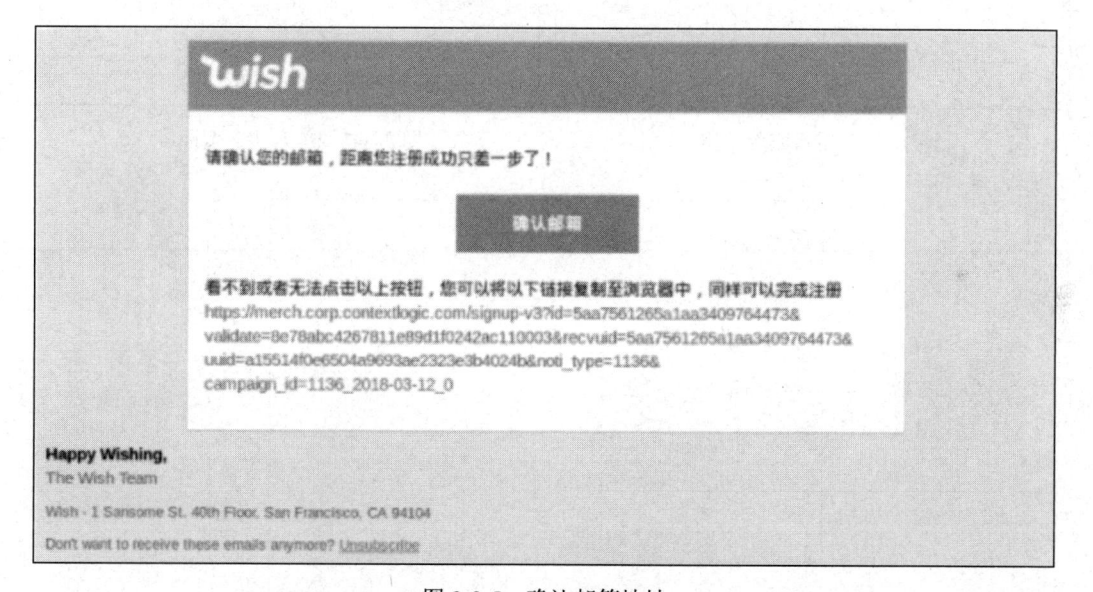

图 3-3-5　确认邮箱地址

第六步：进入"告诉我们您的更多信息"页面。输入店铺名称，注意店铺名称不能含有"Wish"字样，且店铺名称一旦确定将无法更改；输入姓氏和名字；输入所在的国家、省份、城市、街道地址及邮编；单击"下一页"按钮继续注册流程，如图 3-3-6 所示。

第七步：进入实名认证页面，如图 3-3-7 所示。

2. 实名认证操作

1）个人实名认证操作

第一步：进入"个人账户实名验证"页面，输入个人身份证号，如图 3-3-8 所示。

第二步：进入认证页面，开始认证，如图 3-3-9 所示。

图 3-3-6　填写相关信息

图 3-3-7　实名认证页面

图 3-3-8　"个人账户实名验证"页面

图 3-3-9　开始认证

第三步：上传个人账户实名验证照片，如图 3-3-10 所示。
第四步：单击"下一页"按钮选择支付平台，如图 3-3-11 所示。

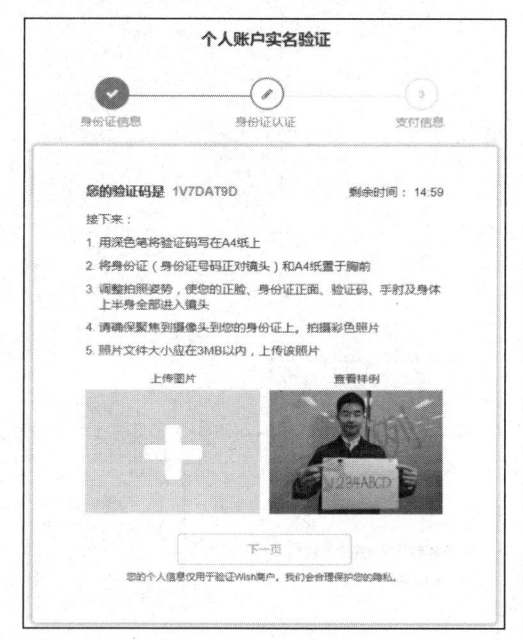

图 3-3-10　上传认证照片 　　　　　　图 3-3-11　个人账户选择支付平台

2）公司实名认证操作

第一步：进入"企业账号实名认证"页面，上传资料和填写信息，如图 3-3-12、图 3-3-13、图 3-3-14、图 3-3-15、图 3-3-16 所示。

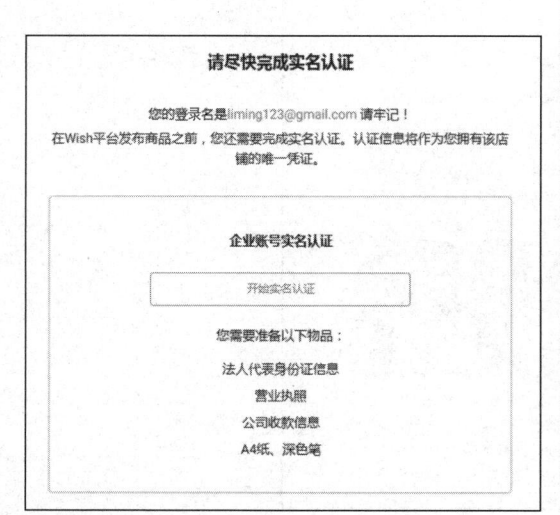

图 3-3-12　"企业账号实名认证"页面 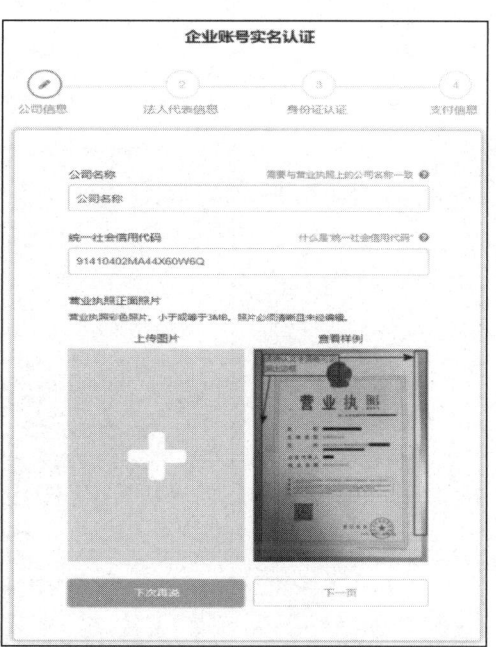　　　　　　图 3-3-13　上传营业执照

图 3-3-14　填写法人信息

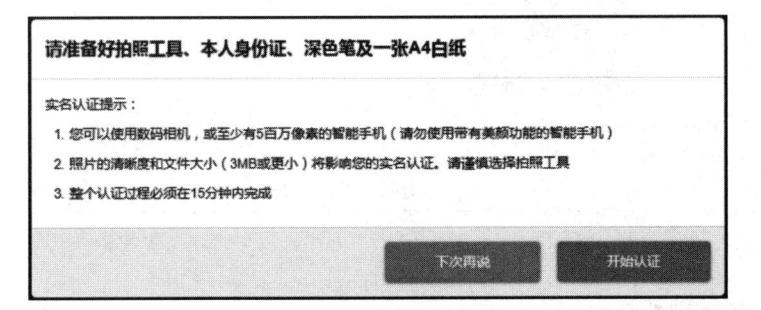

图 3-3-15　准备资料

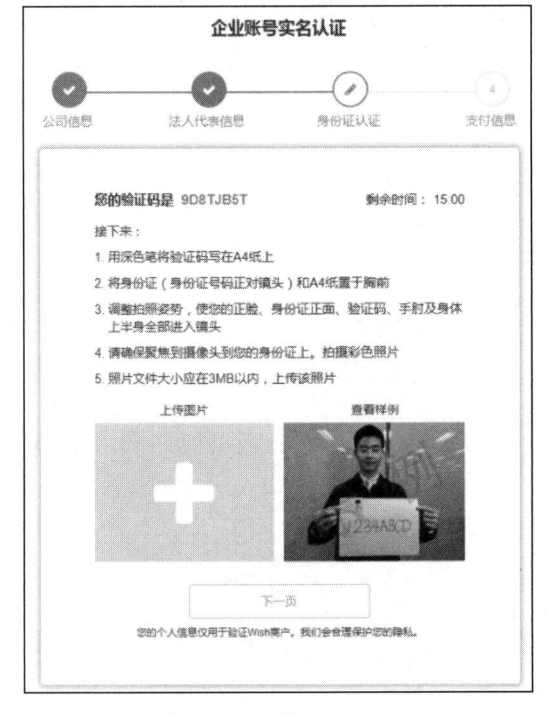

图 3-3-16　上传验证照片

小技巧

① 使用数码相机或拍照像素 500 万以上的手机(不要使用带有美颜功能的机型)。
② 照片清晰度和文件大小(3MB 以内)将影响您的实名认证,请谨慎选择拍照工具。
③ 整个认证需要在 15 分钟内完成。

第二步:单击"下一页"按钮选择支付平台,如图 3-3-17 所示。

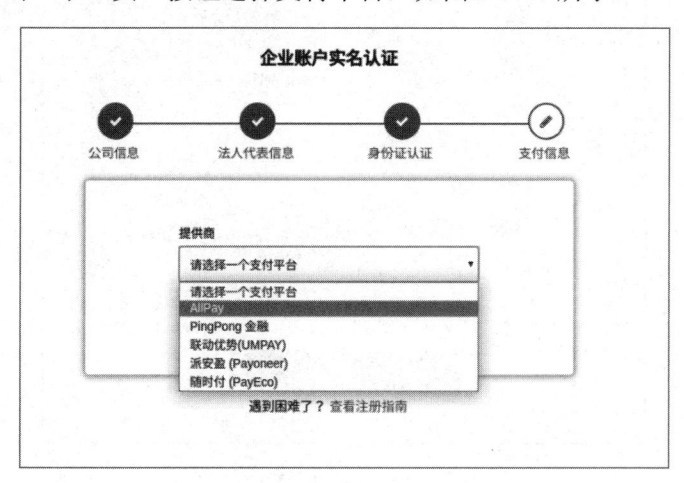

图 3-3-17　企业账户选择支付平台

3. 完成注册

第一步:选择收款方式,如 bills.com、Payoneer、PayEco 等。若使用 PayEco 收款,请选择"易联支付(PayEco)"选项,选择收款方式、填写支付信息和银行卡信息分别如图 3-3-18、图 3-3-19、图 3-3-20 所示。

图 3-3-18　选择收款方式　　　　　　　　图 3-3-19　填写支付信息

图 3-3-20 填写银行卡信息

第二步：提交审核，如图 3-3-21 所示。

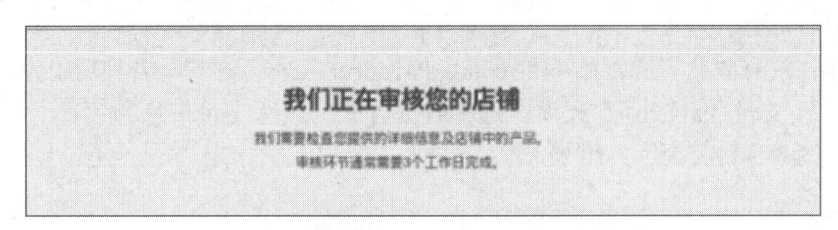

图 3-3-21 提交审核

第三步：注册成功后，Wish 官方会发邮件通知，如图 3-3-22 所示。

图 3-3-22 收到注册成功邮件

3.3.2　个人店铺升级为企业店铺

Wish 商户平台有两种店铺类型：个人店铺与企业店铺。因为 Wish 只允许一个实体注册一个店铺。换言之，如果法人代表已经注册了 Wish 个人店铺，那么他只能通过升级的方式将其店铺类型改成企业店铺，而不能同时拥有个人店铺和企业店铺。需在商户后台联系您的客户经理（您后台所显示的邮箱 merchant_support@wish.com）或者联系"客服小智"提交相关资质证明并等待审核。

需提交资料如下。

(1) 注册邮箱、您的用户名、您的 QQ 号、店铺法人代表姓名、店铺法人身份证号码、公司名称、营业执照注册号。

(2) 营业执照、税务登记证、法人代表本人手持身份证照片(必须是彩色照片原件，扫描件无效)。香港公司资质需上传：营业执照栏需提供 CR 证书及 NC1(股本和创始人页)照片，请将 CR 证书及 NC1(股本和创始人页)拍摄在同一张照片中，并在税务登记证栏提供商业登记证照片。

(3) 如法人与账户原注册人信息不一致，请另外提供原注册人手持本人身份证及现公司营业执照照片(在一张照片中)。

练 习 题

1. 简述 Wish 店铺个人及企业注册需要准备的材料。
2. 简述 Wish 店铺的注册政策。
3. 操作：以个人身份在 Wish 平台注册开店。

知识链接

Cross-Border Economic Business（跨境电商）专业术语

Try For Free　免费使用
Login　登录
Username　用户名
Email Address　邮箱地址
Password　密码
Remember Me　记住我
Forgot password?　忘记密码了？
Don't have an account?　还没有账户？
Sign up　注册
Captcha　验证码
Home　首页

Site Map　站点地图
Products　产品
View All Products　查看所有产品
Add Manually　手动添加
Add via Feed File　通过源文件添加
Edit Manually　手动编辑
Edit via Feed File　通过源文件编辑
Update Inventory Manually　手动更新库存
Update Inventory via Feed File　通过源文件更新库存
Add Size/Colors Manually　手动添加尺寸/颜色
Add Size/Colors via Feed File　通过源文件添加尺寸/颜色
Orders　订单
Action Required　未处理
History　历史记录
Fulfill Manually　手动完成
Fulfill Feed File　完成源文件
Seller Insurance　卖方保险
Support Tickets　客户问题
Action Required　未处理
Awaiting Users　等待用户
Closed　已关闭
Payments　付款
Account Balance　账户余额
Settings　设置
Performance　业绩
Product Overview　产品概述
Sales Performance　销售业绩
Rating Performance　评分表现
Fulfillment & Shipping Performance　完成和配送表现
Customer Service Performance　用户服务表现
Customer Feedback　用户反馈
Shipping Carrier Performance　物流服务商表现
Sales Graphs　销售图表
Customer Service Graphs　用户服务图表
Feed Upload Status　源上传状态
Product Feeds　产品源
Fulfillment Feeds　完成源
Contact　联系人

Contact Support　联系客服
Documentation　文档
FAQ（Frequently Asked Question）　常见问题解答
Knowledge Base　知识库
Product Specification　产品规格
Sizing Charts　尺码表
Accepted Colors　接受的颜色
Accepted Sizes　接受的尺寸
Accepted Shipping Providers　合作配送商
Shipping Countries　配送国家
Shipstation　平台对接
API　应用程序
Infractions　违规
Notifications　系统信息
ProductBoost　营销推广
Language　语言
Help　帮助
Account　账户
Logout Now　退出、注销
Account Manager　客户经理
Terms of Service　服务条款
Wish Merchant Policy Wish　商户政策
Successfully Confirmed　确认成功
System Updates　系统更新
Have a question?　遇到问题了？
Join Wish Express Today　从今天开始加入 Wish Express
Create your first campaign on ProductBoost!　在产品促销活动栏上创建您的第一个活动！
Learn More　了解更多信息
Create Campaign　创建活动
Trusted Store Status　诚信店铺状态
Resubmit for Counterfeit Review　重新提交仿品审核
More Details　更多详情
Get More Exposure　获取更多曝光
Add Products　添加产品
Ship Worldwide　全球配送
Add Products Now　现在添加产品
Update Shipping Settings　更新配送设置

Brand University　品牌大学

Quality Products Get Sales　高质量产品销量比较高

Lower Your Prices　降低价格

Add Additional Images　添加额外图片

Provide Size/Color　请提供尺寸/颜色

Search Eligibility　搜索条件

Learn How to Add Variations　学习如何添加变量

Learn More About Search　了解更多关于搜索的规则

Good Customer Service Increases Your Exposure　优质的用户服务可增加曝光率

Size Your Products Correctly　正确描述产品尺寸

Ship Your Orders Quickly　迅速发货

Provide Accurate Listings　提供准备的产品描述

GMV（Gross Merchandise Volume）　网站成交金额

Customer Returns　顾客退款

Cash Coupons　现金券

VAT and Surcharges　增值税和附加费

Delivery Fees Charged to Customers　卖家承担的运费

Net GMV　净网站成交金额

Merchandise Sales　卖家销售额

Net Revenue　净收入

Corresponding Payables to 3rd Party Merchant　第三方平台应付款项

第 4 章

Wish 店铺运营与管理

内容提要

本章介绍 Wish 店铺运营与管理，读者将具体学习选品与定价、产品发布与推广、订单处理、客服管理、跨境物流与配送、跨境收款等 6 部分内容。

思维导图

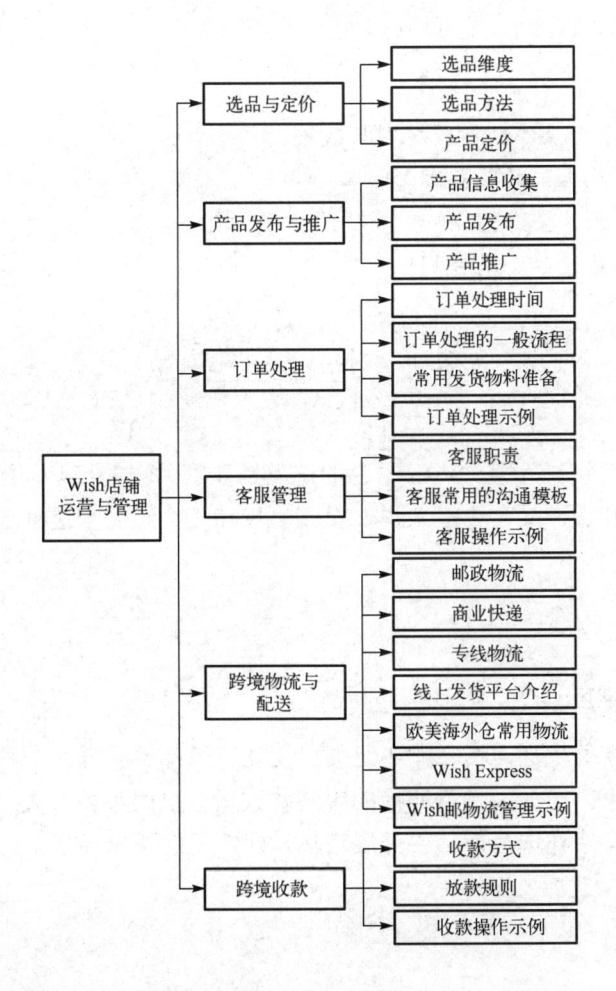

```
                              ┌── 选品维度
                   ┌─ 选品与定价 ──┼── 选品方法
                   │           └── 产品定价
                   │              ┌── 产品信息收集
                   ├─ 产品发布与推广 ┼── 产品发布
                   │              └── 产品推广
                   │           ┌── 订单处理时间
                   │           ├── 订单处理的一般流程
                   ├─ 订单处理 ──┤
                   │           ├── 常用发货物料准备
                   │           └── 订单处理示例
  Wish店铺         │           ┌── 客服职责
  运营与管理 ──────┼─ 客服管理 ──┼── 客服常用的沟通模板
                   │           └── 客服操作示例
                   │              ┌── 邮政物流
                   │              ├── 商业快递
                   │              ├── 专线物流
                   ├─ 跨境物流与配送 ┼── 线上发货平台介绍
                   │              ├── 欧美海外仓常用物流
                   │              ├── Wish Express
                   │              └── Wish邮物流管理示例
                   │           ┌── 收款方式
                   └─ 跨境收款 ─┼── 放款规则
                               └── 收款操作示例
```

📖 **学习目标**

1. 知识目标

(1) 熟悉 Wish 选品的维度与方法,掌握产品定价方法和定价公式。
(2) 掌握 Wish 平台产品发布与推广的流程。
(3) 熟悉在 Wish 平台上如何进行订单处理。
(4) 了解跨境电商客服职责,掌握如何回复客户问题。
(5) 熟悉 Wish 平台各种物流方式。
(6) 熟悉 Wish 平台收款方式和放款规则。

2. 能力目标

(1) 能够结合市场和数据进行选品。
(2) 能够正确注册 Wish 个人及企业店铺。
(3) 能够在自己的 Wish 店铺发布产品和处理订单。
(4) 能够回复客户的各种问题。
(5) 能够选择合适的物流方式。
(6) 能够及时收款。

3. 素质目标

(1) 遵守 Wish 平台操作的各项规则与政策。
(2) 树立"客户至上"的服务理念。
(3) 考虑问题周到、全面。
(4) 各项工作准备充分,服务到位。

4.1 选品与定价

七分靠选品,三分靠运营。Wish 平台的选品是卖家关注的核心问题。跨境电商选品包含选行业、选类目和选产品。一般来说,卖家可以从三个维度来进行选品,即市场维度、产品维度和货源维度。

4.1.1 选品维度

4.1.1.1 市场维度

世界各地消费者的生活习惯、购买习惯、文化背景都不一样,一种产品不可能适合所有国家和地区的买家。比如,颜色鲜艳的服装款式适合巴西市场,大尺码的服装相对更适合欧美市场。因此卖家在选品前,要开展市场调研,了解买家需求。

1. 市场容量分析

卖家可以根据产品的销售量、搜索量等数据来判断市场容量的大小。根据具体产品的销售情况可估算本类产品的市场规模，从而了解整个市场的需求情况。同时，也可以通过一些关键词分析工具查看与产品相关的关键词的搜索量来判断市场容量的大小。一般情况下，除特意选择小而美的个性化产品之外，应尽量寻找市场容量大的产品，这样才能够确保有足够的购买者，从而降低库存风险。

2. 市场竞争态势分析

1）界定竞品

竞品是指使用场景、使用人群基本一致而且具有可替代性的特征的产品。在跨境电商平台上，是以关键词为单位来区分竞品的。

2）竞品的竞争力情况

（1）以关键词为分析单位，用这个关键词的月度搜索量与在线显示数量的比值来判断竞争程度，这个比值越小，竞争就越激烈。

（2）以关键词为分析单位，分析销量排在前 10 名或前 20 名的品牌的具体情况。如果有垄断情况，应判断垄断的程度与垄断原因。同时，通过品牌注册信息、品牌官网、社交媒体、购物网站等调查品牌背景，推断其不同时间段的战略规划，从中分析存在的挑战和机遇。另外，还要寻找非垄断品牌的销售情况，判断其市场竞争力大小。

> **视野拓展：如何收集根关键词？**
>
> 根关键词就是准确描述产品的短尾关键词，通过根关键词可以把主要的竞争产品找出来，找全根关键词是调研和运营的根本前提。
>
> 如何收集正确的根关键词呢？第一步，通过直接翻译、图片搜索、询问外贸企业业务员和外国朋友等方法找到根关键词；第二步，通过英英词典、社交媒体搜索话题评论、竞争对手的产品描述等途径扩展根关键词；第三步，在跨境电商平台上搜索、验证和筛选根关键词，看搜索出来的产品是否与自己想卖的产品相吻合。例如，通过上述方法可以为户外伞找到以下根关键词：beach umbrella（沙滩伞）、patio umbrella（遮阳伞）、outdoor umbrella（户外伞）、cantilever umbrella（悬臂伞）、hanging umbrella（挂伞）、garden umbrella（花园伞）等。

（3）市场趋势分析，卖家可以通过一些营销工具判断自己想介入的某个子类目，细分市场近一年或者近五年在全球或者目标市场国家的发展趋势，从而决定是否选择该细分市场。

4.1.1.2 产品维度

卖家在了解了整体市场情况以后，还需要从产品维度进行分析，研判某款产品是否适合上架。卖家可以从产品的种类、产品的属性、产品的评价、店铺产品的结构、产品的知识产权等维度进行选品。

1. 产品的种类

(1)选择蓝海产品。卖家要优先选择蓝海行业中的产品,或者红海行业中的蓝海产品,即选择供需指数小的产品。

(2)选择容易通关的产品。一般情况下,粉末状物品、液体、易燃易爆品等都是不太适合跨境运输的。因此,卖家还需要了解海外市场行情及通关政策。

(3)选择易耗品。卖家可以选择面膜、食品等易耗品,这样用户容易重复购买,易形成用户黏性。

2. 产品的属性

卖家要考虑产品的体积、重量、价格等,优先选择体积小、重量轻、便于储存和发运且单价高的产品。

3. 产品的评价

卖家要考虑产品的评价情况,选择用户评分高的产品。

4. 店铺产品的结构

店铺产品的结构一般由利润款、引流款和常规款构成。利润款倾向于选择小众化、利润高的产品;引流款倾向于选择热门产品或紧跟热点并可能会流行的产品;常规款倾向于选择性价比较高的产品,即用户认为价值较高但价格适中的产品。选品要针对不同的目标用户,不能把所有的产品都选在同一个价格段和同一个品质水平内,一定的价格和品质阶梯能带来更多的订单。

5. 产品的知识产权

如果有人投诉或者平台经审查发现卖家上架的某个产品侵犯了商标权、著作权或专利权,那么跨境电商平台就会下架这款产品,并采取相应的处罚措施,这对店铺的运营也会产生比较大的影响。卖家要避免选择有可能侵权的产品,因此从长远发展的角度看,跨境电商卖家在发展过程中,注重自有品牌的打造和维护并进行知识产权的保护才是长久之道。

视野拓展:如何预防产品侵犯知识产权?

(1)目前,境内卖家对于国际品牌意识仍然比较薄弱,而境外的大商家早已开始对其商标及子品牌进行布局了。近年来,境外律师事务所起诉中国卖家侵权的事件频频发生,一些卖家账号被封、资金被冻结、被要求侵权赔偿等,损失惨重。因此卖家在思想上要足够重视,明白只有合规化经营才能走得长远。

(2)卖家对产品要进行风控,对老产品可用软件或人工去查侵权词,对新产品要建立专门的审核机制查询自己想上架的产品在目标国家和地区是否已经被注册了商标或申请了专利,并定期检查自己店铺的产品,时刻关注其是否已经被注册商标或申请专利了。

(3)多关注美国四大律师事务所 GBC、EPS、Keith、SMG 维权的品牌,尽量不要去碰这些品牌。同时还要多看看以前发生的侵权案例,了解和解的方式,尽量避免侵权的发生。

(4)卖家应选择产品认证齐全的优质供应商,从源头上把控侵权风险。卖家在选择上游供应链时要严格把关。首先要进行资质审核，其次对自己所经营产品的相关品牌要深入了解，做到无论是外观设计还是品牌商标等都不与境外品牌雷同。

（5）刊登产品页面时，应使用原创图片和文字描述，不能使用带有他人品牌名称的关键词。另外，设置店铺名称时，要注意是否涉及已注册的商标。不能复制其他知名品牌名称，也不能打擦边球使用容易误导买家的品牌名称。

（6）要时刻留意可疑的收货地址及买家 ID（登录名）。美国四大律师事务所 GBC、EPS、Keith、SMG 常常会使用"钓鱼执法"的手段来收集证据，即伪装成买家购买产品，由于他们一段时间内要在店铺大量地进行取证，因此卖家可多留意这些 ID 是否在某个时间段购买了大量的同一产品。

（7）要完善自己的产品线，尽快注册自有商标或进行专利申请，并把自己的品牌在平台进行备案，建立自己的"护城河"。例如，在亚马逊平台上进行品牌备案后可以防止跟卖，从而保护自己的产品页面。

4.1.1.3 货源维度

在进行选品时，卖家还需要考虑自身是否具有货源优势。

对于初级卖家来说，如果所在地区有成规模的产业带，或者有体量较大的批发市场，则可以考虑直接从市场上寻找现成的货源。例如，离深圳比较近的卖家可以选择3C类目，从深圳华强北电子批发市场拿货；离河南许昌比较近的卖家可以选择假发类目，从许昌假发批发市场拿货；离辽宁葫芦岛、兴城比较近的卖家可以选择泳装类目，从兴城泳装批发市场拿货。在没有货源优势的情况下，再考虑从网上寻找货源。

对于有一定销量基础并且已经积累了销售经验的卖家，如果能够初步判断哪些产品的市场接受度较高，就可以考虑寻找工厂货源，针对比较有把握的产品，进行少量下单试款。

对于经验丰富并具有经济实力的卖家，可以尝试先预售，确认市场接受度后再下单生产，这样可以降低库存压力和资金压力。

总之，选品是一件很复杂的事情，选出的产品只有经过市场检验才知道对错，选品的过程实际上就是一个不断试错和纠错的过程。

4.1.2 选品方法

常见的跨境电商选品方法一般包括市场化选品和数据化选品。这两种选品方法各有优缺点，卖家一般需将这两种方法结合起来进行选品。

4.1.2.1 市场化选品

市场化选品主要是卖家通过观察在跨境电商平台或者供应链平台上销量大的产品，从中发现用户的喜好并据此来进行选品。这种方法的优点是能快速知晓热卖产品，数据精准，缺点是比较费时费力。市场化选品一般可以从以下 6 个方面着手。

1. 根据跨境电商平台同行业卖家的热销品进行选品

在跨境电商平台输入相关的关键词进行搜索，按照产品销量或者最佳匹配进行排序后浏览以便达到以下目的：(1)了解本平台的产品种类，了解用户偏好，找到同行热卖产品，进行跟卖或者找相似款产品。(2)了解产品更新换代的趋势。每种产品都有生命周期，产品的生命周期一般可分为导入期、成长期、成熟期、饱和期、衰退期5个阶段。例如，可以通过某种产品的评单比（评价数除以订单量）简单判断该种产品处于哪个阶段，要尽量选择尚处于成熟期之前的产品。(3)了解产品的市场价格，方便日后定价。

2. 根据其他跨境电商平台的热销品进行选品

卖家可以根据相似跨境电商平台的热销品进行选品。Wish 平台上的卖家可以参照亚马逊、易贝、速卖通平台上的爆款产品和潜力款产品进行选品。这种方法的优点是有助于开发出这个平台没有的爆款产品，缺点是平台属性不同可能会导致数据的可参考性下降。

3. 借助跨境供应链平台进行选品

近几年，以阿里巴巴旗下的 1688、中财加速度的 S2B2C、雨果网的 CCEE 等为代表的跨境电商供应链平台发展迅猛，为卖家提供了优质的供应链服务。例如，卖家可以在 1688 跨境专供板块上寻找一些开业时间比较长、爆款产品多的源头工厂供应商。由于这些供应商对市场比较敏感，因此卖家可以参考他们的店铺进行跟卖。

4. 借助境外社交平台进行选品

由于境外社交平台是市场需求信息的集聚地，因此卖家可以关注这些社交平台的热闻，进而以其作为选品依据。典型的境外社交平台有美国的 YouTube、Instagram，西班牙的 Tuenti，韩国的 LINE，法国的 Adopte un mec 等。

5. 借助境外同行业网站进行选品

卖家可以通过搜索引擎搜图或者关键词，搜索到一些境外目标市场的同行业网站来进行选品，比如从这些网站的热销排行榜和发布的新品中寻找爆款产品。

6. 借助线下展会进行选品

卖家可以通过参加广交会、美博会、国际服装展、跨境电商选品展会、香港电子展会等线下展销会，挖掘到引领未来的潜力款产品。

⁇ 案例与思考：差异化选品成功案例

在亚马逊平台上，Anker 一直是神话般的存在。很多中国卖家都在研究和模仿 Anker，而真正能够模仿到 Anker 的精髓并做得很好的，少之又少，但基于对 Anker 的研究和学习、进而做出新的拓展，开拓出新思路的卖家，倒有几个。

Anker 以移动电源起家，其产品一直以黑白色调为主，Anker 从自己的调研中得出的结论是欧美人更爱好黑色，所以打开 Anker 的店铺就会发现，黑色调格外明显。同时 Anker 的产品，以方正款式为主，以商务人士为首选用户群体，甚至亚马逊全球副总裁用的就是中国品牌 Anker 的移动电源。很多想学习 Anker 的卖家，都采取了同样的黑色调和方正款，可由此获得成功的案例并不多。然而有两家公司，同样以移动电源为主打，却选择了和 Anker 不一样的路子，做得非常成功。

Jackery，同样以移动电源为主打，主推方正款式，却选择了和 Anker 完全不一样的颜色——橙色，不同于 Anker 的黑色给人冰冷沉稳的印象，Jackery 以鲜明亮眼的橙色吸引了用户的眼球。从色彩层面来看，如果说 Anker 是以成熟稳重的商务人士为核心用户群体的，那么 Jackery 则明显可以获得女性群体及更年轻用户的青睐。在亚马逊平台移动电源类目下，Anker 占据着霸主地位，而 Jackery 的另辟蹊径也让它"活"得非常好，从产品评价数量可知，Jackery 的销售额已是以亿元为单位计，远远甩了普通卖家几条街。

除 Jackery 之外，另一个移动电源 Lepow 的品牌打造则更有意思，它以更加鲜活的形象切入移动电源市场，在品牌打造过程中，Lepow 选取了绿色和黄色为主推色调，同时，在款式的选择上，Lepow 以圆润甚至带有卡通形象的款式为主打，一下子就俘获了年轻群体的心。在亚马逊平台上，Lepow 起步较晚，但走到当前，也一直走得很好。

回头看这三家公司的选品思路，Anker 凭首发优势，主要面对商务人士群体，抢得移动电源类目的龙头。而 Jackery 在选品时，则从 Anker 的发展中看到了商机，同时，为了避免与 Anker 正面肉搏，转而选择从侧翼进入，以亮色调得到了年轻群体的青睐。当 Lepow 想进入移动电源这个市场时，想去撼动 Anker 的市场地位已经是非常困难了，既然无法撼动，就迂回前行，以更加年轻化的群体为目标，开发出针对该群体的颜色和款式的产品，也获得了成功。

可以说，选品思路的差异化成就了这三家公司。启发思考：
(1) 如何进行差异化选品？
(2) 选品步骤有哪些？

4.1.2.2 数据化选品

数据化选品就是充分利用数据分析工具进行选品。这种方法的优点是省时省力，缺点是数据往往有滞后性，成功率不高。数据化选品一般可以从以下 3 个方面着手。

1. 利用跨境电商平台提供的数据分析功能进行选品

卖家可以通过速卖通和亚马逊等跨境电商平台提供的数据分析功能进行选品。

1) 速卖通平台

在速卖通平台的卖家后台，可以参照"生意参谋"中提供的数据来选品，生意参谋是阿里巴巴重点打造的首个商家统一数据平台，面向全体卖家提供一站式、个性化、可定制的商务决策体验，集成了海量数据及店铺经营思路，不仅可以更好地为卖家提供流量、产品、交易等店铺经营全链路的数据披露、分析、解读、预测等功能，还能更好地指导卖家进行数据化运营。

卖家可以通过"生意参谋"界面板块中的"市场大盘""国家分析""选词专家"来分别选择子类目、主要销售国家、具体产品，利用"选品专家"可进行类目及商品的选择。

卖家可以根据"市场大盘"中的"行业构成"数据来选择子类目。卖家可以从搜索指数、供需指数、在线商家占比等指标对同行中的子类目进行对比，研判市场竞争情况，尽量选择搜索指数高但供需指数和在线商家占比低的子类目产品。

> **视野拓展:"行业构成"界面中几个相关指标的介绍**
>
> (1) 搜索指数:统计时段内,所选类目下搜索次数的指数化指标。
> (2) 供需指数:统计时段内,所选类目的供给商家数与需求人数的比值。
> (3) 在线商家占比:统计时段内,所选子类目占父类目的在线商家数的比例。如果一个商家跨类目经营,则该商家会被统计到多个类目中,所以子行业的在线商家数占比相加超过100%是正常的。
> (4) 父类目金额占比:统计时段内,所选子类目占父类目的支付金额比例。
> (5) 客单价:统计时段内,所选类目的支付金额与买家数的比值。

"国家分析"界面中包括"机会国家""单国家分析"和"商品研究"。在"机会国家"中,卖家要重点关注"高 GMV/高增速"和"高 GMV/低增速"的国家。"单国家分析"可以具体分析每个国家的支付金额占比、访客数占比、买家的订单金额分布和年龄分布、节日,从而针对人群的特点和节日进行选品。"商品研究"包括国家和地区、性别、年龄、订单金额分析等。

> **视野拓展:GMV(Gross Merchandise Volume)的计算口径**
>
> GMV 是指协议有效期内,卖家在经营期间其所属经营大类下支付成功(排除因风控纠纷等引起的退款)的订单金额总和。

"搜索分析"界面中包括热搜词、飙升词和零少词,卖家可以用这些关键词来选择具体的产品。

(1) 利用"热搜词"进行选品。下载所选行业子类目下的热搜词和飙升词表格,对表格进行整理,然后去掉品牌词,最后在表格中增加一个"搜索效果"指标。该指标等于"搜索指数""点击率"和"支付转化率"的乘积,可用于判断搜索词的使用效果。此外,还应考虑关键词的竞争指数大小。一般可使用"搜索效果"值大但"竞争指数"值小的关键词进行选品。

(2) 利用"飙升词"进行选品。要关注飙升词中搜索指数上升很快的关键词,这些词代表某些产品近期市场需求比较大,卖家要抓住机会开发此类产品。

> **视野拓展:"搜索分析"界面中几个相关指标的介绍**
>
> (1) 点击率:某个词的单击人数与曝光人数的比值。
> (2) 支付转化率:产品支付买家数与产品访客数的比值,即来访客户转化为支付买家的比例。
> (3) 竞争指数:某个词的竞争激烈程度的指数化。

2) 亚马逊平台

亚马逊平台会推荐一些热销品,在亚马逊美国站平台首页单击"Best Sellers"按钮后,可分别进入亚马逊平台的 Best Sellers(最佳销售排行榜)、New Releases(新品热销榜)、

Movers & Shakers（销量飙升榜单）、Most Wished For（收藏排行榜）、Gift Ideas（礼品推荐榜单）界面。卖家可以根据这些排行榜来进行选品。

　　Best Sellers 是按照同类目中产品销售量来排名的，销售量越大，排名越靠前，每小时更新一次。New Releases 是基于产品销量得出的热门新品榜单，每小时更新一次，卖家不仅可以看到目前的热销品，也可以据此预测下一个热销品及趋势。Movers & Shakers 与 New Releases 有一定的相似性，不同的是前者反映了 1 天内同类目涨幅最快的产品。Most Wished For 即收藏排行榜，也称为愿望清单，当买家把产品加入愿望清单，就会收到来自亚马逊产品降价信息的邮件提醒。Gift Ideas 主要针对的是礼品，卖家可以通过它判断买家更愿意选择哪些产品作为礼品，从而在节日来临前更有针对性地进行备货。

　　如果某款产品同时出现在这几个榜单中，则需要多关注，但是如果某款产品仅仅只是出现在收藏排行榜中并没出现在其他榜单中，则不能轻易选择该款产品。

　　2. 利用第三方数据分析工具进行选品

　　第三方数据分析工具有很多，每种分析工具的数据分析精准性和针对的平台往往也不一样。这里以海鹰数据为例，介绍如何利用第三方数据分析工具进行选品。

　　在海鹰数据支持的 4 个平台中，其对 Wish 平台的数据抓取最全面，数据分析更细化具体，因此使用海鹰数据的 Wish 卖家更多一些。在此以 Wish 为例进行说明，海鹰数据会从商品、店铺、类目这 3 个维度对数据进行分析。

　　商品分析栏目分为 8 个类别，分别为商品搜索、热销商品、商品飙升、热销新品、飙升新品、海外仓热销商品、海外仓飙升商品和海外仓热销新品。

　　店铺分析栏目包括店铺搜索、店铺热销、店铺飙升、热销新店、飙升新店 5 个子栏目。海鹰数据从商品总数、总销售数、总收藏数、总评论数、前 7 天店铺 Viewing Now（Wish 商品流量、小火苗）、前 30 天新增评论数、前 60 天新上架商品数、店铺开张时间等 8 个方面来分析店铺数据。卖家可以选择爆款率高的店铺重点研究，参考目标店铺来优化自己店铺商品的图片、文字描述，分析自己商品的定价是否具有竞争力等。

　　类目分析栏目包括类目搜索、热销类目、飙升类目 3 个子栏目。海鹰数据从商家总数、商品总数、平均总价、总销售数、总收藏数、总评论数、前 7 天类目 Viewing Now、前 30 天新增评论数、前 60 天新上架商品数等 9 个方面来分析类目数据，卖家可以参考这些数据来优化自己的类目。

　　利用海鹰数据分析进行选品具体操作步骤如下，以飙升新品为例。

　　第一步：打开海鹰数据官网进行注册，如图 4-1-1 所示。

　　第二步：登录首页，单击 Wish 数据，单击左侧商品分析（商品搜索、热销商品、商品飙升、热销新品、飙升新品、海外仓热销商品、海外仓飙升商品和海外仓热销新品）、店铺分析（店铺搜索、店铺热销、店铺飙升、热销新店、飙升新店）。

　　单击"飙升新品"按钮看 Wish 平台销售最爆的商品，如图 4-1-2 所示。

　　第三步：单击任一商品，进入商品信息页面，查看该商品累计销售量、累计销售额，如图 4-1-3 所示。

图 4-1-1　海鹰数据注册

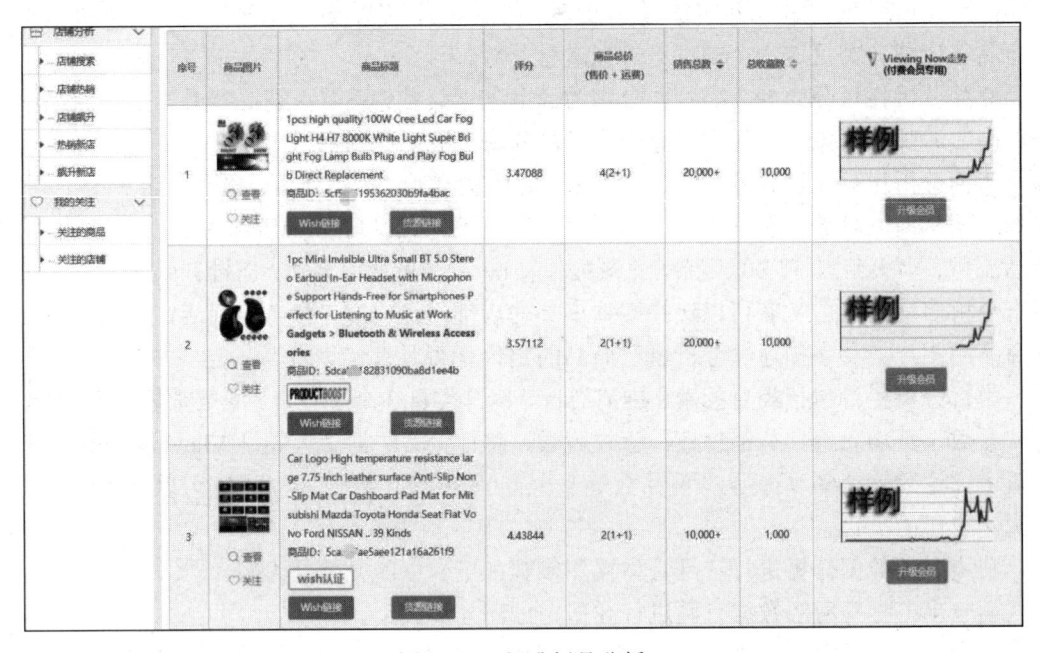

图 4-1-2　飙升新品分析

拓展阅读：选品小窍门

在海鹰数据选择跟卖产品时，还应根据其他条件有选择性地选择，不可盲从。以下是老司机卖家对新手选品的几点建议。

(1)跟卖销售量大的产品(成熟产品有市场，小的卖家也可以分杯羹)。

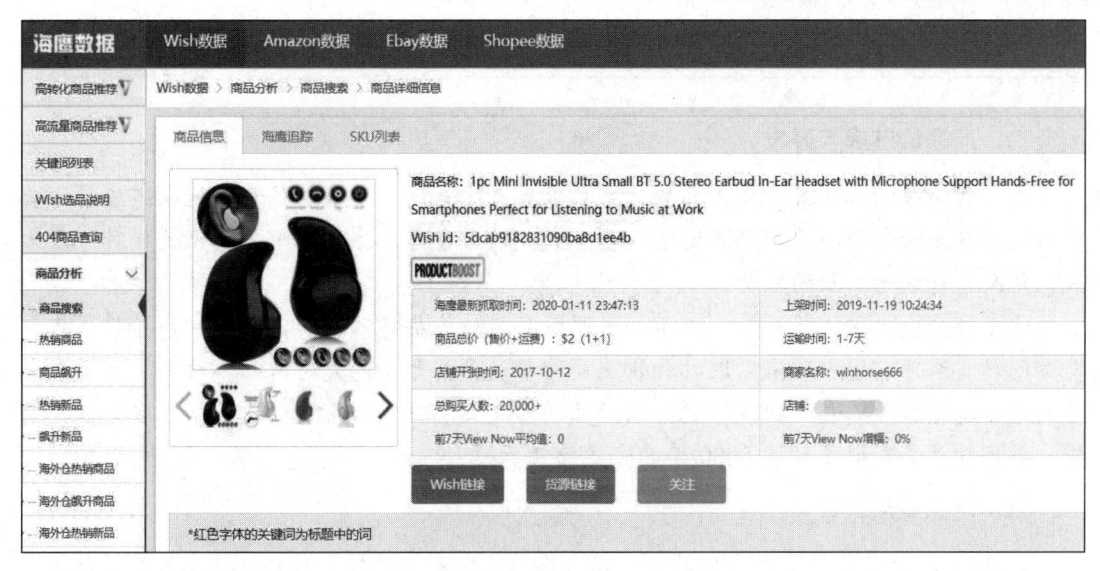

图 4-1-3　商品信息

(2) 跟卖在短期内销量增速快的产品(短期内销量增加快说明其很可能是潜力爆款,这时候跟卖更加容易,很可能流量还可以被跟卖的人抢走)。

(3) 跟卖评价好的产品(评价好的产品退款率低,可减少风险)。

(4) 跟卖利润高的产品(利润高的产品,意味着利润有可降空间,你就可以低价销售)。

案例与思考：如何在 Wish 平台上进行选品

从 2012 年初次出海失利,到 2014 年退回境内市场优化供应链、积累发展经验,再到加入 Wish 等跨境电商平台再次出海,杭州子午线服饰有限公司(以下简称"子午线公司")在 2016 年实现了跨境电商的一个突破,成功打造了第一个爆款产品,产品日均出单量超过了 5000 单。该公司是如何根据 Wish 平台的特点进行针对性的选品的呢?

一、产品的市场分析

产品的市场容量是子午线公司选品的第一个参考因素,其使用第三方工具分析 Wish 平台各个品类的产品,从大品类到细分品类一步步去分析,找出目前潜在的蓝海产品。选择在售产品较少、增长较好、店铺数量较少、产品均价居中的品类,更有可能取得较好的效果。

1. 类目选择

从产品数量、销售增长率等多个角度进行分析,选择在售产品数量较少、销售增长率较高、产品销量较好、销售额较大的类目。

2. 子类目选择

在确定了大类目后,子类目的选择可按同样的逻辑进行筛选。产品数量少、店铺数量少、类目的爆品率较低的子类目通常就是一个比较容易进入的蓝海市场。行业在售产品数和店铺数量较少,说明该子类目的竞争程度低于平均水平。类目的爆品率较低,意味着该类目产品的流量没那么集中,产品成为爆品的潜力就更大,同时,卖家也可以考察产品价格相对于行业平均价格水平的高低,针对不同价格水平的产品可以采用不同的运营方法。

二、产品的选择与开发

子午线公司的选择或开发产品的方式主要有自主开发、现货选择和其他渠道三种,其中自主开发是子午线公司产品开发的主要方式,约占公司产品的50%。而无论何种开发方式,产品都有成为爆款的机会。

子午线公司主营服装品类,季节性是服装品类的主要特性之一,跨境电商销售平台、境外的社交媒体、境内的采购网站和供应商等都是产品开发的灵感来源。比如,子午线公司的第一款爆款产品是一款沙滩毯,该产品的开发灵感就来自跨境电商销售平台的相关数据,最终该产品实现了日均5000单的爆款销售业绩。

三、产品数据整合

Wish平台的发展有其自身的特点,那么如何结合产品的销售数据,持续打造符合该平台销售规律的产品,持续更新产品,从而实现长久发展呢?子午线公司是从以下4个方面进行产品数据的整合,实现品类优势,保持持续竞争力的。

1. 分析竞争对手情况,排除竞争对手过多的待开发产品

竞争对手较少的类目更适合产品的发展,过多的竞争对手不利于产品的发展,会加大一款产品发展的难度,且产品成为爆款的概率较低,因此要积极分析产品竞争对手的情况,排除竞争对手过多的待开发产品。

2. 查看同款产品,多维度寻求创新和新的卖点

虽然Wish平台对新产品的扶持力度较大,但开发一款全新产品的难度也不小,出现同款是不可避免的。因此,子午线公司希望通过多维度的创新,无论是产品的创新还是运营方式、物流方式的创新〔如FBW(Fulfillment By Wish)海外仓、WE海外仓的使用〕,为消费者提供更多的选择、更实惠的价格。

3. 充分拓展开发品类,形成类目优势

爆款产品毕竟只是单品,子午线公司充分利用爆款产品的优势,寻找相似的元素、款式等,迅速针对此类目进行款式的拓展,不断为消费者提供充满新鲜感的产品,从而实现对该类目市场的占领,形成类目优势。

4. 不断开发新产品

跨境电商的竞争越来越激烈,新品类的成长空间也是巨大的。子午线公司意识到,要想保持竞争力,就需要一直寻找新的品类和产品,只有这样才能保持长久的发展。

从店铺整体来说,子午线公司的产品有明显的分层:以物美价廉的流量款产品进行流量引流,以多元化的利润款产品来实现主要的利润,以储备创新的类目款产品为店铺未来发展做好准备。多层次的产品组合既保证了店铺的整体利润,又促进了店铺的持续发展。

启发思考:

子午线公司选品成功的原因是什么?

4.1.3 产品定价

4.1.3.1 产品定价方法

价格是卖家参与竞争的重要手段，也是影响交易成败的重要因素，因此产品定价非常重要。常用的产品定价方法有成本导向定价法、需求导向定价法和竞争导向定价法。

1. 成本导向定价法

成本导向定价法是在产品单位成本的基础上，加上预期利润作为产品的销售价格。这是一种比较理性的定价方法，易于理解，使用广泛，但是如果预估成本和实际成本相差较大，则可能导致企业亏损。

2. 需求导向定价法

需求导向定价法是根据境内外市场需求状况和消费者对产品的价值感受来确定产品销售价格的，主要考虑消费者可以接受的价格以及在这一价格水平上的需求数量，而不是产品的成本。在该定价法下，即使是同一产品，若需求程度不一样，卖家也可以制定不同的价格。

3. 竞争导向定价法

竞争导向定价法是以市场上竞争者的类似产品的价格作为产品定价参照的方法。该方法的优点是可增强产品价格在市场上的竞争力；缺点是过分关注价格上的竞争，而容易忽略其他营销组合可能带来的产品差异化的竞争优势，且容易引起竞争者报复，导致恶性的降价竞争，并且竞争产品价格的变化难以被精确估算。

以上3种产品定价方法各有利弊，卖家要结合实际情况，采用多种定价组合方法，才能更好地适应市场。

4.1.3.2 产品定价公式

1. Wish 前端购物的价格结构

以双肩包为例，单价的价格结构和 N 件的价格结构如图4-1-4和图4-1-5所示。

2. 产品价格的构成

产品价格是指产品在跨境电商平台上销售给消费者的价格，一般包含产品价值、跨境电商平台费用、物流成本、第三方收款工具费用、其他成本以及销售利润等。其中跨境电商平台费用包括交易佣金、月租费或者年费、刊登费等，其他成本指广告费和退货成本等。

上述双肩包的价格构成如下。

1) 商品进货成本

(1) 商品价格。

(2) 次品率。

2) 进货物流成本

3) 商品发货成本

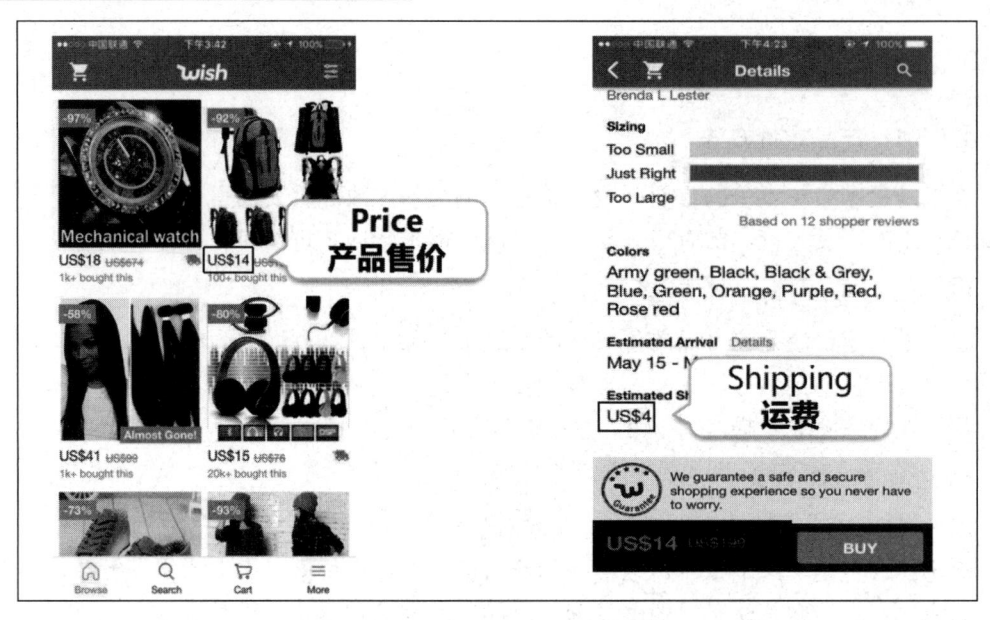

图 4-1-4 双肩包单价的价格结构

图 4-1-5 双肩包的 N 件的价格结构

(1) 按商品重量 (含包装) (单位: 克) 计量商品。

平均每克重量计算费用 (新商家按照最远物流基数计算, 在运营过程中, 可根据实际订单情况调整物流基数)。

(2) 挂号费 (仅针对中邮小包)。

4) 利润

5) 平台佣金 (15%)

6) 退款率 (前期可按 5% 设置, 根据店铺实际数据做调整)

7) 汇率

3. 产品定价逻辑

1)把握价格底线

某商家进了 100 个商品 A，进货成本为 8 元，从供应商处发货至仓库物流费用是 50 元。商品 A 的重量(含包装)是 320g，根据之前订单经验，平均物流成本为 0.0905 元/g，商家采用中邮小包挂号的配送方式，挂号费 9 元/件。目前，该商家的退货率为 5%，该商品如何定价才能赚钱(汇率按 USD1 = CNY6.7 结算)？具体算法如图 4-1-6 所示。

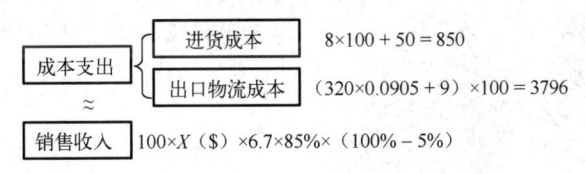

成本支出 ≈
- 进货成本　$8\times100 + 50 = 850$
- 出口物流成本　$(320\times0.0905 + 9)\times100 = 3796$

销售收入　$100\times X(\$)\times6.7\times85\%\times(100\% - 5\%)$

结论：当 Price+Shipping($) > $8.59 时，商家才能赚钱。

图 4-1-6　产品定价具体算法

2)利润率管理

来自商家分享的一张"产品定价与利润计算"工具表，如图 4-1-7 所示。

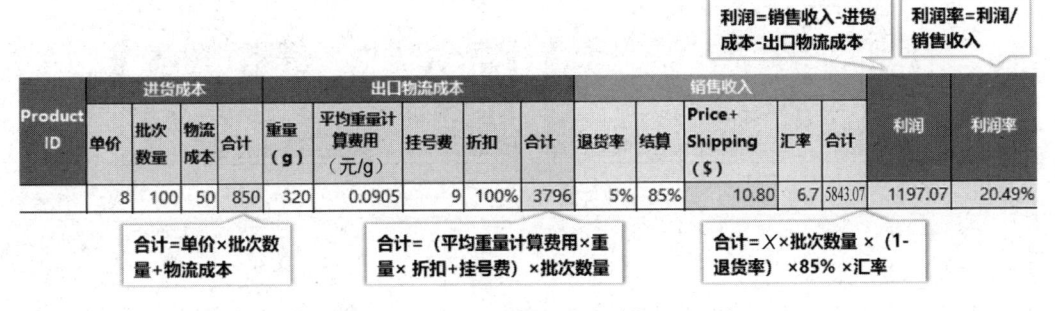

Product ID	进货成本			出口物流成本				销售收入				利润	利润率
	单价	批次数量	物流成本	合计	重量(g)	平均重量计算费用(元/g)	挂号费	折扣	合计	退货率	结算	Price+Shipping($)	汇率	合计		
	8	100	50	850	320	0.0905	9	100%	3796	5%	85%	10.80	6.7	5843.07	1197.07	20.49%

合计 = 单价 × 批次数量 + 物流成本

合计 = (平均重量计算费用 × 重量 × 折扣 + 挂号费) × 批次数量

合计 = X × 批次数量 × (1-退货率) × 85% × 汇率

利润 = 销售收入 - 进货成本 - 出口物流成本

利润率 = 利润/销售收入

图 4-1-7　"产品定价与利润计算"工具表

3)价格与运费拆分技巧

图 4-1-8 的价格与运费如何分配比较合理？

在总价格 $X = 19$ 的条件下，有以下 3 个方案。

方案 1：Price = 18，Shipping = 1。

方案 2：Price = 1，Shipping = 18。

方案 3：Price = 14，Shipping = 5。

拆分比例建议为 8:2 或 7:3，所以方案 3 是比较合理的。

4.1.3.3　产品价格设置技巧

在计算出产品价格以后，卖家最终应给产品设置什么价格合适呢？下面介绍一些产品价格设置技巧。

1. 设置非整数

一般情况下，一些消费者在购买日用消费品时，比较乐意接受非整数价格，而不太喜欢接受整数价格，特别是对于一些购买次数较为频繁的日用品，消费者求廉求实的心理表现更为突出。例如,一袋洗衣粉价格为 0.97 美元,跟 1 美元相比,虽然只相差 3 美分,却给人一种更便宜的感觉,能有效地刺激消费者的购买欲望,从而增加产品的销量。

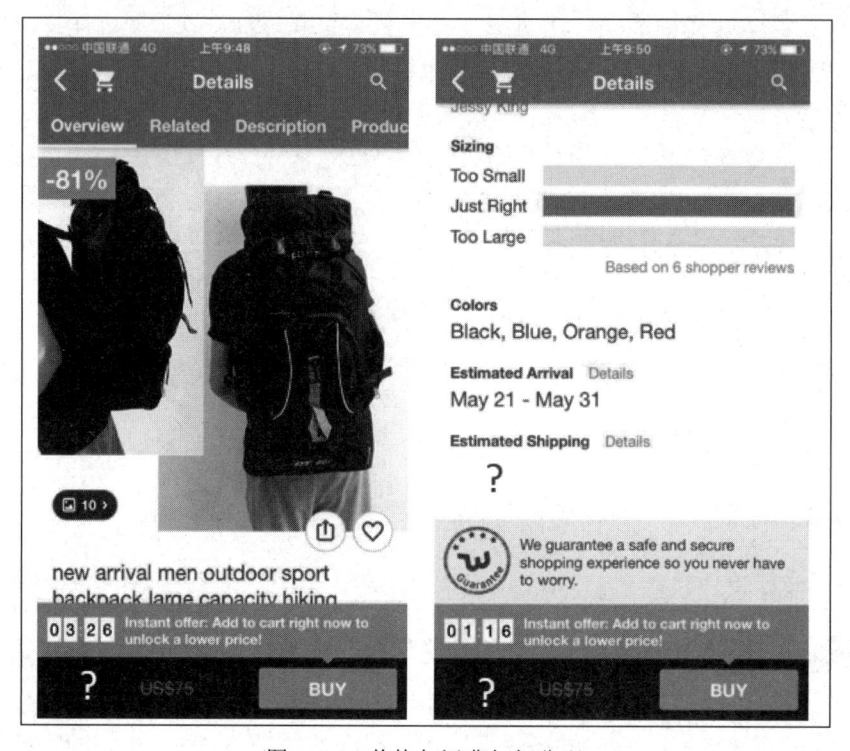

图 4-1-8　价格与运费如何分配

2. 设置折扣价格

由于两个价格的对比更容易刺激消费者购买,因此卖家可以同时设置两个价格。比如,在亚马逊平台上,可以同时设置标准价(Standard Price)和折扣价(Sale Price);在 Wish 平台上可同时设置产品销售价(Price)和制造商建议零售价(Manufacture Suggested Retail Price,MSRP)。制造商建议零售价与超市中促销的"原价"类似,可以起到促销提示作用。

3. 设置价格区间

如果某款产品有多个 SKU(Stock Keeping Unit,库存保有单位),可以针对不同的 SKU 设置不同的价格。价格以区间的方式呈现出来可以提高产品排名,从而有利于提高转化率。

> **视野拓展:SKU**
>
> SKU 即库存进出计量的单位,SKU 可以以件、盒、托盘等为单位,它是物理上不可分割的最小存货单元,可以唯一标识每种产品。对于一种产品,当其品牌、型号、配置、颜色、包装数量、生产日期、用途、产地等属性与其他产品存在不同时,就可单独将其作为一个 SKU。
>
> 每个卖家可根据需要自行编写 SKU 代码,没有统一的编写规律。大多数卖家常用的 SKU 编码规则通常为:品类+款式编码+颜色+尺码。

4. 设置梯度价格

根据一次所购产品数量的不同可以设置梯度价格,以刺激消费者购买。例如,买 1 支牙膏 3.99 美元/支,买 3 支牙膏 3.69 美元/支,买 10 支牙膏 2.99 美元/支。

4.2 产品发布与推广

卖家对跨境电商平台后台进行基础设置后,就可以进行选品并收集相应的产品信息,按照跨境电商平台规则和要求发布产品了。

4.2.1 产品信息收集

一般而言,跨境电商平台产品信息收集主要包括类目、标题、图片、价格、产品属性、产品详情描述等。除此之外,Wish 平台还需要填写标签等。UPC 码(Universal Product Code,商品编码)是美国统一代码委员会制定的一种商品用条形码,由 12 位数字组成,不包含字母或其他字符,用于跟踪商品,主要用于美国和加拿大。

4.2.1.1 类目

类目(Category)主要是跨境电商平台为了让买家能够有针对性地购物而对商品做出的归类。跨境电商平台的类目有很多,而且每个平台的类目也不一样。亚马逊平台的类目有玩具和游戏、汽车、视频游戏、电子产品、图书、女士时尚、男士时尚、宠物用品、体育和户外用品、美容和个人护理等。易贝平台的类目有鞋服及配饰、家居园艺用品、易贝 Motors、收藏品、健康与美容、邮票、古董等。Wish 平台的类目有时尚、3C 数码、母婴、美妆、配件、鞋、家居装饰等。这些一级类目下面还有二级类目和三级类目。

类目的精确性是影响产品搜索排行的一个关键因素,因此选择适合的类目对卖家而言非常关键。确定类目通常有以下两种方法。

1. 通过关键词搜索确定类目

在跨境电商平台已发布的类目搜索框中输入关键词,系统会推荐一些产品的分类,卖家可根据产品的实际情况从中选择一个合适的分类。这种方法遵循的原则是核心关键词必须与类目有关,即产品与类目的匹配度要尽量高。如果有些产品既可以放在 A 类目,也可以放在 B 类目,则选择放在流量较大的类目下更合适。

2. 参考同行类目

在确定类目时,卖家可以参考同行的相似产品类目设置。比如,在 Wish 平台上搜索"iphone case"产品,可以先查看一下各个站点前十几名卖家的类目设置情况,再做出决定。

4.2.1.2 产品标题

1. 产品标题的定义

产品标题(Title 或 Product Name)就是向买家展示所销售产品特点的词语。产品标题应符合买家的搜索习惯,并且能激发他们的兴趣。一个产品之所以能够出现在买家的搜索结果中并吸引买家单击,产品标题起着很大的作用。好的产品标题需包含简单的产品信息,并尽可能地包含多个相关性高的产品搜索关键词。

2. 撰写产品标题的基本要求

产品标题应尽量准确、完整、简洁,用一个完整的语句描述产品。跨境电商平台对产品标题的撰写有一定的要求,Wish 平台有如下规定。

(1)产品标题首字母要大写,介词和连词全部小写。

(2)能使用数字就使用数字而不使用单词,不能含有类似!、*、$、? 等特殊符号。

(3)只能包括与产品本身相关的信息,不能含有促销信息,例如,不可以写成 Free Shipping、New Arrival 等。

3. 好的产品标题的标准

一个好的产品标题应该符合以下几个标准。

(1)能够充分挖掘出与产品本身相关的词,然后再按照一定的顺序进行组合,而不是对关键词的简单堆砌。

(2)能够与买家的搜索习惯相匹配,匹配度越高,被搜索到的次数也就越多。

(3)能够充分利用跨境电商平台最大字符数的规定,对产品进行更详尽的描述。

(4)能够为产品导入精准的流量并激发买家的购买欲望。

4. 如何撰写好产品标题

产品标题的基本要素包括关键词和产品标题的结构。卖家首先要懂自己的产品,然后再收集和整理关键词,并对关键词进行筛选,最后选择合适的关键词,并以恰当的方式将其布局在产品标题中。

(1)收集关键词。产品标题的关键词越精准,卖家的产品就越能被更多的买家搜索到。收集关键词的方法有以下几种。

① 通过站内搜索确定关键词。

② 从竞争对手产品标题中提取关键词。卖家可以参考优秀同行的关键词。向优秀同行学习是卖家得以快速成长的一种行之有效的方法,如在易贝平台找出有 Top Rated Seller(优秀评级卖家)标识的同行,在亚马逊平台找出类目 TOP 100 的同行,可以从这些优秀卖家的产品标题中挑选一些高频词。

③ 从竞争对手评论中提取关键词。卖家从评论中能直接了解买家的关注点,比如产品尺寸、是否掉色、是否防水、是否是金属材料制成的等,把买家关注点直接体现在产品标题中,可以提高产品的曝光量和转化率。

④ 通过平台首页类目查找关键词。卖家可以在平台首页类目中查找关键词。这些类目词一般是大词。

⑤ 通过关键词工具收集关键词。卖家可通过 Terapeak、数字酋长、Merchant Words、Jungle Scout 等第三方数据分析工具收集关键词。

⑥ 参考社交平台热词。卖家可以参考主流社交平台 Facebook、Twitter、Pinterest、Instagram、Linked 等上面的热门词。

⑦ 参考速卖通平台"搜索词分析"里的关键词。在速卖通平台上，卖家可以利用后台的"搜索词分析"来整理相关的热搜词和飙升词等关键词。

(2) 筛选关键词。卖家在收集了关键词后，还要对关键词进行筛选，最终形成自己的词库表。筛选关键词的方法包括以下几个。

① 去掉品牌词。可以把关键词放到跨境电商平台的搜索框中去检索，查看是否是某个卖家的品牌或商标。

② 去掉相关性差的关键词。如果在产品标题中放入与自己产品相关性很差的关键词，则不利于买家搜索到自己的产品，导致平台不会给该款产品分配太多的流量。因此要把关键词放到跨境电商平台的搜索框中去检索，通过跨境电商平台搜索量及展现的产品来判断关键词的相关性。如果展现量较高且产品是相似的，就说明这是一个比较精准的关键词。

③ 去掉搜索量太低的关键词。卖家收集的关键词要有一定的搜索量，如果这个关键词的搜索量太低，就不适合出现在标题中。

> **视野拓展：关键词的分类**
>
> 关键词有很多种类，通常可分为大词、精准词、长尾词、广泛词。大词是所在类目中流量最大的词；精准词是与商品属性最相关的词，质量分相对比较高，转化率很高；长尾词是通过精准属性拓展出来的词，精准性也比较高；广泛词的范围就比较广了，简单来说，是能给这个类目的商品带来流量的词。

(3) 产品标题的写法。常见的产品标题写法为品牌名+核心关键词+产品属性词+其他词。

① 品牌名。为了宣传自己的品牌，品牌名可以放在产品标题的最前面。如果是不知名的品牌，就可以放在产品标题靠后的位置。需要注意的是，亚马逊平台规定品牌名必须放在产品标题最前面。

② 核心关键词。一般来说，一个产品标题中包含两三个核心关键词即可。核心关键词主要说明这个产品是什么，其特点是搜索量相对较高，但是用户定位不够精准，竞争相对较大，如 Wireless Headset、Power Bank、T-shirt。

③ 产品属性词。产品属性词是指描述产品本身一些功能、特点、材质等的关键词，能体现产品的卖点。产品的卖点要在产品标题中体现出来，让用户在阅读的一瞬间就能触及其痛点和关切点，如 Waterproof、Cotton。

④ 其他词。其他词包括形容词、适用场景词、适用范围等，如 For Outdoor Activities。

当然，产品标题的写法不止一种，卖家在实践中也可以参考跨境电商平台官方推荐的产品标题写法，如 Wish 跨境电商平台推荐的产品标题写法是：主品牌+子品牌、系列或产品品牌名+最多 3 个关键属性+通用产品类型。

> **视野拓展：产品标题撰写的注意事项**
>
> (1) 不得使用涉及侵权的关键词。不能将 iPhone、iPad、Samsung 等品牌关键词直接加入产品标题中，否则会误导买家认为这是苹果或三星等公司的产品。正确的写法应该是 xxxx for iPhone 7 或 xxxx for Samsung s8。

(2)避免堆砌标题关键词。比如，在同一标题中不能出现"MP3，MP3 Player，Music MP3 Player"等关键词堆砌，否则可能会导致该款产品不但不能提升排名，反而还会受到搜索降权处罚。

(3)产品标题中切记避免虚假描述。比如，卖家销售的产品是 MP3，但为了获取更多的曝光，在标题中填写类似"MP4/MP5"字样的描述，系统会监测此类作弊产品，同时虚假的描述也会影响产品转化率。

(4)避免出现与产品标题不相关的用词。如 Free Shipping、New 等词。

(5)产品标题单词拼写要正确，遵守英文标题书写规则，符合海外买家的语言习惯。

5. 产品标题撰写实例

产品标题单词一般为 10 个左右。产品标题信息中一定要包括产品的基本信息。产品标题名称词的选用要根据产品的属性、产品的适用场景和功能来决定，比如，产品标题 = 产品属性词+产品定位词+客户群体词+适用场景词+其他词，如图 4-2-1 所示。

产品标题：Bluetooth Smart Glasses HD 1080P Camera Glasses Can Take Pictures to Listen to Music Outdoor.

图 4-2-1　产品标题

此产品标题为 Bluetooth Smart Glasses HD 1080P Camera Glasses Can Take Pictures to Listen to Music Outdoor。这条产品标题一共 15 个单词，可以看出来是个句子，但这是真实卖家上传的产品名称。在 Wish 买家端买家看到的只是价格和图片。

仔细分析不难看出，产品属性词为 Bluetooth，Glasses，HD 1080P Camera Glasses；适用场景词为 Can Take Pictures to Listen to Music Outdoor；修饰词为 Smart。

4.2.1.3　产品标签

产品标签一般为 10 个，每个标签不超过 3 个单词，标签之间要有关联，尽量写满 10 个，如图 4-2-2、表 4-2-1 所示。

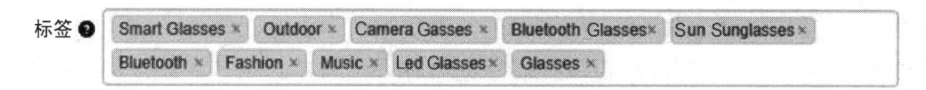

标签：Smart Glasses × Outdoor × Camera Gasses × Bluetooth Glasses × Sun Sunglasses × Bluetooth × Fashion × Music × Led Glasses × Glasses ×

图 4-2-2　产品标签

表 4-2-1　产品标签分析

1	Smart Glasses	智能眼镜	6	Bluetooth	蓝牙
2	Outdoor	室外	7	Fashion	流行
3	Camera Glasses	带摄像功能眼镜	8	Music	音乐
4	Bluetooth Glasses	蓝牙眼镜	9	Led Glasses	会发光的眼镜
5	Sun Sunglasses	太阳镜	10	Glasses	眼镜
分析：产品标签是从眼镜的适用场景、功能角度细分的词组					

4.2.1.4 产品图片

买家往往会依据产品图片做出购买决策,因此卖家要重视产品图片的规划、拍摄和后期处理,以便能直接展示产品的卖点并对买家产生视觉冲击,提高产品转化率。

1. 图片要求

1)上传图片的要求

(1)清晰干净的主产品,颜色正确。

(2)图片为 800 像素×800 像素。

(3)设置好和主产品搭配的背景色。

(4)尽量将产品的所有属性和功能都体现在主图上,但不要和产品图片同质化。

(5)如果是自己独家的产品,可以添加防盗水印和店铺标识,也可以做一个适合产品的边框。

2)产品图片的特点

(1)多种颜色展示模特图或者平拍图(展示销量最好的颜色)。

(2)在主图中标明尺码颜色(有大尺码可以在图片中添加)。

(3)可以添加卖家秀作为主图,更加贴近产品。

(4)3C 类型产品展示突出功能性。

(5)有些产品可以添加边框,让产品更加突出。

2. 优质图片的标准

优质图片的标准如下。

(1)图片要传递真实准确的产品信息给买家。

(2)图片要传递质感和超价值感。

(3)图片要美观大气,不失真。

(4)图片要自己拍摄,不能盗图。

(5)图片要能抓住买家眼球。

(6)要有从不同角度展示产品独特卖点的细节图、功能图和应用场景图等。

3. 图片处理示例

1)产品主图制作

产品主图展现在 Wish 买家端首页,如图 4-2-3 所示。

产品主图制作应突出产品特点。产品主图可以来自在 1688 或者淘宝上选款时卖家提供的图片。自己根据卖家提供的图片进行加工处理,做成能吸引国外买家单击的图片。

第一步:从 1688 卖家获取产品组图,如图 4-2-4 所示。

第二步:根据产品的属性特征,设计产品主图。服装类产品讲究上身效果,模特拍好原图后,使用 PS 将产品组图中正面与反面照合成一张,如图 4-2-5 所示。

第三步:选择"图像"→"画布大小"命令,设置画布格式,如图 4-2-6 所示。

第四步:另存为 JPEG(JPG,JPEG,JPE)格式,如图 4-2-7 所示。

产品主图经过处理之后,将变成可以使用的格式,如图 4-2-8 所示。

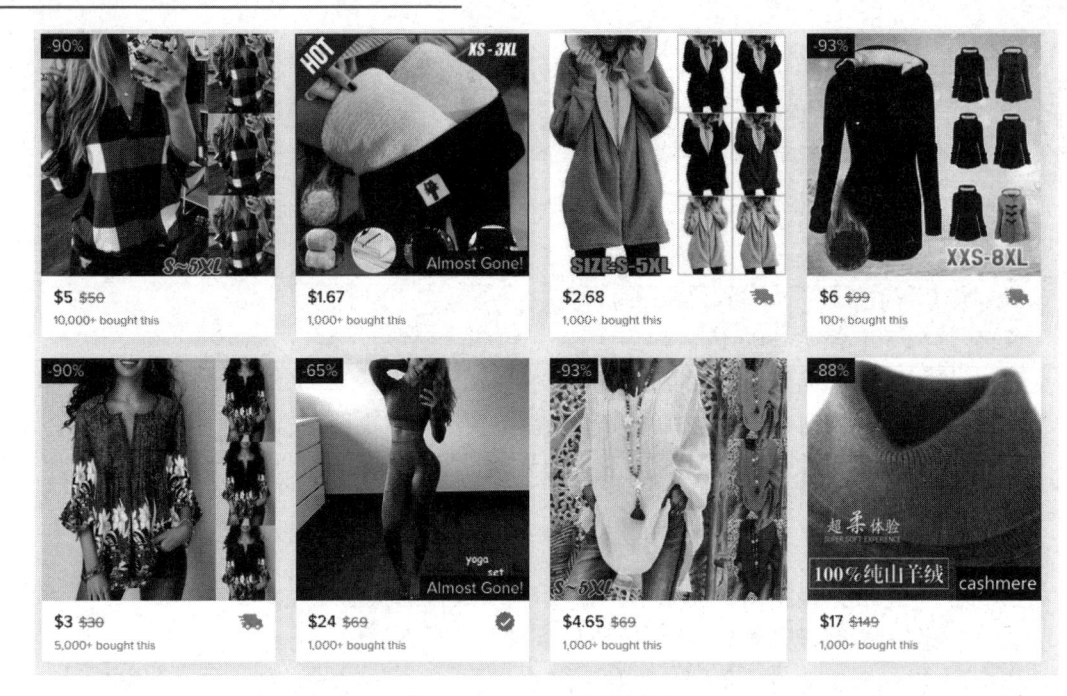

图 4-2-3　Wish 买家端首页

图 4-2-4　1688 卖家产品组图

图 4-2-5　正反面 PS 合成图

第 4 章　Wish 店铺运营与管理

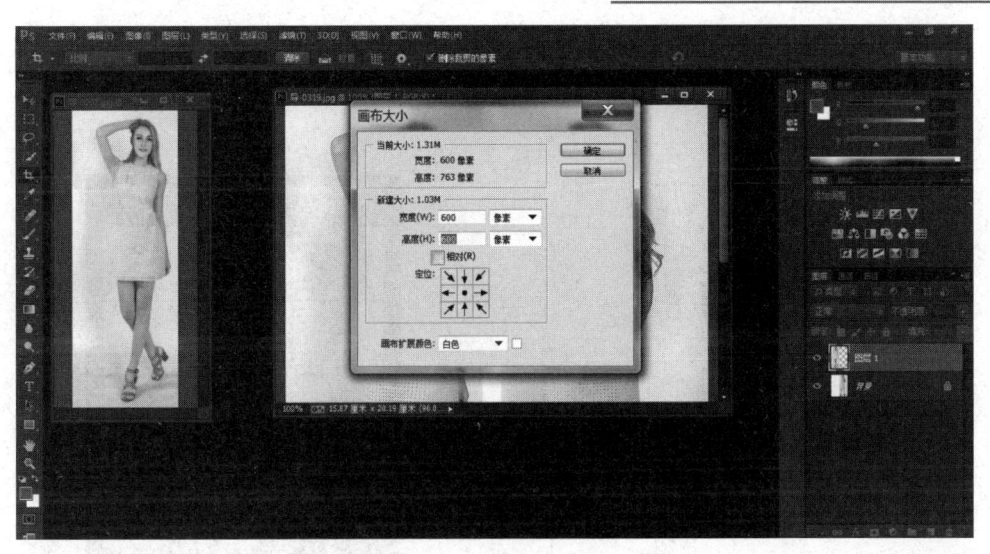

图 4-2-6　设置画布格式

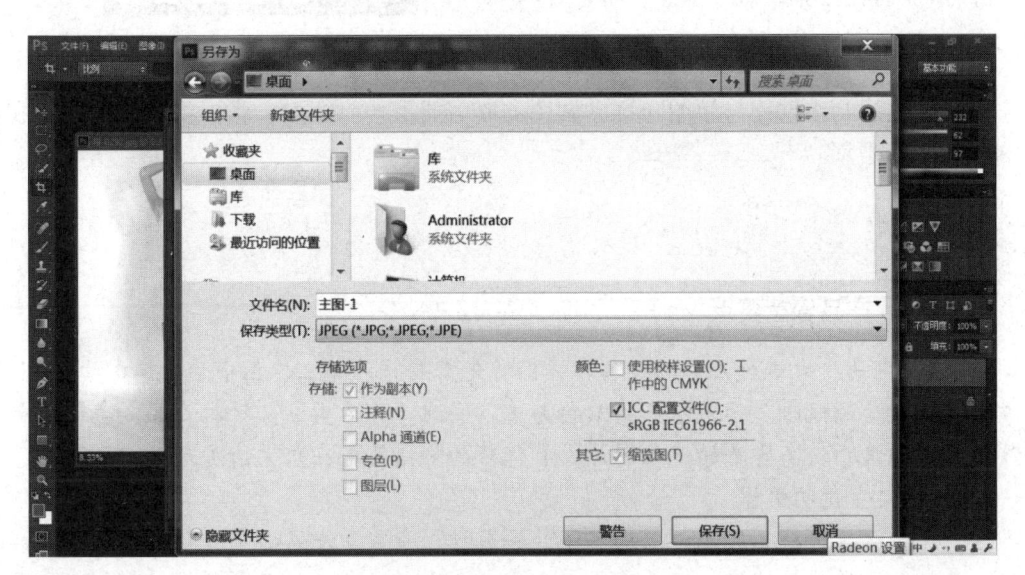

图 4-2-7　图片存储格式

图 4-2-8　产品主图

2）产品副图制作

打开单品产品页面后，主图的右上角小图标点开即产品副图，如图 4-2-9、图 4-2-10 所示。

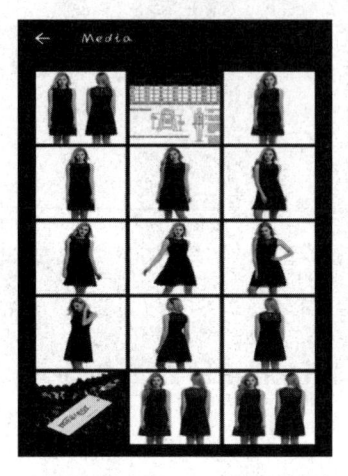

图 4-2-9　产品副图　　　　　　　图 4-2-10　产品副图组

产品副图的制作过程与主图一样。副图一般需要上传 10~20 张，将产品的参数和各个侧面展示给买家。

知识链接

一、Wish 产品管理要点

在 Wish 电商平台进行产品的销售，我们首先需要将产品上传至平台上。由于 Wish 平台没有很强的店铺概念，而是以产品概念为主。因此，作为卖家，针对产品，我们需要将高质量的产品说明、高质量的产品图片、有优势的价格展现在广大消费者面前。

1. 产品文字说明编辑

在 Wish 平台，产品展示内容除了图片和属性，卖家朋友需要重点关注的就是产品的标题、价格、描述和标签了。因为 Wish 平台是一个移动端的推荐式平台，所以买家每次的购买时间都比较短。如何在最短的时间内让买家完成下单就是我们优化产品管理的目标了。而想要让买家短时间内完成下单，图片的重要性不言而喻，产品的标题、价格、描述和标签的重要性同样不容忽视。

那么，针对以上内容，怎样的编辑才是合格的呢？

产品标题：清晰、准确、详细、吸引。产品标题会在一定程度上促进成交量，产品特征、产品功能、材质、感受等的内容，都可以在一定程度上让买家有感官的认识。但是，在撰写标题的时候，不能通过堆砌关键词的方式来获得流量，Wish 的标题要简洁明了，且与产品相关性强。

产品价格：所有的买家都喜欢物美价廉的产品。可以先定一个初期的价格，再根据实际的销售情况对售价进行阶段性的调整，直至稳定到一个合理的价格。

产品描述：尺码、大小、颜色等属性描写，保持简单明了的原则。

产品标签：选择标签时，注意关联标签的取舍。买家在搜索中可能不是搜索你的产品，但是如果你的标签和这个产品有一定的关联性，那么，也存在着把你的产品推送给买家的可能性，从而增加产品的成交量。并且要优先选择将重要的写在前面，因为位置越靠前，权重越大。

2. 产品图片处理

因为 Wish 是手机购物的方式，所以在选择图片的时候，不宜放置过多的图片，4~8 张为宜。且图片的质量要高，像素要清楚，图片的展现逻辑要引人入胜，让买家喜欢。当然，不同的产品种类采用的图片展现方式是不一样的。类似于服装这类产品比较适合采用模特图片，而电子类产品就比较适合用单款大图来突出产品细节。

图片的选择没有固定模式，只要能够充分展示产品功能、特性及整体效果，能引起买家注意，激发购买欲，并促成交易就行。

二、图片处理软件介绍

1. PS 软件

Adobe Photoshop，简称"PS"，是 Adobe Systems 开发和发行的图像处理软件。PS 主要处理以像素构成的数字图像。现在常用的 PS 版本有 PSCC，PSCS5，PSCS6。

Wish 平台使用 PS 用于图片的修剪，产品主图与副图的制作，如图 4-2-11 所示。

图 4-2-11 PS 图片的修剪

2. PS 快捷键

1）功能键

取消当前命令：【Esc】

工具选项板：【Enter】

选项板调整：【Shift】+【Tab】

退出系统：【Ctrl】+【Q】

获取帮助：【F1】

剪切选择区：【F2】/【Ctrl】+【X】

拷贝选择区：【F3】/【Ctrl】+【C】

粘贴选择区：【F4】/【Ctrl】+【V】

显示或关闭画笔选项板：【F5】

显示或关闭颜色选项板：【F6】

显示或关闭图层选项板：【F7】

显示或关闭信息选项板：【F8】

显示或关闭动作选项板：【F9】

显示或关闭选项板、状态栏和工具箱：【Tab】

全选：【Ctrl】+【A】

反选：【Shift】+【Ctrl】+【I】

取消选择区：【Ctrl】+【D】

选择区域移动：方向键

将图层转换为选择区：【Ctrl】+单击工作图层

选择区域以 10 个像素为单位移动：【Shift】+方向键

复制选择区域：【Alt】+方向键

填充为前景色：【Alt】+【Delete】

填充为背景色：【Ctrl】+【Delete】

调整色阶工具：【Ctrl】+【L】

调整色彩平衡：【Ctrl】+【B】

调节色调/饱和度：【Ctrl】+【U】

自由变形：【Ctrl】+【T】

增大笔头大小：【[】

减小笔头大小：【]】

选择最大笔头：【Shift】+【[】

选择最小笔头：【Shift】+【]】

重复使用滤镜：【Ctrl】+【F】

移至上一图层：【Ctrl】+【[】

排至下一图层：【Ctrl】+【]】

移至最前图层：【Shift】+【Ctrl】+【[】

移至最底图层：【Shift】+【Ctrl】+【]】

激活上一图层：【Alt】+【[】

激活下一图层：【Alt】+【]】

合并可见图层：【Shift】+【Ctrl】+【E】

放大视窗：【Ctrl】+【+】

缩小视窗：【Ctrl】+【-】

放大局部：【Ctrl】+空格键+鼠标单击

缩小局部：【Alt】+空格键+鼠标单击
翻屏查看：【PageUp】/【PageDown】
显示或隐藏标尺：【Ctrl】+【R】
显示或隐藏虚线：【Ctrl】+【H】
显示或隐藏网格：【Ctrl】+【'】
打开文件：【Ctrl】+【O】
关闭文件：【Ctrl】+【W】
文件存盘：【Ctrl】+【S】
打印文件：【Ctrl】+【P】
恢复到上一步：【Ctrl】+【Z】

2）基本功能键
扭曲（在自由变换模式下）：【Ctrl】
取消变形（在自由变换模式下）：【Esc】
自由变换复制的像素数据：【Ctrl】+【Shift】+【T】
再次变换复制的像素数据并建立一个副本：【Ctrl】+【Shift】+【Alt】+【T】
删除选框中的图案或选取的路径：【Delete】
用背景色填充所选区域或整个图层：【Ctrl】+【BackSpace】或【Ctrl】+【Delete】
用前景色填充所选区域或整个图层：【Alt】+【BackSpace】或【Alt】+【Delete】
弹出"填充"对话框：【Shift】+【BackSpace】
从历史记录中填充：【Alt】+【Ctrl】+【Backspace】

3）图像调整
调整色阶：【Ctrl】+【L】
自动调整色阶：【Ctrl】+【Shift】+【L】
打开曲线调整对话框：【Ctrl】+【M】
在所选通道的曲线上添加新的点（在"曲线"对话框中）：【Ctrl】+点按
在复合曲线以外的所有曲线上添加新的点（在"曲线"对话框中）：【Ctrl】+【Shift】

4）加点按
移动所选点（在"曲线"对话框中）：【↑】/【↓】/【←】/【→】
以10点为增幅移动/所选点以10点为增幅（在"曲线"对话框中）：【Shift】+【←】
选择多个控制点（在"曲线"对话框中）：【Shift】+点按
前移控制点（在"曲线"对话框中）：【Ctrl】+【Tab】
后移控制点（在"曲线"对话框中）：【Ctrl】+【Shift】+【Tab】
添加新的点（在"曲线"对话框中）：点按网格
删除点（在"曲线"对话框中）：【Ctrl】+点按
取消选择所选通道上的所有点（"曲线"对话框中）：【Ctrl】+【D】
使曲线网格更精细或更粗糙（"曲线"对话框中）：【Alt】+点按网格

5）颜色
选择彩色通道（在"曲线"对话框中）：【Ctrl】+【~】

选择单色通道("曲线"对话框中):【Ctrl】+数字
打开"色彩平衡"对话框:【Ctrl】+【B】
打开"色相/饱和度"对话框:【Ctrl】+【U】
全图调整(在"色相/饱和度"对话框中):【Ctrl】+【~】
只调整红色(在"色相/饱和度"对话框中):【Ctrl】+【1】
只调整黄色(在"色相/饱和度"对话框中):【Ctrl】+【2】
只调整绿色(在"色相/饱和度"对话框中):【Ctrl】+【3】
只调整青色(在"色相/饱和度"对话框中):【Ctrl】+【4】
只调整蓝色(在"色相/饱和度"对话框中):【Ctrl】+【5】
只调整洋红(在"色相/饱和度"对话框中):【Ctrl】+【6】
去色:【Ctrl】+【Shift】+【U】
反相:【Ctrl】+【I】

6)图层操作

在对话框新建一个图层:【Ctrl】+【Shift】+【N】
以默认选项建立一个新的图层:【Ctrl】+【Alt】+【Shift】+【N】
通过拷贝建立一个图层:【Ctrl】+【J】
通过剪切建立一个图层:【Ctrl】+【Shift】+【J】
与前一图层编组:【Ctrl】+【G】
取消编组:【Ctrl】+【Shift】+【G】
向下合并或合并连接图层:【Ctrl】+【E】
合并可见图层:【Ctrl】+【Shift】+【E】
盖印或盖印连接图层:【Ctrl】+【Alt】+【E】
盖印可见图层:【Ctrl】+【Alt】+【Shift】+【E】
将当前层下移一层:【Ctrl】+【[】
将当前层上移一层:【Ctrl】+【]】
将当前层移到最下面:【Ctrl】+【Shift】+【[】
将当前层移到最上面:【Ctrl】+【Shift】+【]】
激活下一个图层:【Alt】+【[】
激活上一个图层:【Alt】+【]】
激活底部图层:【Shift】+【Alt】+【[】
激活顶部图层:【Shift】+【Alt】+【]】
调整当前图层的透明度(当前工具为无数字参数的,如移动工具):【0】至【9】
保留当前图层的透明区域(开关):【/】
投影效果(在"效果"对话框中):【Ctrl】+【1】
内阴影效果(在"效果"对话框中):【Ctrl】+【2】
外发光效果(在"效果"对话框中):【Ctrl】+【3】
内发光效果(在"效果"对话框中):【Ctrl】+【4】
斜面和浮雕效果(在"效果"对话框中):【Ctrl】+【5】

应用当前所选效果并使参数可调(在"效果"对话框中):【A】

7) 图层混合模式

循环选择混合模式:【Alt】+【-】或【+】

正常:【Ctrl】+【Alt】+【N】

阈值(位图模式):【Ctrl】+【Alt】+【L】

溶解:【Ctrl】+【Alt】+【I】

背后:【Ctrl】+【Alt】+【Q】

清除:【Ctrl】+【Alt】+【R】

正片叠底:【Ctrl】+【Alt】+【M】

屏幕:【Ctrl】+【Alt】+【S】

叠加:【Ctrl】+【Alt】+【O】

柔光:【Ctrl】+【Alt】+【F】

强光:【Ctrl】+【Alt】+【H】

颜色减淡:【Ctrl】+【Alt】+【D】

颜色加深:【Ctrl】+【Alt】+【B】

变暗:【Ctrl】+【Alt】+【K】

变亮:【Ctrl】+【Alt】+【G】

差值:【Ctrl】+【Alt】+【E】

排除:【Ctrl】+【Alt】+【X】

色相:【Ctrl】+【Alt】+【U】

饱和度:【Ctrl】+【Alt】+【T】

颜色:【Ctrl】+【Alt】+【C】

光度:【Ctrl】+【Alt】+【Y】

去色:海绵工具+【Ctrl】+【Alt】+【J】

加色:海绵工具+【Ctrl】+【Alt】+【A】

暗调:减淡/加深工具+【Ctrl】+【Alt】+【W】

中间调:减淡/加深工具+【Ctrl】+【Alt】+【V】

高光:减淡/加深工具+【Ctrl】+【Alt】+【Z】

8) 选择功能

全部选取:【Ctrl】+【A】

取消选择:【Ctrl】+【D】

重新选择:【Ctrl】+【Shift】+【D】

羽化选择:【Ctrl】+【Alt】+【D】

反向选择:【Ctrl】+【Shift】+【I】

路径变选区:数字键盘的【Enter】

载入选区:【Ctrl】+点按图层、路径、通道面板中的缩略图

9) 滤镜

按上次的参数再做一次上次的滤镜:【Ctrl】+【F】

去掉上次所做滤镜的效果：【Ctrl】+【Shift】+【F】

重复上次所做的滤镜(可调参数)：【Ctrl】+【Alt】+【F】

选择工具(在"3D变化"滤镜中)：【V】

立方体工具(在"3D变化"滤镜中)：【M】

球体工具(在"3D变化"滤镜中)：【N】

柱体工具(在"3D变化"滤镜中)：【C】

轨迹球(在"3D变化"滤镜中)：【R】

全景相机工具(在"3D变化"滤镜中)：【E】

10) 视图操作

显示彩色通道：【Ctrl】+【~】

显示单色通道：【Ctrl】+数字

显示复合通道：【~】

以CMYK方式预览(开关)：【Ctrl】+【Y】

打开/关闭色域警告：【Ctrl】+【Shift】+【Y】

放大视图：【Ctrl】+【+】

缩小视图：【Ctrl】+【-】

满画布显示：【Ctrl】+【0】

实际像素显示：【Ctrl】+【Alt】+【0】

向上卷动一屏：【PageUp】

向下卷动一屏：【PageDown】

向左卷动一屏：【Ctrl】+【PageUp】

向右卷动一屏：【Ctrl】+【PageDown】

向上卷动10个单位：【Shift】+【PageUp】

向下卷动10个单位：【Shift】+【PageDown】

向左卷动10个单位：【Shift】+【Ctrl】+【PageUp】

向右卷动10个单位：【Shift】+【Ctrl】+【PageDown】

将视图移到左上角：【Home】

将视图移到右下角：【End】

11) 显示隐藏操作

显示/隐藏选择区域：【Ctrl】+【H】

显示/隐藏路径：【Ctrl】+【Shift】+【H】

显示/隐藏标尺：【Ctrl】+【R】

显示/隐藏参考线：【Ctrl】+【;】

显示/隐藏网格：【Ctrl】+【"】

贴紧参考线：【Ctrl】+【Shift】+【;】

锁定参考线：【Ctrl】+【Alt】+【;】

贴紧网格：【Ctrl】+【Shift】+【"】

显示/隐藏"画笔"面板：【F5】

显示/隐藏"画笔"面板：【F6】

显示/隐藏"图层"面板：【F7】

显示/隐藏"信息"面板：【F8】

显示/隐藏"动作"面板：【F9】

显示/隐藏所有命令面板：【Tab】

显示或隐藏工具箱以外的所有调板：【Shift】+【Tab】

12) 文字操作

左对齐或顶对齐：【Ctrl】+【Shift】+【L】

中对齐：【Ctrl】+【Shift】+【C】

右对齐或底对齐：【Ctrl】+【Shift】+【R】

左/右选择1个字符：【Shift】+【←】/【→】

上/下选择1行：【Shift】+【↑】/【↓】

选择所有字符：【Ctrl】+【A】

选择从插入点到鼠标点按点的字符：【Shift】+点按

左/右移动1个字符：【←】/【→】

下/上移动1行：【↑】/【↓】

左/右移动1个字：【Ctrl】+【←】/【→】

将所选文本的文字大小减小2点像素：【Ctrl】+【Shift】+【<】

将所选文本的文字大小增大2点像素：【Ctrl】+【Shift】+【>】

将所选文本的文字大小减小10点像素：【Ctrl】+【Alt】+【Shift】+【<】

将所选文本的文字大小增大10点像素：【Ctrl】+【Alt】+【Shift】+【>】

将行距减小2点像素：【Alt】+【↓】

将行距增大2点像素：【Alt】+【↑】

将基线位移减小2点像素：【Shift】+【Alt】+【↓】

将基线位移增加2点像素：【Shift】+【Alt】+【↑】

将字距微调或字距调整减小 20/1000ems：【Alt】+【←】

将字距微调或字距调整增加 20/1000ems：【Alt】+【→】

将字距微调或字距调整减小 100/1000ems：【Ctrl】+【Alt】+【←】

将字距微调或字距调整增加 100/1000ems：【Ctrl】+【Alt】+【→】

放大：【Ctrl】【+】

缩小：【Ctrl】【-】

显示参考线：【Ctrl】+【'】

对齐：【Ctrl】+【;】

满画布显示(此处圆圈为"零"，非英文字母"O")：【Ctrl】+【0】

全选：【Ctrl】+【A】

色彩平衡：【Ctrl】+【B】

复制：【Ctrl】+【C】

取消选取：【Ctrl】+【D】

合并图层:【Ctrl】+【E】
背景色填充:【Ctrl】+【Delete】(或【Ctrl】+【Backspace】)
重复上次滤镜:【Ctrl】+【F】
与前一图层编组:【Ctrl】+【G】
显示额外的选项:【Ctrl】+【H】
调出色阶面板:【Ctrl】+【L】
反相:【Ctrl】+【I】
通过拷贝的图层:【Ctrl】+【J】
色阶调整:【Ctrl】+【L】
曲线:【Ctrl】+【M】
新建:【Ctrl】+【N】(或【Ctrl】+双击空白区域)
打开:【Ctrl】+【O】(或双击空白区域)
打印:【Ctrl】+【P】
退出PS:【Ctrl】+【Q】
自由变换:【Ctrl】+【T】
隐藏标尺:【Ctrl】+【R】
保存:【Ctrl】+【S】
色相饱和度:【Ctrl】+【U】
粘贴:【Ctrl】+【V】
关闭图像:【Ctrl】+【W】
剪切:【Ctrl】+【X】
校样颜色:【Ctrl】+【Y】
撤销上一步操作:【Ctrl】+【Z】
移动当前图层:【Ctrl】+拖画面
将该层载入选区:【Ctrl】+单击图层面板上的某层
锁定参考线:【Ctrl】+【Alt】+【;】
显示网格:【Ctrl】+【Alt】+【'】
实际像素显示(或双击放大镜工具,此处圆圈为"零",非英文字母"O"):【Ctrl】+【Alt】+【0】
羽化:【Ctrl】+【Alt】+【D】
打开为:【Ctrl】+【Alt】
打印:【Ctrl】+【Alt】+【P】
抽出:【Ctrl】+【Alt】+【X】
撤销上一步操作(可不断向前撤销):【Ctrl】+【Alt】+【Z】
合并拷贝:【Ctrl】+【Shift】+【C】
重新选择:【Ctrl】+【Shift】+【D】
合并可见图层:【Ctrl】+【Shift】+【E】
消退画笔透明度:【Ctrl】+【Shift】+【F】

取消编组图层:【Ctrl】+【Shift】+【G】
显示目标路径:【Ctrl】+【Shift】+【H】
反选:【Ctrl】+【Shift】+【I】
通过剪切的图层:【Ctrl】+【Shift】+【J】
颜色设置:【Ctrl】+【Shift】+【K】
自动色阶:【Ctrl】+【Shift】+【L】
新建图层:【Ctrl】+【Shift】+【N】
进入ImageReady:【Ctrl】+【Shift】+【M】
页面设置:【Ctrl】+【Shift】+【P】
另存为:【Ctrl】+【Shift】+【S】
再次变换:【Ctrl】+【Shift】+【T】
液化:【Ctrl】+【Shift】+【X】
色域警告:【Ctrl】+【Shift】+【Y】
向前:【Ctrl】+【Shift】+【Z】
去色:【Ctrl】+【Shift】+【U】
粘贴:【Ctrl】+【Shift】+【V】
关闭全部图像:【Ctrl】+【Shift】+【W】
自动对比度:【Ctrl】+【Shift】+【Alt】+【L】
保存为Web格式:【Ctrl】+【Shift】+【Alt】+【S】
前景色填充:【Alt】+【Delete】(或【Alt】+【Backspace】)
选择光标所在点的颜色:【Alt】+单击画面
填充选区:【Shift】+【Backspace】

Cross-Border Economic Business(跨境电商)专业术语

Details　商品详情页面
Overview　商品概况
Related　相关产品
Product Reviews　商品评价
Store Reviews　店铺评价
Recent Reviews　最近评价
User Rating　用户评级
Positive Feedback　好评
Latest　最新上架
Categories　类目
Product Name　产品标题
Description　产品描述
Tags　标签
URL　网络地址

4.2.1.5 产品价格

Wish 平台上产品价格设置包括产品销售价格和制造商建议零售价格。制造商建议零售价格在 Wish 平台上显示为带删除线的价格。

4.2.1.6 产品属性

产品属性一般包括价格、颜色、款式、尺码、材质、数量等,需要由卖家按照平台提供的格式填写,有助于买家在搜索产品时按自己的需求进行精确筛选。产品属性需要填写的内容较多,分必填项和选填项,其中红色星号标识的项目是必填项。不同类目的产品,必填项的内容和数量也不同,卖家要根据产品特性如实填写。产品属性的完整性会影响搜索曝光率,因此卖家应该尽量填写完整。卖家也可以自定义添加买家关注的产品属性,以便让买家清晰地了解产品,减少买家的顾虑,提升交易成功率。

4.2.1.7 产品详情描述

Wish 平台要求填写的产品描述,就是对产品详情精准地展现,能够让买家进一步了解产品的信息。

1. 产品详情描述要求

(1)默认用英文填写,限 1000 个字符,500 行以内,且只有 250 个字符显示在初始的手机端页面上。

(2)不能包含任何 HTML 代码,不能出现有关店铺政策的详细信息,不能出现其他店铺特定的语言或信息。

(3)"换行"字符(如"enter"或者"return")将导致文件出现问题。

(4)在描述数字时,用阿拉伯数字代替英文单词,如用"5"代替"five"。

(5)有关大小、合身度及尺寸的信息对服装类产品的销售都有很大的帮助。

(6)不要用特定的字符,如@、*。

(7)描述中明确包裹内容,不要有拼写错误。

(8)不可在描述中添加其他平台的链接。

(9)编写详情文案时,以服装产品为例,可以从尺码、颜色、产品材质、功能、注意事项等多维度来填写。

注意事项:

(1)如果是服装类产品,本身亚洲尺码和欧美尺码都有需求,可以在详情页中将亚洲尺码和欧美尺码的换算添加进去。

(2)如果产品不是以单个为单位销售的,而是以一双进行销售,比如袜子类产品,那么在详情中可以添加。

(3)描述尽量简洁明了,境外的买家在阅读习惯上和境内是有较大的差别的,复杂的描述容易引起买家反感。

(4)在内容排版上,尽可能排得美观一些,可多分段来提高美感。

2. 产品详情描述写法

产品详情描述建议按照以下思路填写。

(1)宣传品牌故事和品牌优势。一个有故事的品牌,更能获得买家的认可,引起其情感上的共鸣。

(2)强调产品的差异性。要重点阐述产品的参数、工艺等各种细节,特别是产品的特色。卖家可以从同行竞争对手的产品页面学习,也可以关注和提取同行买家留评中所包含的大量买家关心和需要的有用信息。

(3)提供无忧售后服务。卖家要为买家提供各种品质保证和售后服务,以此打消买家的种种顾虑。

(4)介绍产品包装信息。卖家要把产品、配件和赠品一一罗列在包装清单中,让买家觉得物超所值。

(5)进行关联营销。卖家可以通过以下方法进行关联营销:①同类关联,如卖手机,那就全部关联手机的产品页面;②搭配关联,如卖裙子,那就将饰品、腰带、项链等可以搭配在一起的产品进行关联营销。

优秀的产品详情描述,除包含上述内容以外,还要注意详情页的排版。比如,在亚马逊平台上,卖家可以运用加粗、换行等功能对详情页进行排版,让买家一目了然,这样有助于提高产品转化率。

3. 产品详情描述示例

产品详情描述一般要将产品的材质、产品的特点和使用时的注意事项表述清楚,如图 4-2-12 和表 4-2-2 所示。

产品描述:
Technical parameters
1.Operating frequency 2.4GHz～2.480MHz
1.Compliance with Bluetooth V3.0standard
3.Support music.Play music for 3hours in a row
4.Support call .Support call your.own micro-phone.Continuous call for 4hours.

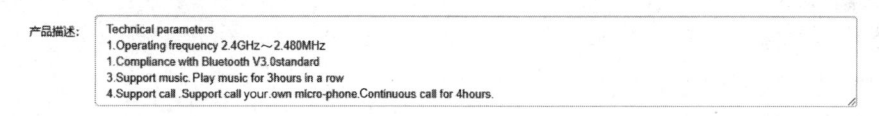

图 4-2-12　产品详情描述

表 4-2-2　产品详情描述分析

Technical parameters	产品技术参数
1. Operating frequency 2.4GHz～2.480MHz	1. 工作频率 2.42GHz～2.480MHz
2. Compliance with Bluetooth V3.0 standard	2. 符合蓝牙 V3.0 标准
3. Support music. Play music for 3 hours in a row	3. 支持播放音乐。连续播放音乐 3 小时
4. Support call. Support call your own micro-phone. Continuous call for 4hours	4. 支持打电话。支持呼叫自己的微型电话。连续呼叫 4 小时
分析:产品的主要技术指标及产品的两大卖点一目了然	

4.2.2　产品发布

4.2.2.1　产品发布方法

1. 通过跨境电商平台后台上传

跨境电商平台后台一般提供两种产品上传方式:单个产品上传和批量产品上传。其中批量产品上传就是根据跨境电商平台指定的 CSV（Comma-Separated Values）模板批量填写产品信息之后生成文件并上传。这两种方法各有利弊，批量产品上传效率高，但容易出错。比如，在 Wish 平台批量上传产品过程中，容易发生 SKU 重复添加、出现系统不支持的颜色、必填属性选项漏写等错误。

2. 借助第三方工具上传

常用的上传产品的第三方跨境电商 ERP（Enterprise Resource Planning）工具有店小秘、芒果店长、马帮等。一个 ERP 账号可同时授权多个平台的多个店铺，能够很好地解决店铺关联问题。

> **视野拓展：产品发布注意事项**
>
> 产品信息的准确性会影响产品的转化率，同时还可以防范由货不对版问题所引起的纠纷。卖家填写好所有产品信息后，应当核对一遍再提交系统。要重点核对产品的各个参数是否填写齐全，内容是否与产品标题、产品描述、产品图片等相一致。卖家发布产品以后，跨境电商平台将进行产品审核，审核通过以后产品才能在前台展示。其中 Wish 平台审核时间相对较长。

4.2.2.2 产品发布流程

1. 使用 Wish 商户平台上传产品

1）准备材料

（1）Wish 账号。

（2）产品的图片。

（3）产品的详细介绍。

（4）产品的链接。

2）产品上传流程及需注意的细节

第一步：打开 Wish 商户平台登录页面，输入账户信息登录，如图 4-2-13 所示。

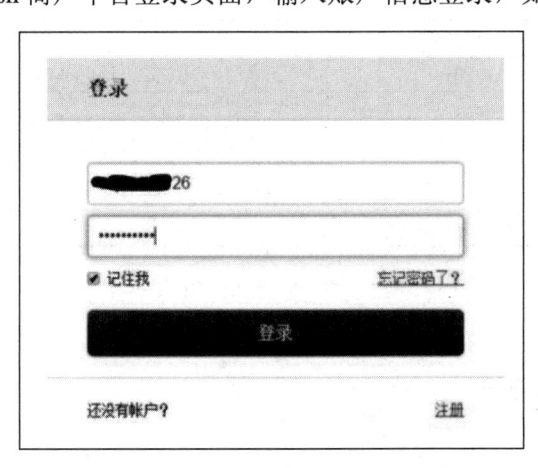

图 4-2-13 Wish 商户平台登录页面

第二步：选择"产品"→"添加新产品"→"手动"命令，如图4-2-14所示。

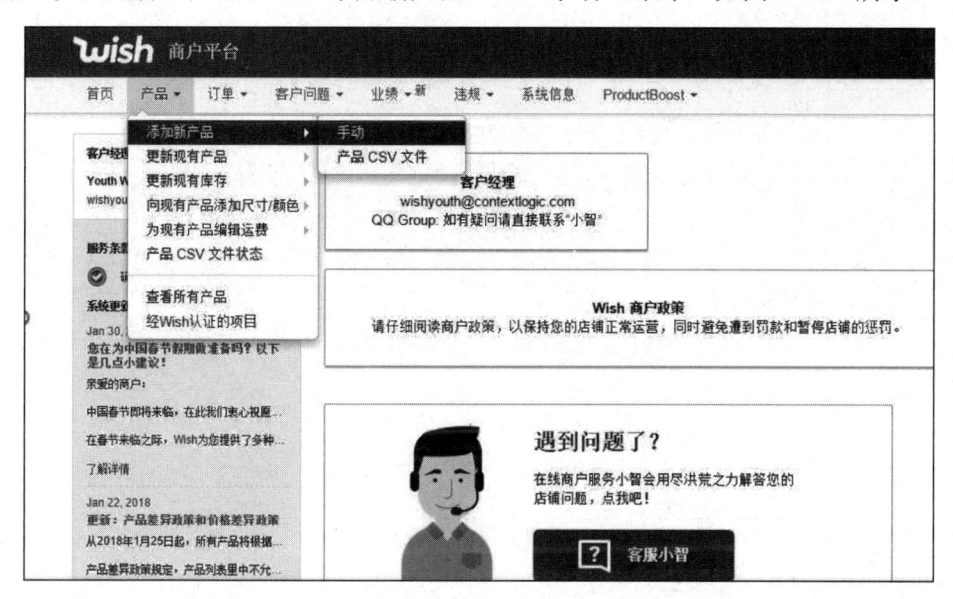

图 4-2-14　添加产品页面

第三步：编辑产品的基本信息，如图4-2-15所示。

图 4-2-15　编辑产品的基本信息

（1）Product Name（产品名称）：将产品中文名翻译成英文，力求简洁明了，不能过长。

（2）Description（产品描述）：将产品的相关详情介绍翻译成英文，说明要详细。

（3）Tags（产品标签）：一般最多可设置10个，标签力求简洁，分别用独立的词概括产品的优点和突出点，并且需要一个个单独添加单击确认。

（4）Unique ID（产品SKU）建立后不能更改。推荐使用：姓名缩写+000X（例：姓名为张越，则SKU为ZY0001，ZY0002，ZY0003，…）

第四步：编辑产品图片。产品图片分产品主图与副图。图片的像素为：800×800，产品主图加上副图的数量不能低于10张。由于Wish所有订单来自于移动端，因此作为产品的首张图片——产品主图最为重要，产品主图既要突出产品的特点和优势，又要吸引眼球，如图4-2-16所示。

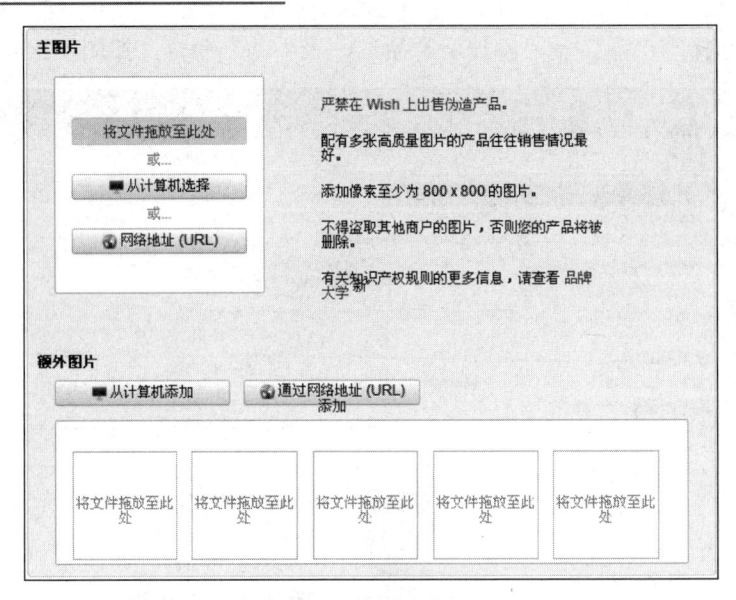

图 4-2-16　编辑产品图片

对于服装类的产品必须在产品副图的第一张放产品的尺码表，如图 4-2-17 所示。

图 4-2-17　服装尺码表

第五步：编辑库存和运送。

（1）Price（价格）：价格如何设置？总价＝产品成本+国际运费+手续费+利润。备注：币种默认为美元。

（2）Quantity（库存）：500，1000，2000，…。

（3）Shipping（运费）：运费设在单价的 1/3 到 1/4。

（4）Shipping Time（配送时间）：一般填写 10～30 天，如图 4-2-18 所示。

第六步：编辑物流信息。物流信息可暂时不填，如图 4-2-19 所示。

第七步：编辑颜色。颜色根据产品的具体信息勾选，或添加在"其他"文本框中，如图 4-2-20 所示。

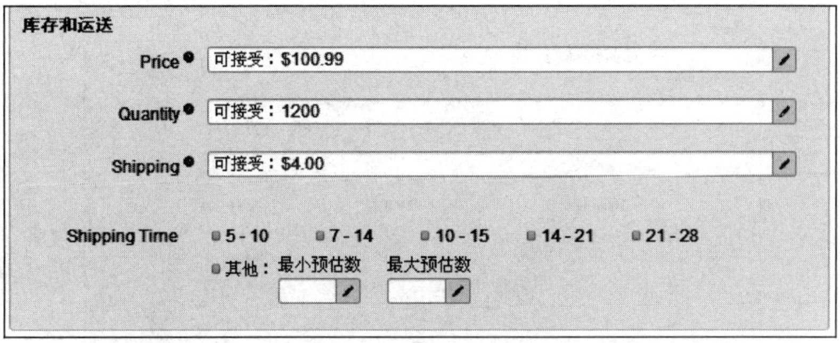

图 4-2-18　编辑库存和运送

图 4-2-19　编辑物流信息

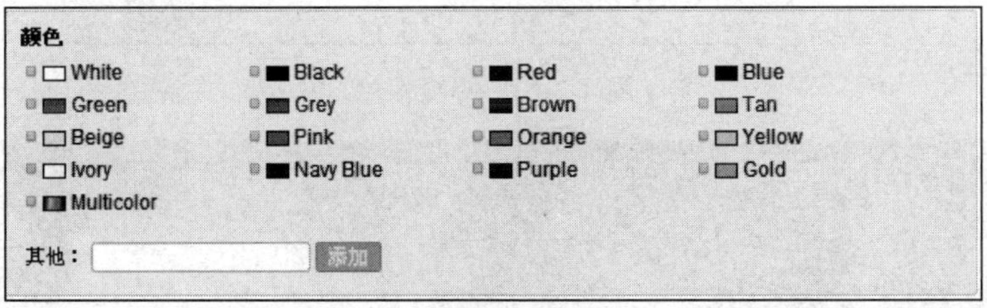

图 4-2-20　编辑颜色

第八步：编辑尺码，如图 4-2-21 所示。

第九步：编辑产品变量。产品变量必须与 SKU 一致，如图 4-2-22 所示。

第十步：提交信息。所有信息填写完整后，单击"提交"按钮，如图 4-2-23 所示。

2. 使用店小秘商户平台上传产品

第一步：打开店小秘网页，注册登录，如图 4-2-24 所示。

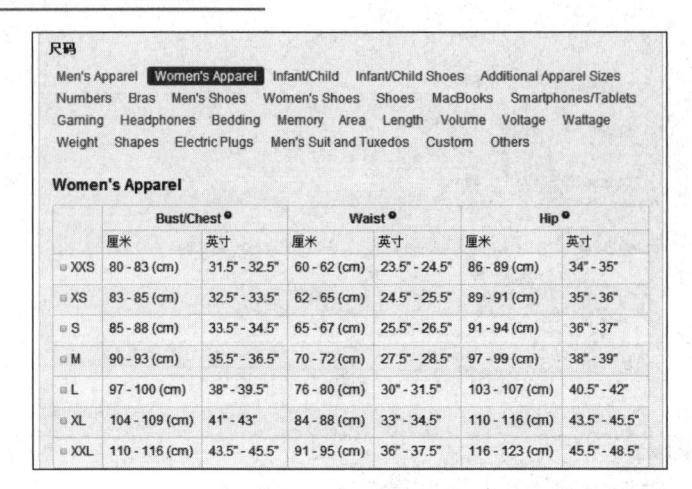

图 4-2-21 编辑尺码

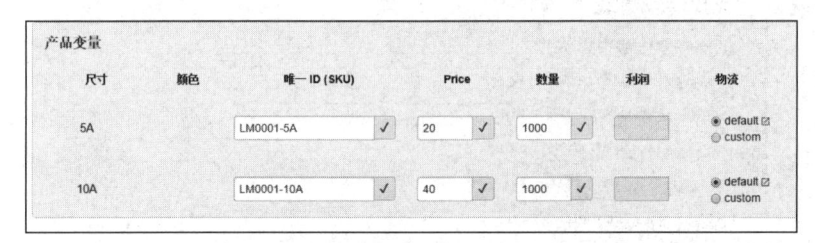

图 4-2-22 编辑产品变量

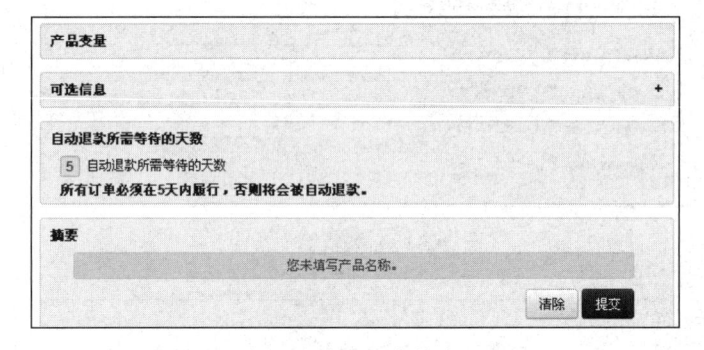

图 4-2-23 提交信息

图 4-2-24 店小秘注册页面

第二步:登录店小秘,如图 4-2-25 所示。

图 4-2-25　店小秘主页

第三步:将 Wish 账号与店小秘账号绑定。选择"平台授权"→"Wish 授权"选项,如图 4-2-26 所示。

图 4-2-26　绑定 Wish 账号

第四步:选择"Wish 授权"选项,并输入店铺名称,如图 4-2-27 所示。
第五步:单击"授权"按钮,将会自动弹出 Wish 商户平台登录页面,如图 4-2-28 所示。
第六步:输入账号和密码之后申请权限,如图 4-2-29 所示。
进行申请权限确认,如图 4-2-30 所示。
出现绑定成功提示,如图 4-2-31 所示。
授权成功,如图 4-2-32 所示。

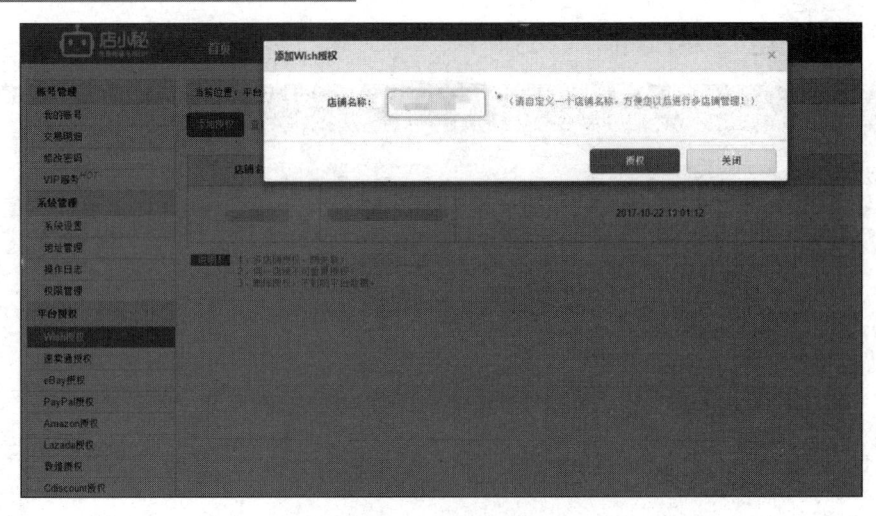

图 4-2-27　添加授权

图 4-2-28　Wish 商户平台登录页面

图 4-2-29　申请权限

第 4 章　Wish 店铺运营与管理

图 4-2-30　申请权限确认

图 4-2-31　绑定成功提示

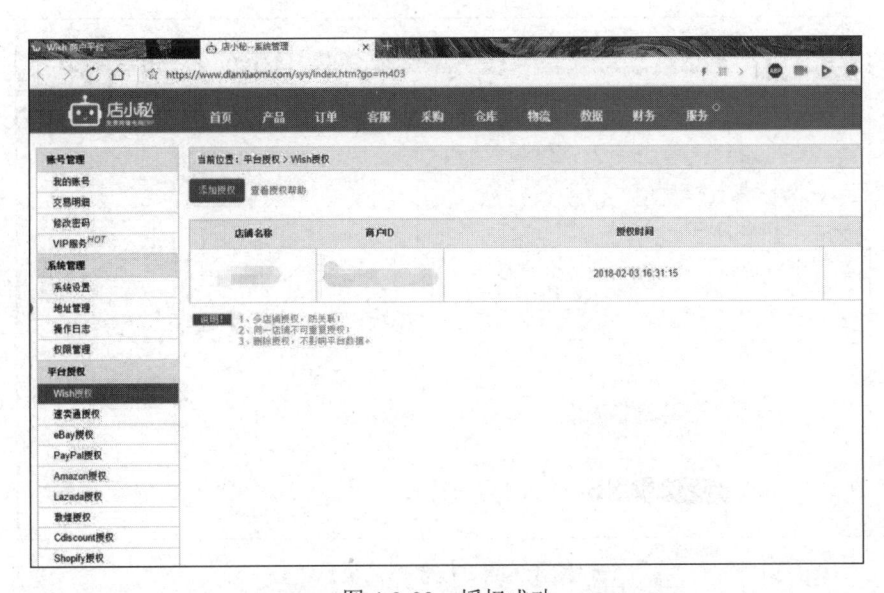

图 4-2-32　授权成功

第七步：使用店小秘上传产品。选择"产品"→"创建产品"命令进入创建产品页面，如图 4-2-33 所示。

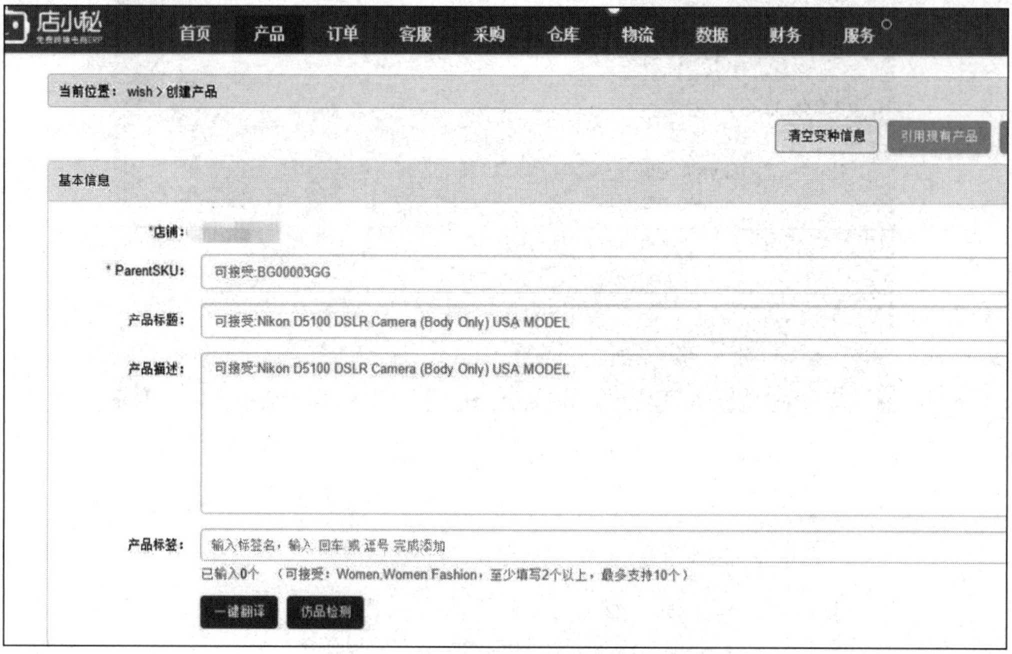

图 4-2-33　使用店小秘上传产品

第八步：编辑产品信息，与 Wish 产品信息编辑步骤一致。

使用 Wish 上传产品与使用店小秘上传产品是有区别的，比如，店小秘自带翻译功能，上传产品标签时可先输入中文后单击"一键翻译"按钮，同时还可以进行仿品检测，如图 4-2-34 所示。

图 4-2-34　编辑产品信息

第九步：在 1688 上采购，可直接链接"来源 URL"，方便下次采购，如图 4-2-35 和图 4-2-36 所示。

图 4-2-35　1688 采购链接

图 4-2-36　来源 URL

第十步：其他产品信息上传与 Wish 平台上传方法一致。在变种信息一栏单击"一键生成"按钮，进行 MSRP 更新、价格更新、库存更新、运费更新、运输时间更新，如图 4-2-37 所示。

图 4-2-37　编辑变种信息

知识链接

一、店小秘是什么？

店小秘是一款免费的跨境电商 ERP，可提供产品开发、产品管理、订单打印、图片管理、数据统计、数据分析、智能采购、库存管理等一站式的管理服务。通过店小秘完成相关平台的店铺授权后，即可在店小秘上完成相关的管理工作。店小秘是一个 ERP 管理平台，不同于其他管理软件，它是不需要下载安装的，并且是免费注册使用的。店小秘是北京美云集网络科技有限责任公司推出的，专门为跨境电商平台对接的第三方 ERP 工具。目前，店小秘已获得 Wish、速卖通、易贝、亚马逊、Lazada、敦煌、Shopify、Shopee 和 Joom 的授权并已成为它们的官方合作伙伴。店小秘可以同时授权多个平台店铺，每个平台都可以同时授权多个店铺，但同一店铺只能授权一个店小秘。已授权的多个账号间，是不会因为店小秘产生关联的。

二、店小秘上传产品的审核速度、通过率是否有保障？

产品的审核取决于平台的审核标准和自己选品的质量，和使用哪个第三方软件是没关系的。使用店小秘，在产品的上传和管理上可以为大家提供更多的便利服务，但不能保障审核通过率。

三、CSV 文件格式

表 4-2-3 中内容以 CSV 格式表示如下。

年，制造商，型号，说明，价值

1996, Ford, E350, "Ac, abs, moon" 3000.00

1997, Chevy, Venture, "Extended Edition", "", "", 4900.00

1998, Chevy, Venture, "Extended Edition, Very Large", "", "", 4900.00

1999, Jeep, Grand Cherokee, "MUST SELL! Air, moon, roof, loaded", 4700.00

表 4-2-3　CSV 文件格式

年	制造商	型号	说明	价值
1996	Ford	E350	Ac, abs, moon	3000.00
1997	Chevy	Venture	Extended Edition	4900.00
1998	Chevy	Venture	Extended Edition, Very Large	5000.00
1999	Jeep	Grand Cherokee	MUST SELL! Air, moon, roof, loaded	4700.00

四、ParentSKU 父商品编码和 SKU 子商品编码，变种产品分别指什么？

ParentSKU 即 Wish 商户平台的"Unique ID"，是该商品唯一的 SKU 号，可称之为父 SKU。创建商品时是必填项，且 ParentSKU 不可重复。

SKU 即 Wish 商户平台的"唯一 ID(SKU)"，用于标识产品下的每一个变种产品，也可称之为子 SKU。每个变种都有一个唯一的 SKU，不可重复。比如，一款女包有多种颜色，则每种颜色的产品都要有一个唯一 SKU。每个变种产品都单独填写，各占一行。填写时保持各变种产品的 ParentSKU 一致即可。导入后会自动识别 ParentSKU，相同 ParentSKU 会合并为一个产品。若多个变种的标题、描述、标签、图片等信息不一致，则默认以第一条变种产品的信息为准。

五、为什么要提供来源 URL？

来源 URL 是用来备份上架产品的供货商网址。若是从 1688 等网上平台购买的货物，则非常有必要填写来源 URL，一旦有订单产生，可直接通过来源 URL 完成采购。来源 URL 仅自己可见，不会显示给买家，也不会同步到 Wish。

六、MSRP 是什么？

MSRP 类似于衣服的吊牌价，在 Wish 产品价格的上方显示，是带删除线的价格。没有任何促销作用，只是一个显示效果。一般不低于成本价加上 20% 的利润。

七、UPC 是什么？

UPC 是美国通用的 12 位数字的产品代码，不包含字母或其他字符。这个是选填项，一般不用填写。

八、在店小秘创建产品和在 Wish 平台相比，有哪些特色功能？

(1) 图片上传更快更稳：Wish 官方要求图片像素为 800×800，且 Wish 官方服务器在国外，图片上传速度慢，经常会出现上传失败的问题图。使用店小秘，对上传的图片无像素要求，同时店小还提供了强大的图片空间，保障图片上传更快、更稳。

(2) 可批量操作：在产品管理、订单管理等方面，店小秘提供了很多批量操作功能，如批量导入导出产品、批量修改产品信息、批量处理订单、批量导入导出订单等。使用批量操作功能，可大大提升工作效率。

(3) 翻译功能：编辑产品和批量修改产品时，产品标题、产品描述、产品标签等都可先输入中文后一键完成翻译，这比使用翻译软件来回切换要轻便很多。

(4) 数据采集：可采集淘宝、速卖通、1688、天猫、京东、易贝（主站）、亚马逊（美国站）等 7 大平台的产品数据，在选品时就可以一键完成采集，更省时省力。

(5) 备注产品来源：创建产品时可输入产品的供应来源 URL，以便后期有订单时随时采购。来源 URL 仅在店小秘自己可见，不会同步到 Wish 店铺，也不会显示给买家。

(6) 引用产品：手动在线创建产品时，若已存在比较相似的产品，可使用"引用产品"功能，将相似产品的所有信息直接复制过来，再根据个性需求编辑更改即可。这样能省去个别信息的重复输入工作。

九、创建产品时运费设置为 0，发布后再看产品怎么还有运费？

Wish 是不支持免运费的，如果你将运费设置成 0，发布后 Wish 会自动给加到 0.99 美元。因为这个运费你是拿不到的，所以不建议将运费设置为 0。

十、尺寸表里没有我创建产品的尺寸怎么办？

店小秘所提供的尺寸类别和具体尺寸是取决于 Wish 平台的。若给出的尺寸里没有你所要的，可以不选择尺寸。将你的产品尺寸在产品标题中或产品描述里写清楚即可。另外，如果对于这个产品的尺寸需求量很大，可以和 Wish 客户经理发邮件提出需求。Wish 客户经理邮箱为：merchant_support@wish.com。

十一、创建的产品多久能完成审核？

Wish 采用的是机器+人工的审核方式，机器审核只进行基础检查，人工审核周期会比较漫长，因此审核的时间也是不固定的。有些产品几小时内就可以审核通过，有些产品可能一两个月还在审核中，目前没有更好的解决办法，只能耐心等待。

Cross-Border Economic Business（跨境电商）专业术语

Cart　购物车
Outlet　商城
Browse　浏览
Hobbies　个人兴趣爱好产品
Sports & Outdoors　户外运动产品
Gadgets　电子产品
Fashion　衣服
Shoes　鞋子
Automotive　汽车内饰配件
Tops　上衣
Bottoms　休闲运动裤
Underwear　内裤
Watches　手表
Wattles & Bags　包包
Accessories　小商品
Phone Upgrades　手机配件
Home Décor　家居装饰
Category　类目
Rating　评分
Multi-Color　混色
Beige　米黄色、淡棕色
Bronze　深红棕色

4.2.3　产品推广

产品推广包括站内推广和站外推广，这里以 Wish 平台为例介绍站内推广。Wish 平台上的产品流量来源于自然流量和付费流量，付费推广就是利用 ProductBoost 工具进行的产品推广。

4.2.3.1　ProductBoost 简介

ProductBoost（简称 PB）结合了卖家端的数据与 Wish 后台算法，增加了相关产品的流量。参加 PB 的产品，卖家需要支付相应的广告费。

为了帮助卖家便捷高效地使用 PB，从 2019 年 7 月 31 日开始，Wish 平台用 PB 智能版全面替代了 PB 常规版。通过 PB 智能版，卖家可以提交所选产品和预算来创建产品推广活动，而无需提交关键词和竞价（常规版需要），还可为智能版活动中的产品添加备选关键词。通过卖家提供的额外关键词，加入智能版产品推广活动中的产品可能会得到额外的曝光机会和更高的排名。

Wish 平台数据显示，活动时间、整体投入、产品是影响 PB 推广效果最关键的三个因素。

4.2.3.2　使用 PB 的好处

使用 PB 进行产品推广具有以下 3 种好处。

（1）增加产品的流量和销量。如果卖家的产品与消费者的需求相关，卖家就会获得更多产品流量和销量。

（2）提高产品的排名。参加 PB 的产品会获得更多的曝光机会并在产品排名中获得更好的位置。

（3）更快地凸显卖家的热销产品。卖家最了解自己的产品，当他们选择好的产品来做产品推广时，产品会更加热销。

4.2.3.3　创建 PB 活动

PB 活动不仅能以单个产品进行创建，还可以批量创建。这里以单个产品创建 PB 活动为例来介绍，具体步骤如下。

第一步：登录店小秘后台，选择"产品"菜单栏中的"PB 广告"选项，如图 4-2-38 所示。

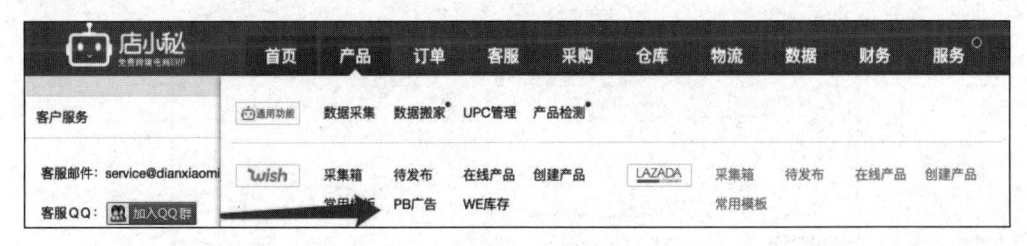

图 4-2-38　PB 广告进入页面

第二步：进入店小秘 PB 页面，单击"同步"按钮，此时店小秘与 Wish 后台数据同步，如图 4-2-39 所示。

第三步：单击"创建活动"按钮，如图 4-2-40 所示。

第四步：填写活动名称、开始时间、预算基本信息、参加活动产品的基本信息，如图 4-2-41 和图 4-2-42 所示。

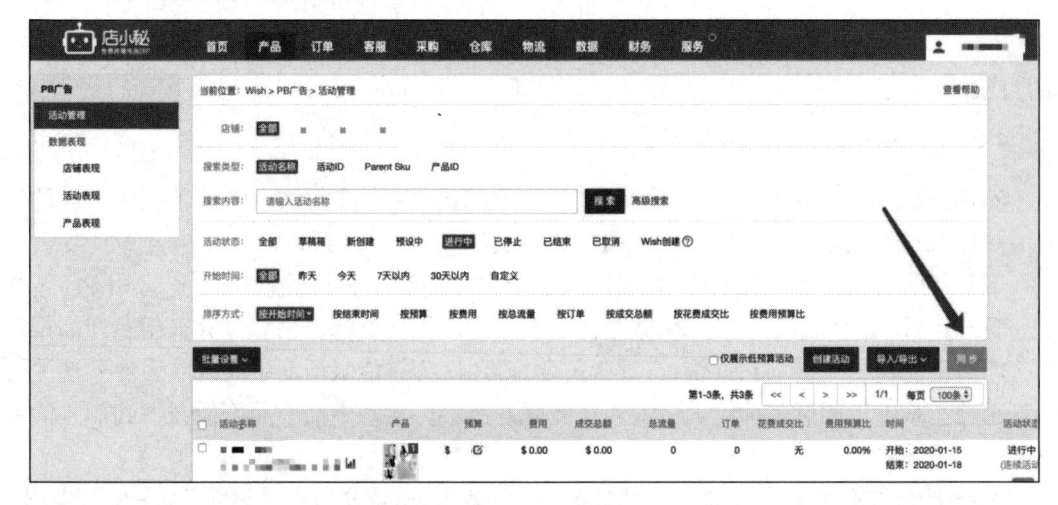

图 4-2-39 同步数据

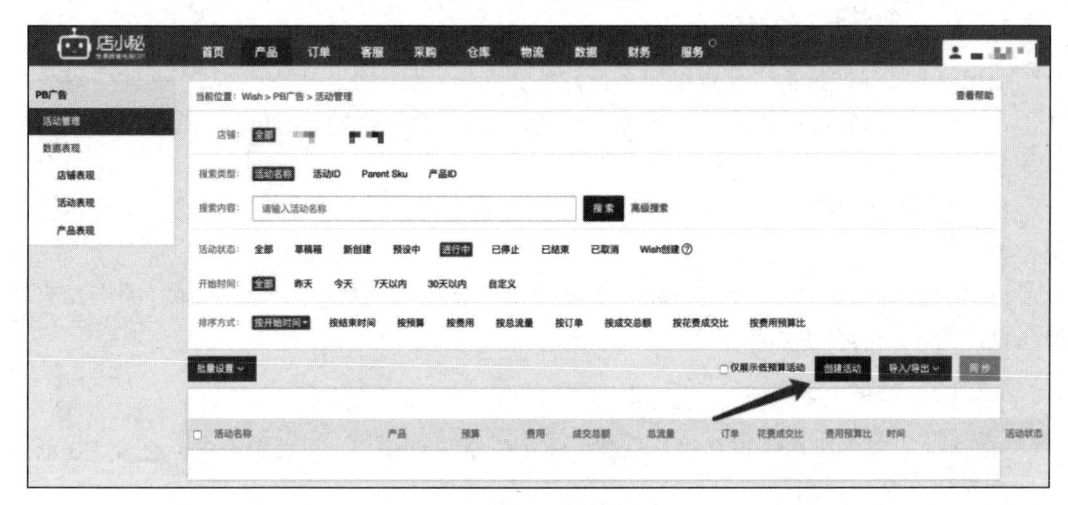

图 4-2-40 创建活动

图 4-2-41 填写活动内容

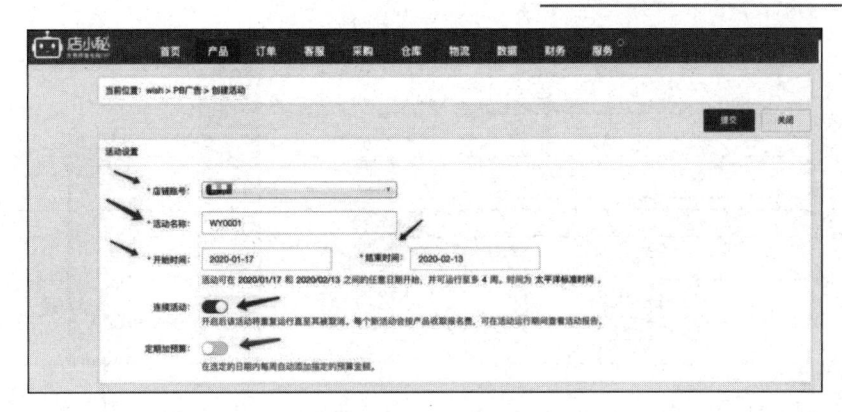

图 4-2-42　活动设置

📓 知识链接

一、什么产品适合做 PB？

PB 指 Wish 平台上付费广告推广，并不是所有的商品都适合做 PB。Wish 平台的消费者主要为欧美 15~35 岁的年轻用户，年轻人总是爱追逐新的流行元素，把握住这个原则，在选择 PB 商品时就可以参照以下几点。

（1）季节性产品。这类产品更新速度快，热卖与爆款通常在很短的时间显出。在考虑推广哪项产品时，可以去欧美主流的社交网站（如 Facebook、Twitter、Instagram 等）寻找灵感。尤其是季节性产品，售卖应季商品大家都知道，能否热卖就看你是否抓住了流行的趋势。

（2）在其他平台获得成功的产品。商户会将同一产品在包括 Wish 在内的不同的平台上进行销售，该产品可能在其他平台获得了不俗的销量，但在 Wish 平台却表现平平，此时，你就可以考虑使用 PB 进行推广促销。但需要注意的是，同一产品在不同平台进行销售，并不是简单地复制粘贴，产品的描述、标签、图片等都需要根据平台特性进行调整。

（3）Wish 平台没有的产品，对用户来说新颖的产品。人无我有，这是达到畅销最简单的方式之一，但在高度信息化的今天，市场几乎完全透明，已经很少有未开发的产品蓝海了。此时，进一步细分的产品类别也许会给你带来新的商机，或许仅仅只是外形上的创新，就能为你打开新的市场。

（4）专注开发的具有竞争性的产品。有能力的商户可以根据市场需求，开发出独特的具有竞争优势的产品，对于此类产品，参加 PB 活动可以有效缩短市场适应期，加速流量兑现。但这些都是建立在产品的质量良好，价格合理的基础上。

二、Wish-PB 技能有哪些？

1. PB 简介

PB 是 Wish 平台推出的结合商业端数据与后台算法，增加产品曝光与流量的工具，简而言之，能让你的产品更多地被展示给潜在的消费者。实验表明，参加 PB 的商户，平均每个商户都获得了 39% 的销售额提升，在销售额提升最高的一周，花费 1 美元可以获得 11.13 美元的销售额提升，提升效果非常明显，如下图 4-2-43 所示。

在ProductBoost上每花费1美元可提升的销售额

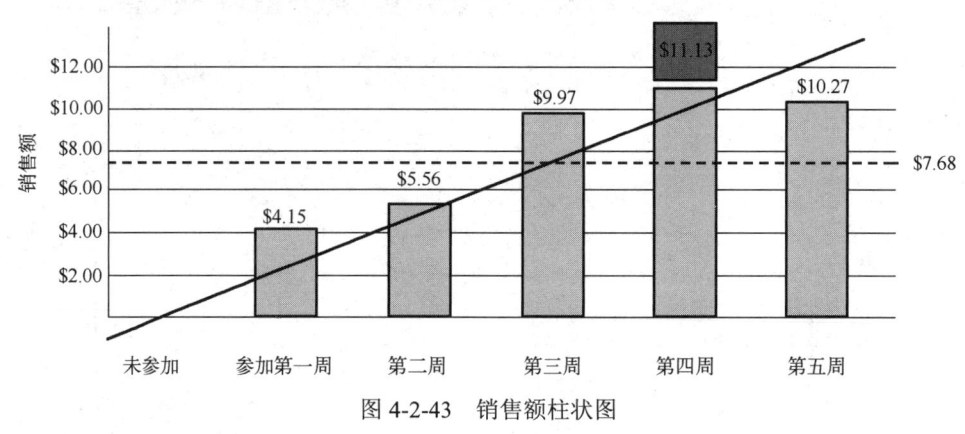

图 4-2-43　销售额柱状图

2. PB 的展示形式

PB 工具并不作用于客户端的日常推送，而是专门针对消费者在 Wish 客户端的搜索和相关产品页面的产品展示。通过匹配消费者的搜索词和产品 PB 的关键词，进行展示，如图 4-2-44 所示。

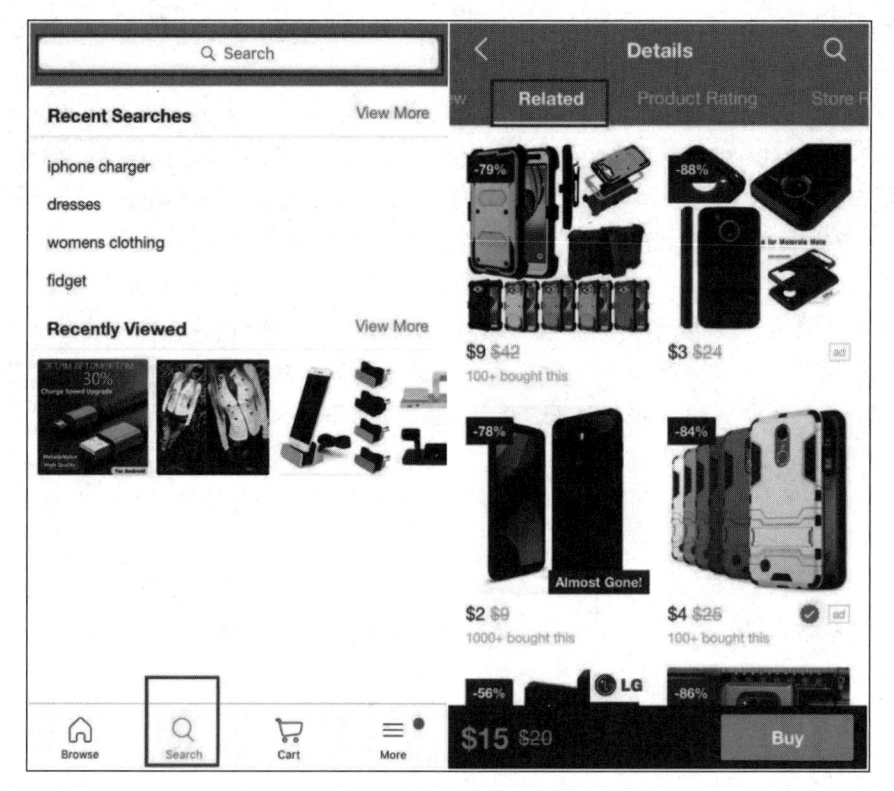

图 4-2-44　搜索界面

3. PB 的收费模式

PB 是非常经济有效的引流方式，采用的是 CPM（Cost Per Mille）的竞价方式，即将单项产品展示给潜在消费者 1000 次收取的费用，就是该关键字的价格。当产品在消费者的手机界面中出现过，即算作 1 次成功的展示，如此成功出现过 1000 次，无论消费者是否单击查看或者购买，即为关键字价格。

4. PB 费用支付方式

商户开展 PB 活动时，分配的预算不能超过可以花费的最高金额。倘若余额不足，该怎么充值呢？Wish 平台目前提供 Payoneer 和 UMPay 两种支付方式。登录"Wish 商户平台"，选择顶部"产品促销"→"ProductBoost 余额"→"购买 ProductBoost 额度"选项，即可选择支付方式，如图 4-2-45 所示。

图 4-2-45　支付方式

使用 Payoneer 支付，需要有 Payoneer 的账户；而使用 UMPay 支付则无须拥有账户，UMPay 支持微信支付和国内大多数银行付款。

5. 支付顺序

PB 费用扣款时将优先使用充值金额，再使用账户余额。例如，账户余额为 10 美元，后使用 UMPay 充值 20 美元，参加 PB 活动共使用 25 美元，则扣除该商户账户中的充值的 20 美元和余额中的 5 美元，商户将在下个账期收到剩余的 5 美元。

6. PB 与关键词

关键词是 PB 产品的关键，是引流的基础。

1) 关键词运作原理

PB 运作的基础是"精准匹配"。当你设置的 PB 关键词和消费者在客户端搜索的关键词完全一致的时候，系统就会对二者进行匹配，将产品推送给消费者。

不过，系统是一个智能的动态学习过程，如果系统对你的产品非常熟悉，也会采取模糊匹配的操作，将你的产品推荐给相关的关键词，这就是 Related 页面的推荐原理了。

2) 关键词设置规则

(1) 关键词长度

PB 系统对于关键词长度没有限制，但建议不要使用过长的关键词，因为消费者搜索时不习惯输入长词。

(2) 关键词数量

单项产品的关键词数量最多为 30 个。建议不要设置过多，关键词并非越多越好，过多的无效关键词不仅浪费预算，还有可能影响引流效果。

(3) 关键词可以由词组构成

关键词可以是多个词构成的词组，词组之间是否添加空格，要视消费者的输入习惯而定，而在系统看来加了空格的词组和未加空格的词组是两个不同的关键词。

(4)词的数量

单个关键词的词的数量建议由1~3个词构成，过长的词组不符合消费者的搜索习惯。

三、几个常见的Q&A

(1)产品售罄或者下架，还会继续收取流量费用吗？

回答：不会。产品售罄或者下架后，系统就不会再对产品进行引流，也不会再产生流量费用了。

(2)单次PB活动，提交的产品数量是不是越多越好？

回答：不是。准确地说，单次活动提交的产品数量是和此次活动的总预算相关的，提交的产品数量越多，就需要越高的预算，否则产品无法获得理想的展示数量。对于预算有限的商户来说，还是将有限的预算集中在几个有潜力的产品上，以获得最大化的销售。

(3)PB活动开展期间，能对产品的关键词进行修改吗？

回答：可以。产品在PB活动开展期间，可以调整PB的关键词来优化产品。

Cross-Border Economic Business（跨境电商）专业术语

PB（Product Boost）　付费广告推广
Facebook　脸书
Twitter　推特
Q&A（Question and Answer）　常见问题
CPM（Cost Per Mille）　千人成本

4.3 订单处理

买家下单完成付款后，卖家要尽快对订单进行处理，跨境电商平台对订单处理时间有一定的要求，因此卖家要及时处理订单。

4.3.1 订单处理时间

订单处理时间是指从买家付款成功后生成订单信息到卖家标记发货之间的时间。卖家可以根据平台给出的时间范围自行设置订单处理时间。设置的订单处理时间是卖家对买家做出的发货时间承诺，它的长短在一定程度上会影响买家的购买决策。如果卖家没有及时处理订单，就会面临平台自动取消订单的风险。如果超过了承诺的时间发货，也会影响平台对卖家的绩效考核，因此卖家及时处理订单非常重要。

4.3.2 订单处理的一般流程

卖家可以登录跨境电商平台后台进行订单处理，也可以用店小秘、芒果店长等软件对订单进行处理。这些软件可以绑定多个跨境电商平台的多个店铺，使用比较方便。

订单处理的一般流程如下。

1. 订单检查

卖家在发货前需对订单信息进行检查，只有确认无误，才能有效避免不必要的麻烦。针对新买家，需要检查订单上的地址信息、联系电话等是否全面。如果没有包含邮编和电话号码，需与买家联系获取，这对于商品被顺利送达非常重要。另外，还要关注订单备注或留言，查看买家对颜色、尺码等方面的要求，避免因发错货而带来不必要的损失。

2. 填写物流面单

确认订单信息没问题后，填写物流面单。物流面单填写是否正确规范，对于货物的派送及分拣、清关入关等影响较大，卖家需认真对待。物流面单要整洁干净、字体清晰、内容完整，有破损或者字迹模糊的物流面单需要重新打印。不同物流方式的面单内容和格式会有所不同。

3. 拣货

卖家拿着拣货单到仓库拣货时，应检查产品质量是否合格、产品是否与自己上传的图片相符、颜色与数量是否相同。

4. 打包

卖家要根据产品类型选择合适的包装材料对产品进行包装，确保包装安全和美观。产品包装好后要把面单贴在包装上。贴面单时应确保条码不被遮挡和折叠，以免造成物流服务商扫描不到相关信息而无法派送给买家。

5. 发货

卖家预约物流服务商（货代）上门揽收。如果卖家不在物流服务商上门揽收范围，卖家就要把包裹送至物流服务商处。将包裹交给物流服务商后，一般24~48小时后可以查询到物流信息。

6. 填写发货通知

发货完成以后，卖家要填写发货通知。发货通知的内容一般包括发货地、发货时间、物流服务商名称、货运跟踪号等信息。

4.3.3 常用发货物料准备

卖家在发货时，要注意控制包装成本，选用合适的发货物料。

4.3.3.1 包装材料

跨境物流中常使用的包装材料有瓦楞纸箱、包装袋、气泡膜、气柱袋、透明胶、封口胶、编织袋等。

瓦楞纸箱分为高强度纸箱和一般强度纸箱。其中一般强度纸箱既便宜又容易切割，颇受卖家青睐，不能挤压的或易碎的产品一般用纸箱装，同时配合气泡膜使用。气泡膜可对产品起到缓冲保护作用，其宽度有20cm、30cm、40cm、50cm、60cm、80cm等多种规格。

包装袋又称为快递袋，常见的有塑料和纸质两种材质。

气柱袋是发运带大屏幕电子产品的必备材料，需要配合充气机或者打气筒使用。气柱袋弥补了气泡膜强度不够、气泡容易破裂等缺陷，尤其适用于平板电脑、手机等带屏幕的产品。

4.3.3.2 配套设备

配套设备是指仓库里面与发货操作配套的硬件，用好这些设备能提高工作效率、降低出错概率。常用的配套设备有打印机、电子秤、卷尺、扫描枪、打包器、剪刀等。

打印机可以选用普通打印机或热敏打印机。热敏打印机打印速度快、故障率低、性价比高，较受卖家欢迎。与热敏打印机配套使用的打印纸通常为不干胶标签纸，常用规格为10cm×10cm，建议使用防油、防水、防酒精的"三防"标签打印纸。

对于轻小物品，称重时最好选用高精度的电子秤。卷尺较常用的是钢质卷尺，它的作用是测量外纸箱的长、宽、高，以便更好地控制货物的体积重量。

4.3.4 订单处理示例

以下以店小秘订单处理为例进行讲解。

4.3.4.1 店小秘订单处理步骤

第一步：登录店小秘。利用已经注册好的店小秘对已经授权的 Wish 平台进行订单处理。选择导航"订单"→"订单处理"命令，将默认进入"待审核"页面。可根据订单规则分类查看订单并完成审核。完成审核后订单移入"待处理"页面，可进行下一步的操作。店小秘并不是实时自动同步平台订单的，所以为避免漏发订单，在"待审核"页面建议先"同步订单"，同步后订单将保持和平台一致，如图 4-3-1 所示。

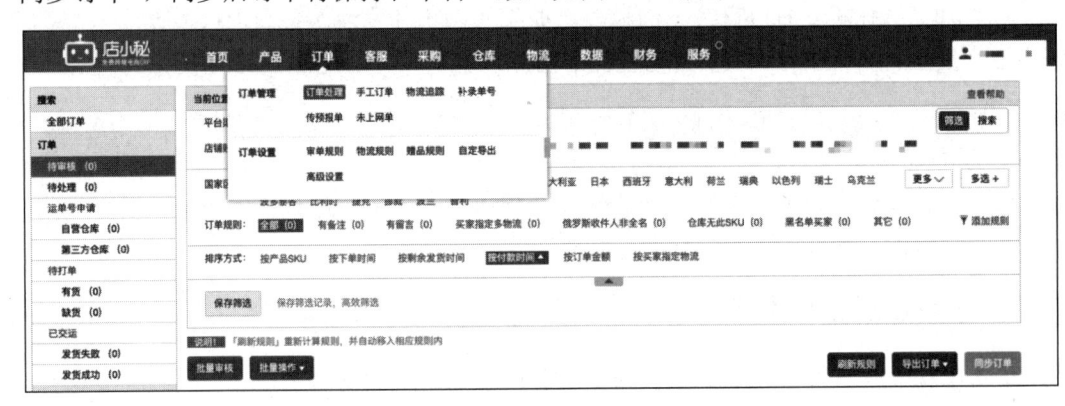

图 4-3-1 订单处理

第二步：订单审核后将移入"待处理"页面，确认完成物流的选择和报关的填写，单击"申请运单号"按钮申请运单号，订单移入"运单号申请"页面，如图 4-3-2、图 4-3-3 所示。

第三步：进入"运单号申请"页面，向货代系统提交订单信息和报关信息以申请运单号。

申请成功即可移入待打单，生成可打印的面单，同时也完成配货，自动计算出"有货"

"缺货"的订单。运单号获取成功的订单，在这一步可提前将运单号提交到平台，完成平台的发货状态，即虚拟发货。

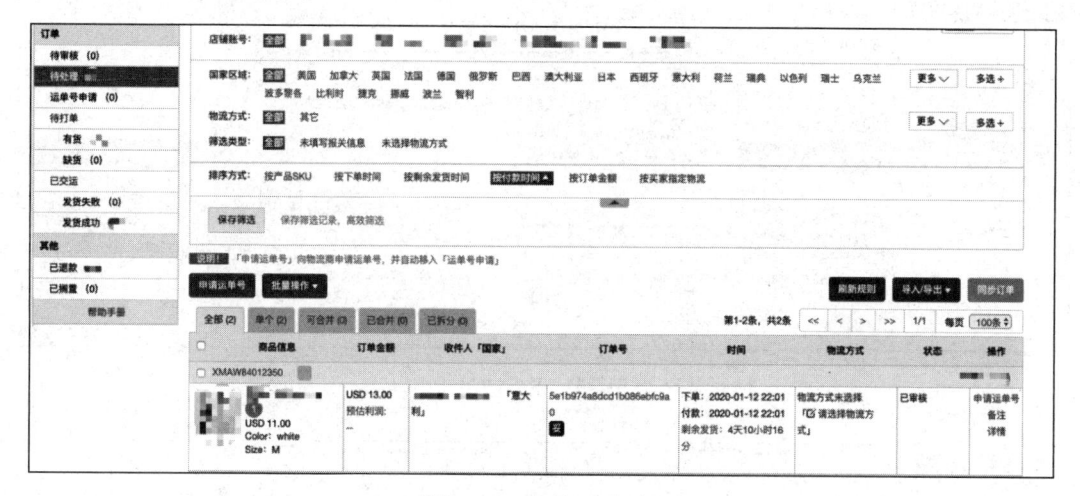

图 4-3-2　待处理页面 1

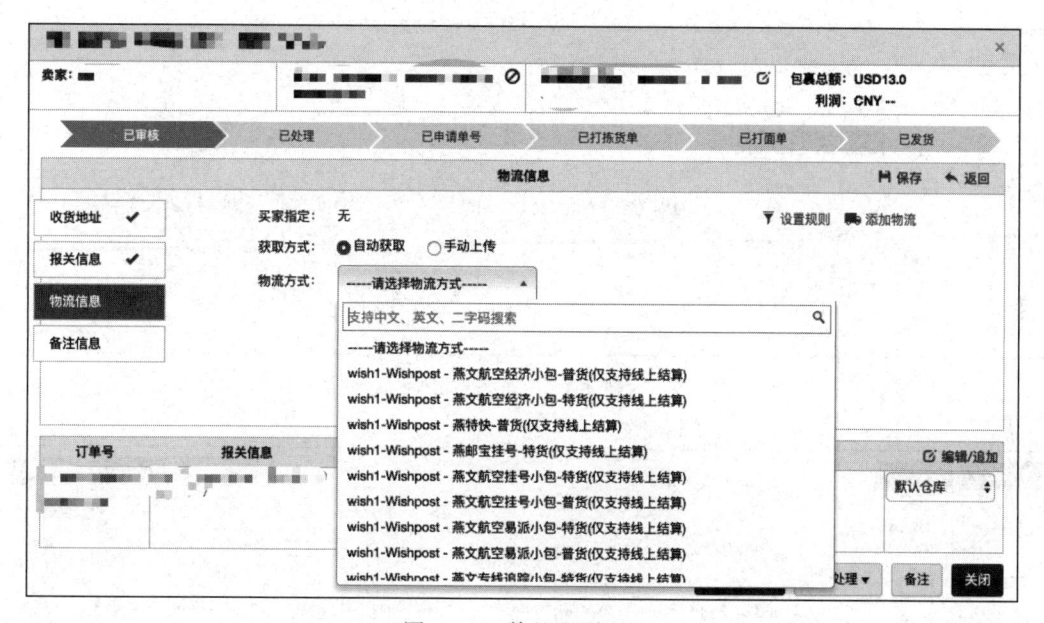

图 4-3-3　待处理页面 2

若没使用店小秘的库存管理，或者即便创建了商品但并未配对，订单则默认为"有货"，移入待打单的"有货"页面，如图 4-3-4 所示。

第四步：进入"待打单"页面，完成打单。将有货订单打印并发货。发货后仓库将自动扣库存，订单会移入"已发货"页面，这就完成了订单的整个处理流程，如图 4-3-5 所示。

打印、发货前也可以提前将运单号提交到平台，完成平台的发货状态显示，即虚拟发货，如图 4-3-6 所示。

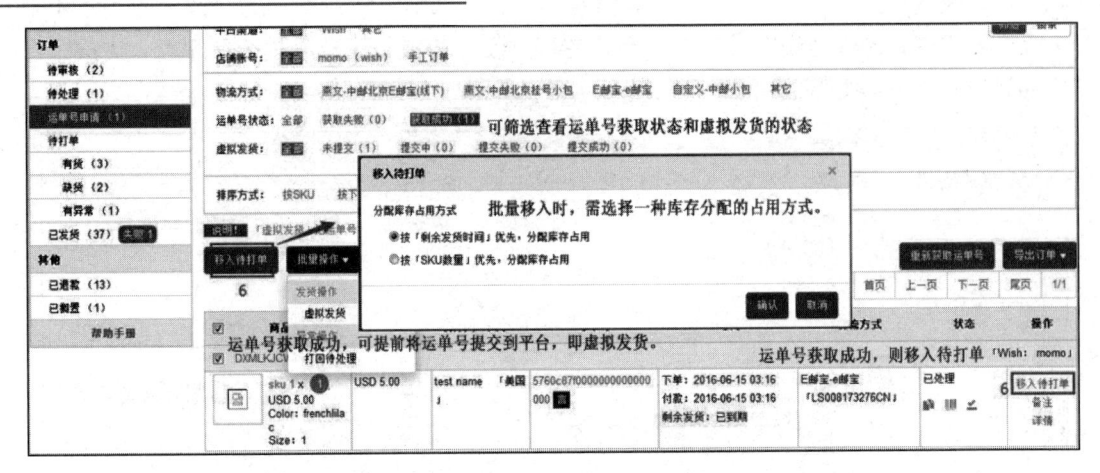

图 4-3-4　申请运单号

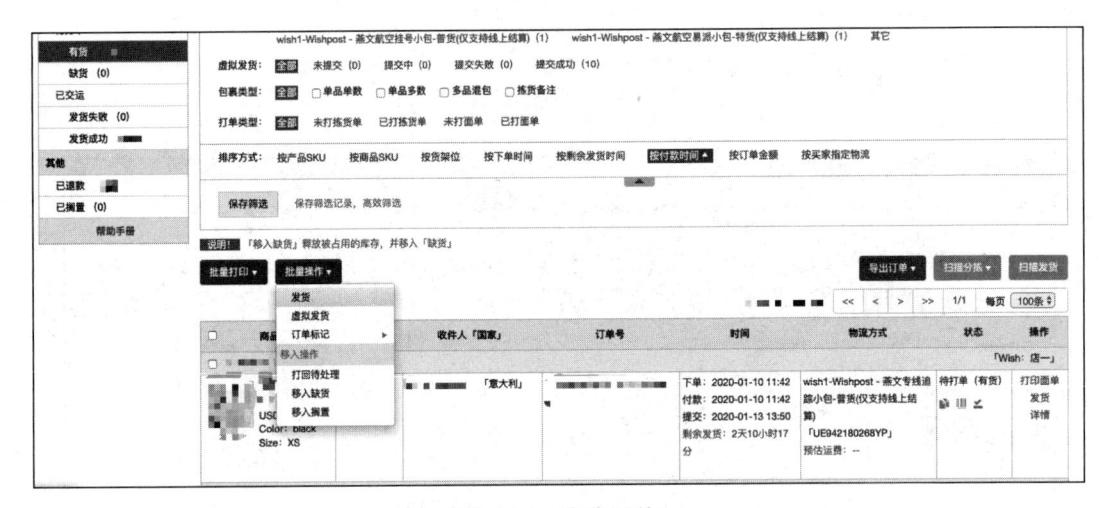

图 4-3-5　有货订单

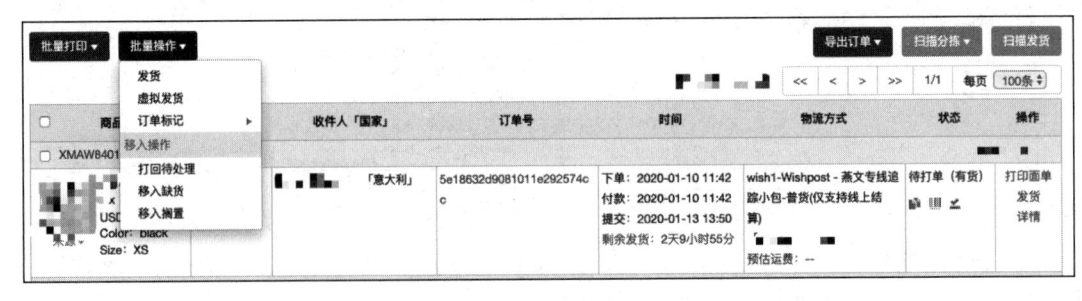

图 4-3-6　虚拟发货

第五步：打开"已发货"页面核实最终发货状态。已发货订单是将运单号提交到平台，并完成出库发货的订单，如图 4-3-7 所示。

4.3.4.2　注意事项

订单处理步骤注意事项如下。

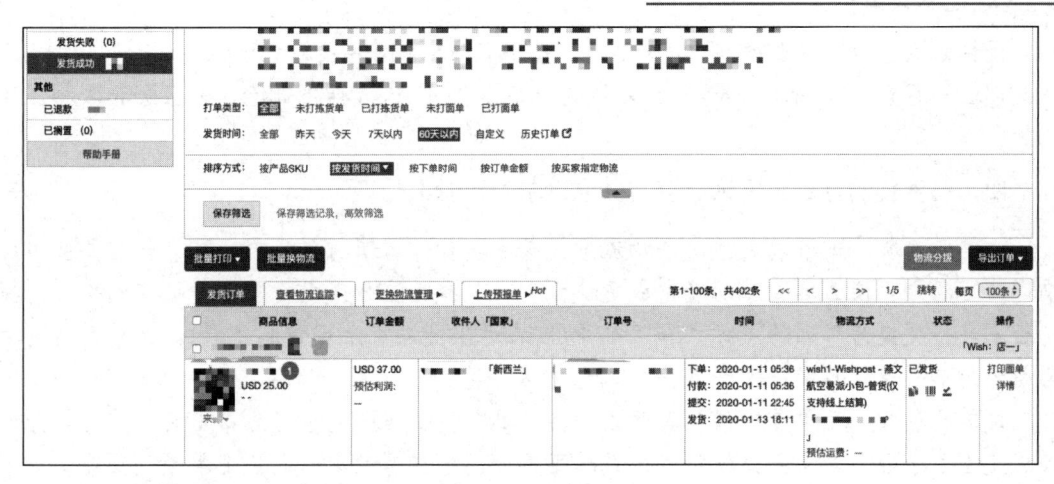

图 4-3-7 已发货

（1）"待审核"流程可关闭，关闭后所有订单审核规则失效，订单自动移入"待处理"页面。

（2）"待审核"是店小秘的订单处理流程，用于订单审核规则的执行、审核，与平台的订单状态无关。

（3）相同收件信息、相同店铺的订单才可以合并，且仅支持在"待处理"页面合并。

（4）运单号申请成功后即虚拟发货，虚拟发货不会计算库存，不会自动扣除库存。

（5）订单必须移入"待打单"页面才能生成可打印的面单。

（6）在"待打单"页面单击"发货"按钮后才会自动扣除库存。

（7）未使用店小秘仓库功能，移入待打单后统一计算为"有货"。

（8）已经将单号提交给平台，若更换物流方式或换单号，则需使用"更换运单号"功能。

知识链接

一、订单处理流程

在订单处理页面左边就是订单完整的处理流程，总共有 5 大步骤：待审核—待处理—运单号申请—待打单—已发货。

二、Wish 官方对订单发货有什么要求？未按要求发货有什么惩罚？

Wish 官方规定订单必须 5 天内完成发货，5 天内未提交运单号发货，订单将被自动退款，罚款 50 美元并且产品会被下架。若自动退款率过高，账号将被暂停。若卖家不发货却主动操作退款，会被罚款 2 美元并且产品会被屏蔽 24 小时。退款率过高也将会暂停账号，但低于 5% 的退款率是正常的。

三、店铺还没销售任何产品，应收金额为什么是负数？

Wish 有一系列的处罚政策，如果你还没有形成订单，那么被罚款的原因应该是发布了 Wish 认为的侵权产品，即所谓的仿品。

侵权方式包括：关键词侵权（如名牌、敏感词等）和图片侵权（如有品牌图标、名模、关键部位马赛克、模糊处理等）。受处罚的产品，会被 Wish 强制删除，并且会扣除相应的罚款。

四、已发货的订单想更换物流方式或运单号，怎么处理？

订单已发货，如果想更换一个物流方式或运单号并重新打单发货，那么就需要使用订单详情页的"更换运单号"功能完成更换。重新选择物流方式或运单号并提交到平台。提交后平台将更换为新的物流方式和运单号（需在运单号没有上网信息之前），面单也将更换为新的面单，重新打印一份即可。

订单已移入"运单号申请"页面或"待打单"页面，并完成了虚拟发货，即运单号已经提交给了平台。若需要更换物流方式或运单号，同样需使用"更换运单号"功能，如下图 4-3-8 所示。

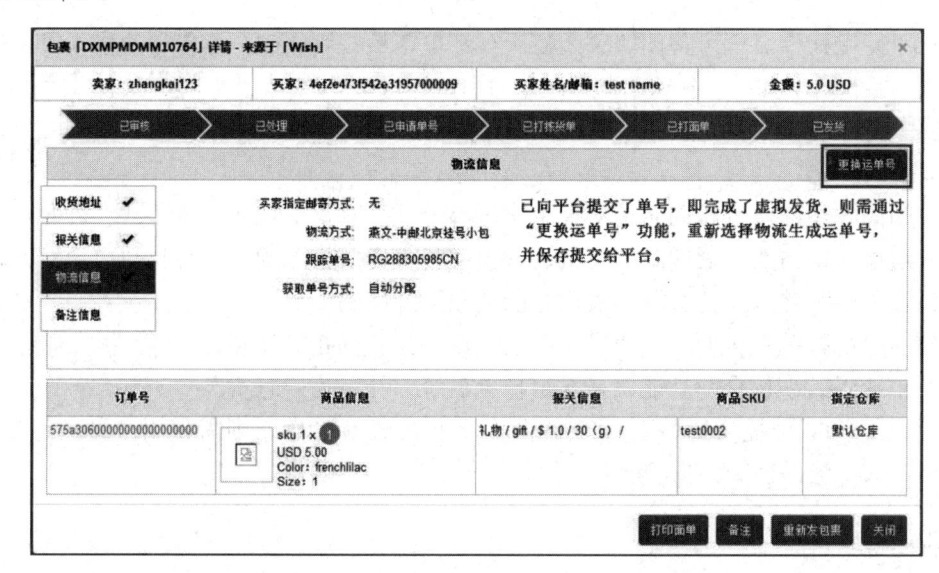

图 4-3-8　更换运单号

五、用户下单后会发生什么？

1. 一个用户向某一产品下订单

一个用户选择您的产品，单击"购买"按钮后，用户会填写配送信息并支付相关费用。

2. Wish 开始生成订单信息

订单正在生成中（为保障用户的隐私，用户通过与 Wish 平台对接的第三方服务商付款）。产品库存会随之减少，如果库存为 0，产品前台展示页面将会自动变为"售罄"状态。

3. Wish 验证订单

Wish 将事先验证用户付款方式和订单信息是否合理。在这一过程中，如果用户没有付款成功，订单会被取消。考虑到用户可能自行取消订单或欺诈订单的审核，这个订单将被保留 8 个小时，随后推送到您的未处理订单中。如果该订单触动了系统的欺诈审核机制，将进入审核流程。您只需履行出现在"未处理订单"列表中的订单。如果某一订单需要被进一步审核，此订单将会从该列表中消失(届时 Wish 会通知您)，如果审核通过，该订单将重新出现。

4. Wish 将给商户发送订单处理通知

Wish 将发送"您有新的待履行订单"邮件给您，如图 4-3-9 所示。

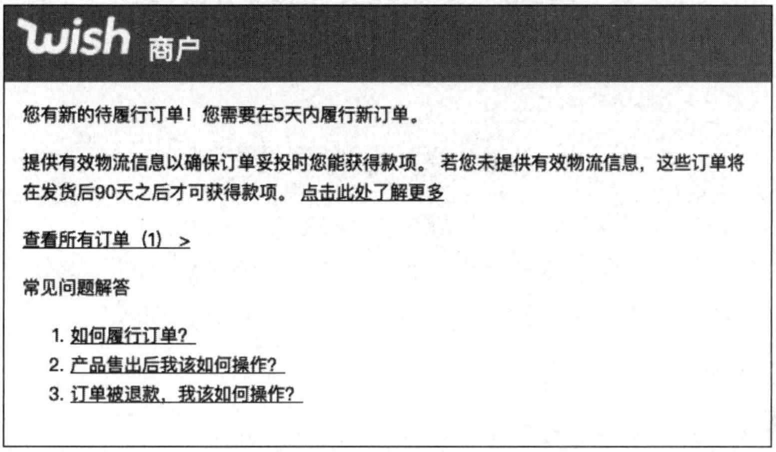

图 4-3-9　收到订单处理通知

5. 商户履行订单

商户需于订单生成后的 5 天之内履行订单。如在履行订单时需要获取更多信息，您可以单击"联系用户"按钮。

6. 商户对订单标记发货

您需在商户后台对订单标记发货。物流追踪信息不是必需的，但它将能使您更快地回款。没有有效物流跟踪信息的订单将会被暂放一段时间，以应对可能因延迟到货或丢包所引起的退款。

7. Wish 确认订单妥投

一旦 Wish 确认订单妥投，该订单便符合放款条件了。如欲缩短回款周期，商户需为订单提供有效的物流追踪单号，并选用快速的物流服务。

8. Wish 将基于订单向商户放款

Wish 将基于订单向商户放款(去除因商户不当操作产生的扣款)，款项将发放至您所设置的收款账户里。放款是一个系统自动操作的流程，因此您将会定期收到符合支付条件的订单的款项。Wish 仅发放符合放款条件的订单的款项。

9. 用户收到订单产品

10. Wish 收集用户对商户所提供的服务的反馈

六、为什么在店小秘里的 Wish 退款订单比平台的数量多？

有些退款订单，Wish 官方是自动处理并隐藏起来的，在 Wish 后台也看不到。但店小秘通过 API 接口获取数据时，能同步到全部类型的退款订单，因此在店小秘看到的 Wish 退款订单会比 Wish 平台多。

Cross-Border Economic Business（跨境电商）专业术语

Action Required　未处理
History　历史记录
Fulfill Orders　完成订单
Fulfillment CSV File Status　完成 CSV 文件状态
Orders　订单

4.4　客服管理

做好客户服务非常重要，能够帮助店铺吸引更多的回头客，降低营销成本，提高店铺利润。

4.4.1　客服职责

作为跨境电商客服工作人员，其主要职责包括以下内容。

（1）解答客户咨询。在跨境电商交易中，部分买家在下单之前会咨询产品信息、讨价还价、询问物流和关税等问题，需要卖家及时、准确地给予解答。

（2）促进产品销售。要注意维护好客户关系，使买家成为回头客，以促成多次销售。

（3）解决售后问题。卖家在发货后，可能会出现买家未收到货或收到货后发现产品与描述不符等要求退货退款的情况，需要客服人员妥善处理这类问题。

（4）反馈相关问题给职能部门。由于客服人员直接与买家接触，能够了解交易中存在的问题，因此需要对买家反馈的问题进行分类，并及时反馈给采购主管、生产主管、仓储主管、物流主管等决策者，以便公司优化相关流程。

4.4.2　客服常用的沟通模板

客服工作包括售前、售中、售后沟通三个方面的内容。

4.4.2.1　售前沟通模板

售前沟通主要是为买家解决关于产品细节信息、讨价还价、询问物流、支付方式、关税等方面的问题，促使买家尽快下单。客服工作人员要站在买家的角度考虑问题，及时、耐心、专业地回答买家的问题，不可敷衍了事。

1. 关于询问产品细节的回复

Dear friend,

　　Size（M）of this dress will fit you pretty well. Any other questions, feel free to let me know.

　　Nice Day and Best Regards!

（your name）

2. 回复讨价还价问题

Dear friend,

　　Thank you for your interests in my item. Perhaps we can't accept the price you offer. I'm sorry for that. In fact the price is reasonable. We only have a low benefit. But we arc going to offer you some discounts if you buy more products at one time. If you buy more than 3 products, we will give 5% discount to you. If you have any other questions, please tell us.

　　Nice Day and Best Regards!

(your name)

3. 关于物流、运输时间的回复

Dear friend,

　　Thank you so much for your great support on us.

　　It may take 29～60 days to be delivered. We will wait the package together with you. If you have any other questions, please tell us.

　　Best Regards!

(your name)

4. 关于支付方式的回复

Dear friend,

　　Thank you for your inquiry.

　　For simplifying the process sake, I suggest that you pay through PayPal. As you know, it always takes at least 2～3 months to clear international check so that the dealing and shipping time will cost too much time.

　　PayPal is a faster, easier and safer payment method. It is widely used in international online business. Even if you do not want to register a PayPal account, you can still use your credit card to go through PayPal checkout process without any extra steps.

　　Hope my answer is helpful to you.

　　Nice Day and Best Regards!

(your name)

5. 关于关税问题的回复

Dear friend,

　　I understand that you are worrying about any possible extra expense for this item. According to past experience, it did not involve any extra expense at buyer side for similar small or low cost items. Please don't much worry.

　　However, in some individual cases, buyer might need to take some import taxes or customs charges in import countries. As to specific rates, please consult your local custom office. Appreciate for your understanding.

　　Nice Day and Best Regards!

(your name)

4.4.2.2 售中沟通模板

售中沟通主要包括提醒买家尽快付款，缺货问题，给买家发发货通知，告知买家产品的物流动态等。其中，物流信息的沟通非常重要。在回复买家所购产品的包裹邮寄咨询时，最好用买家本国语言同时提供三个信息点：可跟踪的包裹单号、可以追踪到包裹信息的网站、最新的追踪信息。这样会方便买家查询物流信息。

1. 提醒买家尽快付款

Dear friend,

Much appreciate for your purchasing from us, but we haven't received your payment for that item yet. As a friendly reminder, we send you this mail to inform of you that the instant payment is very important. The earlier you pay, the sooner you will get the item.

Please make the payment at your convenience as soon as possible. If you meet any problem during you are paying. Please feel free to let us know to give you a hand. We committed to provide you good buying experience and make you satisfied.

Nice Day and Best Regards!

（your name）

2. 关于缺货问题的回复

Dear friend,

I am sorry to tell that the item you ordered is out of stock, our factory stopped producing it. It's really sad, I also like this item. We have same type item of this series, would you like to change? Here is the link for your reference（http://_____）. We will give you 5% discount as compensation.

Sorry again.

Nice Day and Best Regards!

（your name）

3. 给买家发发货通知

Dear friend,

The item you ordered has already been shipped out and the tracking number is_____. The shipping status is as follows:_____.You will get it soon. Thanks for your support!

Nice Day and Best Regards!

（your name）

4. 关于买家询问物流方面问题的回复

1）刚发货，物流信息尚未更新

Dear friend,

We just sent your package out couple days ago, there's no tracking for now. It will be updated in 15 days. We are here all the time and wait for the package delivery together with you. We will do every effort to help you and make everything ok.

Nice Day and Best Regards!

(your name)

2) 离开中国很久，但物流信息仍未更新

Dear friend,

　　This is (your name), customer service manager, the parcel left China on (date), I asked my express company, they replied the tracking will be updated in 7 days, don't worry, my friend, we will be responsible for you all the time, and we will focus on your tracking everyday, it must be on its way approaching to your terminal address. I hate myself for always letting you wait, but if we want to solve the problem, we need to do it together, my friend, I need your support.

　　Nice Day and Best Regards!

(your name)

3) 物流信息显示包裹已签收，但买家未收到货

Dear friend,

　　The tracking shows your package is delivered on (date). There might be a little delay, I believe 2~5 days should be enough for the goods finally delivered, here is the query link (http://_____). Maybe someone collected it for you, according to our usual practice, we suggest you make a phone call to local post office and ask them what's wrong with your order.

　　Nice Day and Best Regards!

(your name)

4) 单号查询有问题

Dear friend,

　　This is (your name), I've been focused on the tracking of your order these days, then there might be something wrong with the package, I am so sorry about it.

　　(1) We will resend you the item. It's not reasonable for you to take the lost, it's our responsibility that warehouse department made a mistake. We are really sorry.

　　(2) Start a dispute, choose reason "No tracking information". Thank you for understanding, we just want to help you.

　　Nice Day and Best Regards!

(your name)

5) 海关问题（因海关安检导致物流延误，买家来信询问）

Dear friend,

　　We're sorry to inform of you that your item may be delayed for the stricter customs inspection. We just got the notice that all packets from all countries to (destination) would be subject to stricter screening by the customs. Due to the intensive customs control and screening, the shipping time to destination will be longer than normal.

　　Your understanding and patience is much appreciated. We will keep tracking the shipping status, and try our best to resolve the problems that caused by this unexpected issue. Please let us know if you have any questions or concerns. Keep in touch.

Nice Day and Best Regards!

(your name)

4.4.2.3 售后沟通模板

售后沟通主要涉及买家收到商品之后的一些问题处理和买卖双方留评等事宜。一般而言，当买家收到的商品有问题时，卖家首先要真诚道歉，分析问题产生的原因，主动承担责任；其次要安抚买家的情绪（常以下次购买给予折扣优惠或者赠送礼物等方式进行安抚），并提供多个解决方案让买家选择；最后强调买家有任何问题，都可以随时联系。

1. 买家收货后发现商品有问题

1）剪线头类的质量小问题请其自行解决

Dear friend,

I am sorry that this is negligence of our warehouse, thank you for checking the product quality for us, could you please cut strings for us? We would be really appreciated, I sincerely hope that I can do it for you if it's not so far away. Please understand, sorry again.

Nice Day and Best Regards!

(your name)

2）实物与照片有一些差异

Dear friend,

I'm sorry that physical and photos have some error because shooting from different angles, so please forgive us, we hope you can understand, thanks.

Nice Day and Best Regards!

(your name)

3）颜色/款式发错货

Dear friend,

Thank you for checking the product, it's our negligence, you are not the one who should take the lose, we will take the responsibility, we will refund you $10 as compensation, is that ok?

Sorry again.

Nice Day and Best Regards!

4）质量有问题，同意重发或退款

Dear friend,

I'm sorry for the inconvenience. If you are not satisfied with the products, we will resend it again or give you a full refund. We hope to do business with you for a long time. We will give you a big discount in your next order.

Nice Day and Best Regards!

(your name)

2. 买家收到商品,卖家求好评

Dear friend,

Thanks for your continuous support to our store, and we are striving to improve ourselves in terms of service quality. I would be highly appreciated if you could leave us a positive feedback which will be a great encouragement for us. If here is anything I can help with you, do not hesitate to tell me.

Nice Day and Best Regards!

(your name)

3. 求好评成功后,感谢买家

Dear friend,

I like you very much, not everyone will be so considerate and polite. Thank you so much. Nice to know you from so many people all over the world.

Nice Day and Best Regards!

(your name)

4.4.3 客服操作示例

1. 根据实际退款原因,妥善处理客户与 Wish 的关系

第一步:查看系统信息的退款通知,如图 4-4-1 所示。

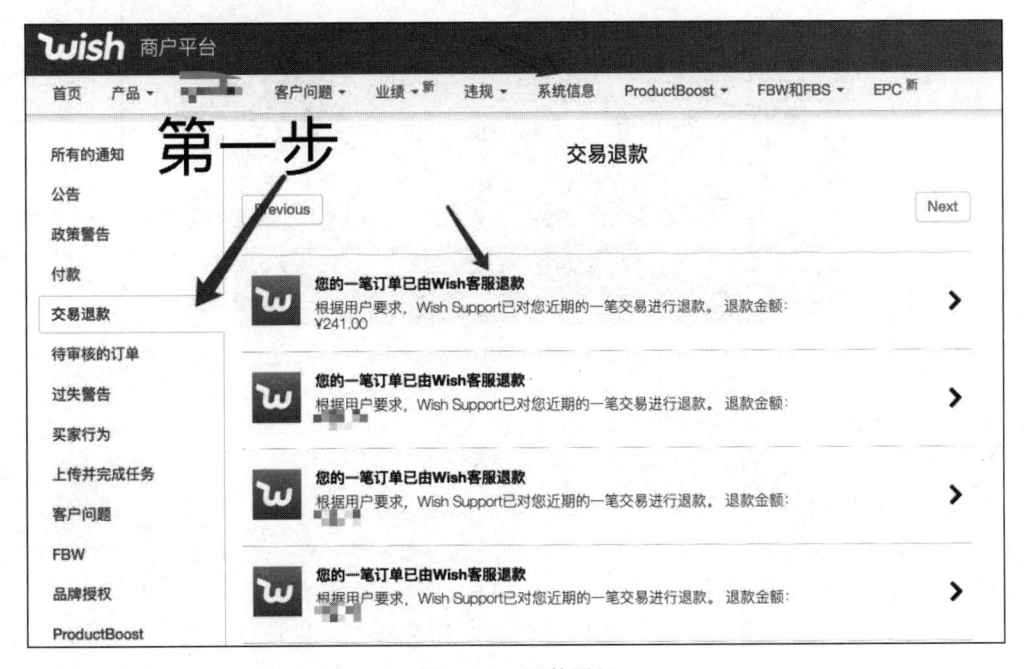

图 4-4-1 退款通知

第二步:在订单详情页查看客户问题,如图 4-4-2 所示。

第三步:查看客户问题反馈页面,弄清客户退款的原因,如图 4-4-3 所示。

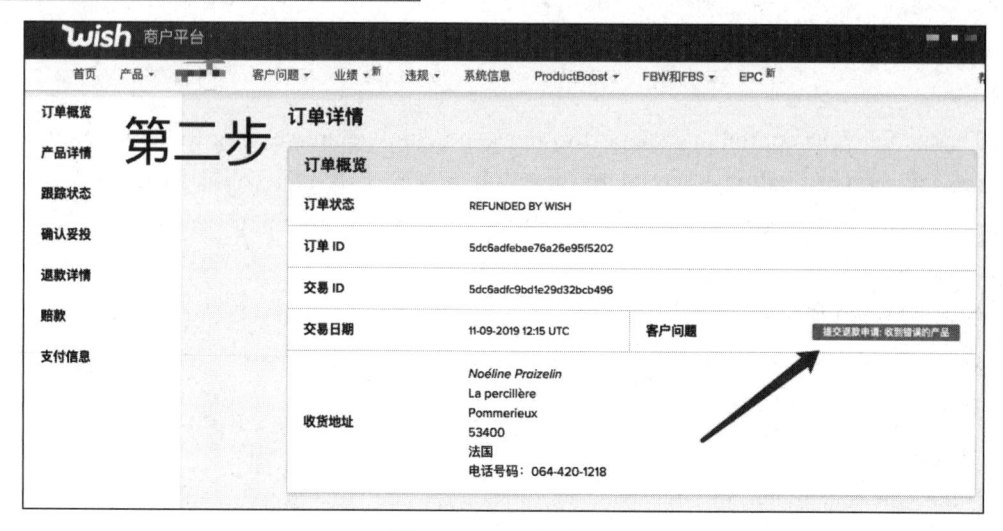

图 4-4-2 订单详情页

客户想退款的原因通常有以下几种情况：(1) 货本身不合客户要求，比如，颜色、尺码、质量。(2) 未收到货，比如，客户下单后反悔；产品显示已妥投，但客户未收到货；运输时间过长，客户需要取消订单。(3) 恶意退款。

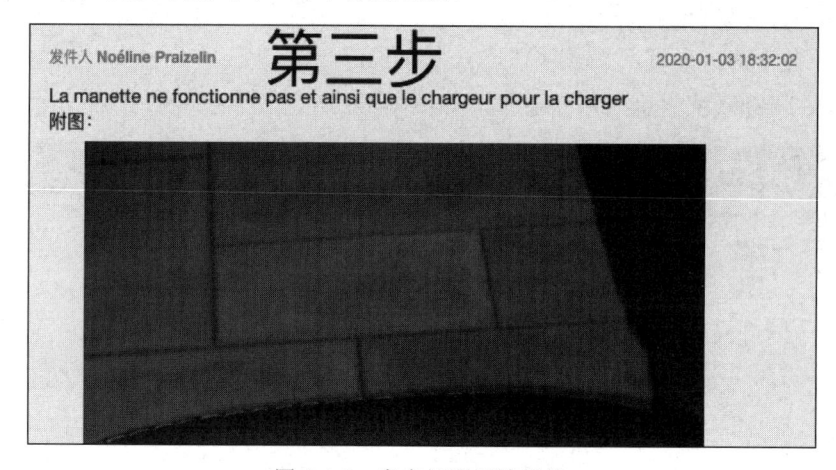

图 4-4-3 客户问题反馈邮件

第四步：根据实际情况，采取相应的措施。

第一种情况：不向 Wish 平台申诉，接受退款。

分析：客户申请退款，查看退款理由。如果确有其事，同意 Wish 退款，不申诉，不用操作，Wish 后台自动处理，如图 4-4-4 所示。

第二种情况：不接受退款，向 Wish 平台申诉。申诉步骤如下。

(1) 如果客户是恶意退款，查看客户问题后，如有疑义，进行申诉操作。返回"退款详情"页面，单击"发起申诉"按钮，如图 4-4-5 所示。

(2) 开始申诉，如图 4-4-6 所示。

(3) 选择"该客户问题表明"下拉列表中的一项，如"用户未能提交证据"选项，如图 4-4-7 所示。

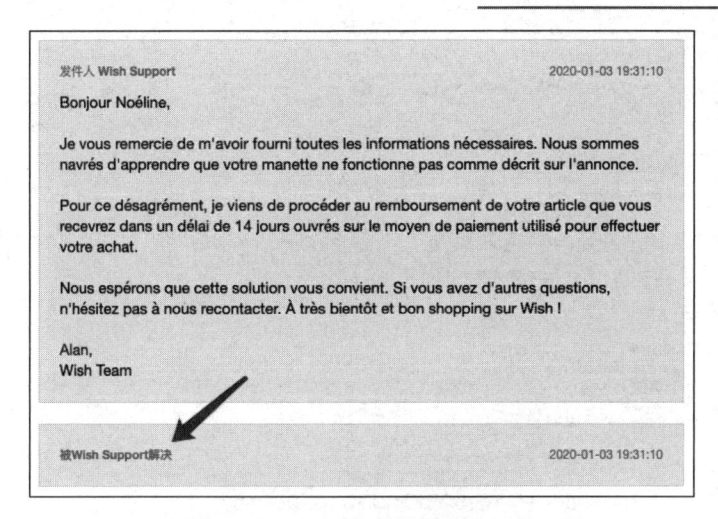

图 4-4-4 Wish 自动处理客户退款

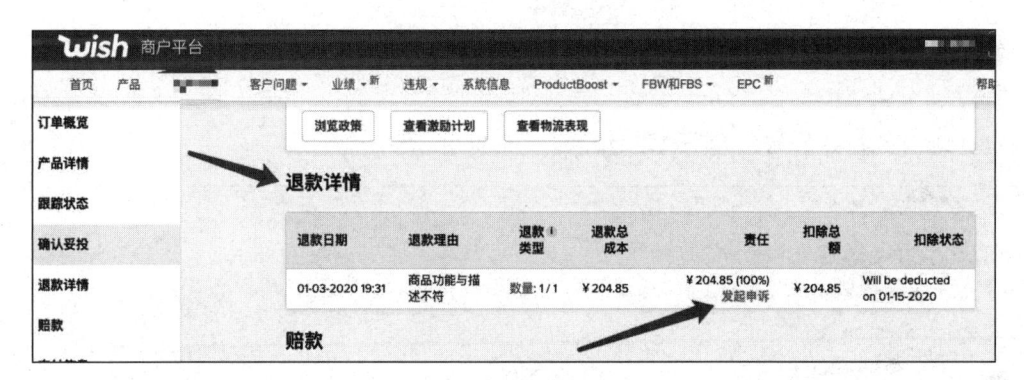

图 4-4-5 发起申诉

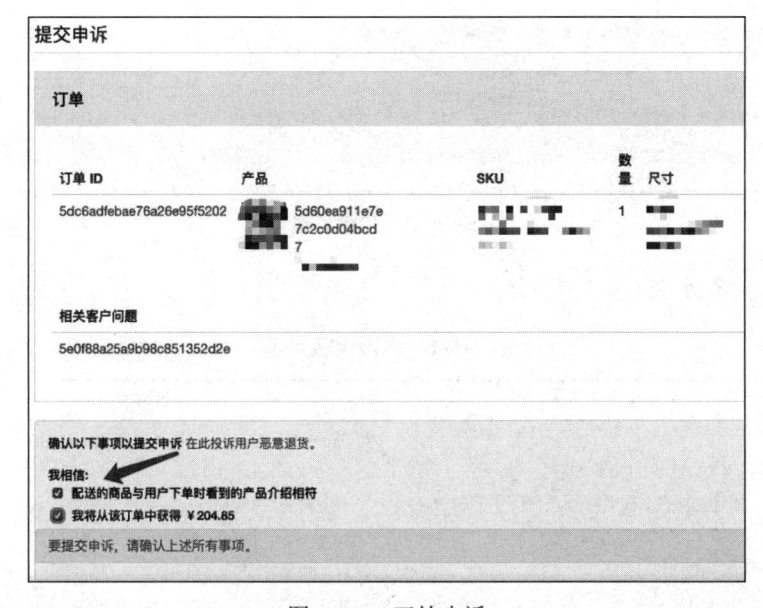

图 4-4-6 开始申诉

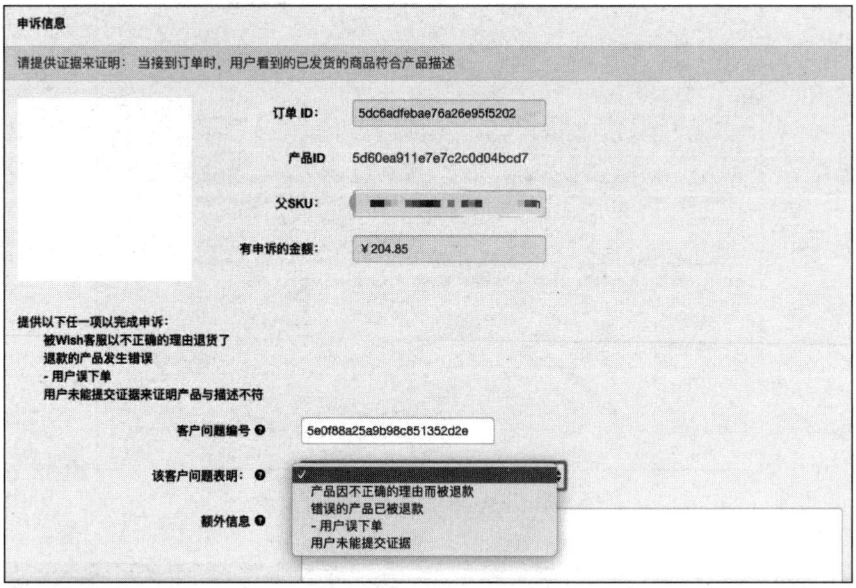

图 4-4-7 客户问题表明

(4) 填写"额外信息"并上传截图文件，如图 4-4-8 所示。

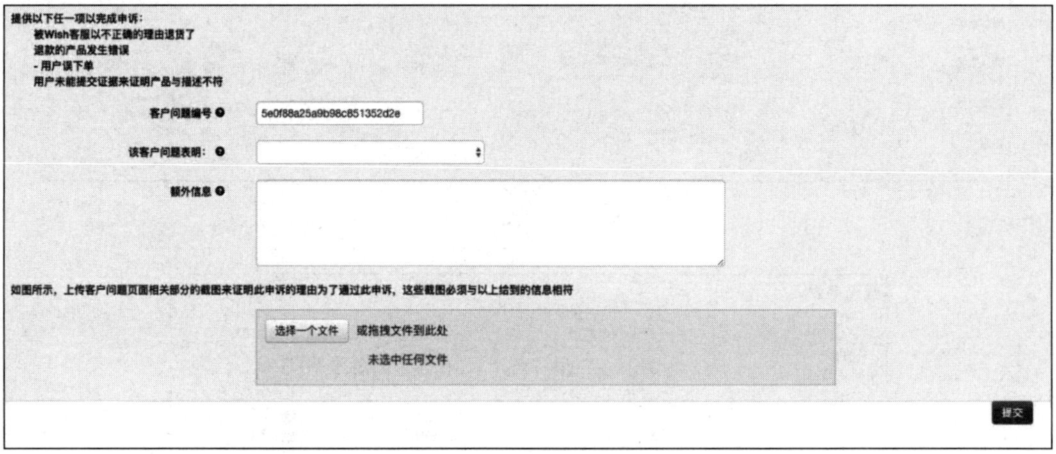

图 4-4-8 上传申诉材料

申诉模板参考如表 4-4-1 所示。

表 4-4-1 申诉模板参考

中文版	英文版
模板一： 1. 该产品没有侵犯 XXX 品牌的知识产权。 2. 该产品的标题、描述、标签、图片、颜色、尺寸都与 XXX 没有任何关联。 3. 该产品也不存在模糊的信息。 4. 该产品只是一件普通的产品，它被误判了，请 Wish 重新判断。	1. The product does not infringe the intellectual property rights of the XXX brand. 2. The title, description, label, picture, color and size of the product are not associated with XXX. 3. The product does not have vague information. 4. This product is just an ordinary product, it has been misjudged, please re-judge by Wish.

续表

中文版	英文版
模板二： 1. 该产品不是 Wish 禁售的 XXX。 2. 该产品的标题、描述、标签、图片、颜色、尺寸都与 XXX 没有任何关联。 3. 该产品没有任何模糊的信息。 4. 该产品将能帮到全世界的婴儿及父母。我的小店准备投入大笔资金为该产品做 PB。请 Wish 重新判定。	1. This product is not XXX banned by Wish. 2. The title, description, label, picture, color and size of the product are not associated with XXX. 3. The product does not have any vague information. 4. This product will be able to help babies and parents around the world. My shop is going to use a lot of money to do PB for this product. Please re-determine by Wish.
模板三： 1. 该产品不含有露骨的淫秽内容。 2. 该产品的标题、描述、标签、图片、颜色、尺寸都不含有露骨的淫秽内容。 3. 该产品没有任何模糊的信息。 4. 该产品仅仅是普通的女式内裤。我的小店准备投入大笔资金为该产品做 PB。请 Wish 重新判定。	1. This product does not contain sexually explicit content. 2. The title, description, label, picture, color and size of this product do not contain sexually explicit content. 3. The product does not have any vague information. 4. This product is just Panties for ordinary women. My shop is going to use a lot of money to do PB for this product. Please re-determine by Wish.
模板四： 1. 该产品没有侵犯任何品牌的知识产权。 2. 该产品的标题、描述、标签、图片、颜色、尺寸与任何品牌都没有任何关联。 3. 该产品也不存在模糊的信息。 4. 该产品只是一件普通的产品，它被误判了，请 Wish 重新判断。	1. The product does not infringe the intellectual property rights of any brand. 2. The title, description, label, picture, color and size of this product are not associated with any brand. 3. The product does not have vague information. 4. This product is just an ordinary product, it has been misjudged, please re-judge by Wish.

2. 处理平台封号申诉

收到 Wish 客户经理来信先不要急，第一步，打开 Wish 后台弄清楚是什么原因导致封号的。第二步，弄清楚原因之后，确定写申诉信的步骤。申诉信内容分三部分：第一部分承认错误，第二部分陈述补救措施，第三部分恳请归还账号。

案例一：卖家由于退款率太高导致 Wish 平台封号，以下为卖家向 Wish 平台申诉原文。

Dear Seller Support,

We are really sorry for the high refund ratio right now.

We check all the orders that were refunded and find that almost all the order had been refunded for the long shipping time. It is known that we offer all the orders with tracking numbers and hope to offer a better shipping service for us, resulting in that the shipping time had been delayed.

Based on the situation, we will change the shipping services and use "Wish Express" next year. Also in order to show our sincerity, our company plan to list the product with our USA brand next year. And we will set up a dedicated team for Wish to offer customer a best service.

Please help us re-activate our account. We really want to work with Wish! Thanks for your help.

Yours,

XXXX

案例二：卖家由于商品质量差及物流太慢导致 Wish 平台封号，以下为卖家向 Wish 平台申诉原文。

Dear Seller Support,

I feel shocked and really sorry about this, we always provide best products and service for customers. We are so contributed on the products and didn't notice the vender is irresponsible for his products that is why now we face this situation.

We have changed the vender and promise we will never make this happen again.

Now we have the best vendors and the best products also we are planning to use "Wish Express" to make sure we can provide the fastest and safe express service to customers.

We have completed plenty of orders on Wish. I think customers also feel good to use it. Most of our products were designed and developed by ourselves, we have the best price and they are unique on Wish.

I believe we will both have a nice experiment by cooperating with each other. Hope you can give us a chance to prove ourselves.

Thank you very much.

Best Regards,

Yours,

XXXX

退款率过高是可以通过申述来重开店铺的。写申诉信时的陈述要点如下。

(1) 认识到自己的问题。

(2) 说明自己退款率高的原因。

(3) 提出降低退款率的方法。

申诉成功的几个要点如下。

(1) 首先详细分析被关店的原因。

(2) 针对关店原因逐个查证。

(3) 申诉时首先承认自己的错误，然后针对各种原因提出解决方案。

(4) 针对每个订单一一解释自己的问题及原因，并截图附上。

(5) 说明自己公司在 Wish 平台的发展目标，表示会更加积极地跟平台的政策走，例如要加大 WE，FBW，PB 的投入。

(6) 结束语尽量表明以后不再发生此类错误，希望可以解封店铺。

做好以上几点，一般的店铺大概率都能申诉回来！

知识链接

如何降低退货成本？

一般来讲，以下三种情况，卖家需要提供退货服务。

(1) 买家拒签退回的货物。

(2) 买家拆开包裹后不满意需要退换货。

(3) 卖家为了提高用户体验，设定了退换货服务。

由于跨国运费高，相对于国际运费来讲境内物流运费便宜得多而且时效快，因此对于卖家来讲，尽可能将买家需要退回的货物退到海外仓储，这就要选择海外仓储系统成熟的跨境电商平台。对于这些退回的货物，卖家可以选择直接入库，进行二次销售，或是对退回的货物进行拍照确认，然后决定是否要入库重新销售。如果退货确实有质量问题，那么价值高的物品可以选择退回国内维修后再重新销售，对于价值低的物品可直接弃货。

4.5　跨境物流与配送

跨境物流是指把符合法规的货物商品从一个国家或地区通过空运、陆运、海运等方式运送至另外一个国家或地区的过程。

跨境物流又称国际物流，包括邮政物流、商业快递、专线物流三种类型。各个跨境物流类型，因目的地国家或地区的不同而存在不同的配送费用和妥投时效。目前在跨境物流当中，使用较多的是邮政物流中的各类邮政小包(平邮/挂号)，其次是专线物流和商业快递。

4.5.1　邮政物流

邮政物流涵盖了中国及其他各个国家或地区的邮政小包、邮政大包、e邮宝、EMS等。

4.5.1.1　中国邮政国际小包

中国邮政航空小包(China Post Air Mail)是指中国邮政针对2kg以下小件物品推出的空邮产品，运送范围为全球241个国家或地区。

中国邮政航空小包又称中国邮政国际小包、中国邮政小包，简称国际小包、中邮小包、邮政小包、航空小包等。在中国国内不同的地区，各地的物流服务商(货代)为便于地域上的区分，会对各地的中国邮政分公司所提供的中国邮政国际小包加上不同的地区名称，进行更加通俗的命名，如杭州小包。

中国邮政国际小包出关时不会产生关税或清关费用，但在目的地国家或地区进口时有可能产生进口关税，具体根据每个国家海关税法的规定而各有不同。

相对于商业快递来说，中国邮政国际小包能最大限度地避免关税。在中国跨境电商出口零售领域，中国邮政国际小包是使用率最高的物流渠道。

1. 服务类型

中国邮政国际小包包含挂号、平邮两种服务，标准名称分别是中国邮政挂号小包(China Post Registered Air Mail)和中国邮政平常小包+(China Post Ordinary Small Packet Plus)，两者的相同点和差异如表4-5-1所示。

表 4-5-1　挂号和平邮小包的异同

项目	中国邮政挂号小包（挂号）	中国邮政平常小包+（平邮）
资费标准	每单需收取挂号费 8 元	无挂号费
物流信息	可查询全程妥投信息	仅可查询国内段物流信息
妥投时效	一般需 15～35 天左右到达目的地	比挂号略慢
保险赔付	具体根据申报价值来赔偿	不赔偿
寄送要求	普通商品	低货值的普通商品
派送范围	均可送达全球 241 个国家或地区	
操作说明	面单标签不同，平邮挂号处理流程一致	
提收范围	可同时揽收，上门揽收有数量要求	
申报价值	都要按货值等要求如实申报	
退件说明	退至国内，一般不需要退件费用，但运费不退	

2. 寄送要求

中国邮政国际小包对包裹重量和体积的限制如表 4-5-2 所示。

表 4-5-2　中国邮政国际小包的重量和体积限制

包裹形状	重量限制	最大体积限制	最小体积限制
方形包裹	小于 2kg（不包含）	长+宽+高<90cm	至少有一面的长度≥14cm
		单边长度<60cm	宽度≥9cm
圆柱形包裹	小于 2kg（不包含）	2 倍直径及长度之和<104cm	2 倍直径及长度之和≥17cm
		单边长度<90cm	单边长度≥10cm

中国邮政国际小包对货物类型要求如下。

1）违禁品不能发运

禁寄物品是指国家法律禁止寄递的物品，主要包括如下物品。

(1) 各类武器、弹药，如枪支、子弹、炮弹、手榴弹、地雷、炸弹等。各类易爆炸性物品，如雷管、炸药、鞭炮等。

(2) 各类易燃烧性物品，包括液体、气体和固体，如汽油、煤油、桐油、酒精、生漆、柴油、气雾剂、气体打火机、瓦斯气瓶、磷、硫酸、火柴等。

(3) 各类易腐蚀性物品，如火硫酸、盐酸、硝酸、有机溶液、农药、双氧水、危险化学品等。

(4) 各类放射性元素及容器，如铀、镭等。

(5) 各类烈性毒药，如铊、氰化物、砒霜等。

(6) 各类麻醉药物，如鸦片（包括罂粟的壳、花、苞、叶）、吗啡、马卡因、海洛因、大麻、冰毒、麻黄素及其他制品等。

(7) 各类生化制品和传染性物品，如炭疽、危险性病菌、医药用废弃物等。

(8) 各种危害国家安全和社会政治稳定以及淫秽的出版物、宣传品、印刷品等。

(9) 各种妨害公共卫生的物品，如尸骨、动物器官、肢体、未经硝制的兽皮、未经药制的兽骨等。

(10) 国家法律、法规、行政规章明令禁止流通、寄递或进出境的物品，如国家秘密文件和资料、国家货币及伪造的货币和有价证券、仿真武器、管制刀具、珍贵文物、濒危野生动物及其制品、香烟等。

(11) 包装不妥，可能危害人身安全、污染或者损毁其他寄递件、设备的物品等。各寄达国(地区)禁止寄递进口的物品等。

(12) 其他禁止寄递的物品。

2) 电池寄送限制

不能寄送电子产品，如手机、平板电脑、电子手表等带电池的物品，各类移动电源及各类纯电池(含纽扣电池)。

3) 申报品名限制

不得使用"Gift""Accessories""Sample"等不符合海关要求的英文申报名称。需要规范填写申报信息，以实际销售的商品的名称进行申报。

4) 常见安检退回物品

(1) 化妆品：包括粉饼、油、口红、睫毛膏等。

(2) 电子产品：含 U 盘、USB Hub、充电器、充电宝、电机、带电池(含纽扣电池)电子产品(电子手表如海关未抽检到可过)。

(3) 所有刀具：含管制刀具、血刺等。

(4) 知名国际品牌的仿牌、侵权商品：三星手机、LV 包、高仿苹果手机等。

其他发现不能过安检的：赌场筹码、万磁火柴、键盘清洁泥、3D 镜片(安检呈现放射性)、带灯的眼镜、熨头棒(内含锂电池)、红外线仪、带电池的望远镜、同包装内含粘胶或数量过多成盒装的水钻、手机贴、指甲贴、一包内多个或含电池的灯泡、LED 灯、带电池可不接电使用的灯等。

3. 资费标准

1) 中国邮政挂号小包资费

中国邮政挂号小包运费根据包裹重量按 g 计费，1g 起重，每个单件包裹限重为 2kg。挂号服务费每单(包裹)8 元。

2) 中国邮政平常小包+资费

中国邮政平常小包+运费根据包裹重量按 g 计费。30g 及以下的包裹按照 30g 的标准计算运费，30g 以上的包裹按照实际重量计算运费。每个单件包裹限重在 2kg 以内，免挂号费。

4. 揽收方式

北京、上海、深圳、广州等近百个城市或地区的中国邮政邮件处理中心或物流服务商(货代)的收寄点提供揽收服务，揽收方式如下。

(1) 上门揽收：在约定区域范围内，达到一定数量才可以免费上门揽收。

(2) 自寄：不限制数量，需自费把处理好的包裹用国内快递或物流寄送至中国邮政邮件处理中心或物流服务商(货代)的收寄点。

(3) 自送：不限制数量，自行把处理好的包裹送至中国邮政邮件处理中心或物流服务商（货代）的收寄点。

在揽收之前，商户需要进行开户申请或合同签约，才能进行填写面单、打印面单标签、发货揽收等操作。另外，部分二三线城市的邮局并不提供国际小包的收寄服务，商户需要咨询确认。相对而言，由于地域的差异化，部分非邮局的物流服务商（货代）能够提供更加实惠的折扣资费和更加优质的服务，商户可以根据自己的需求进行优先选择。

注意事项：

(1) 部分邮局由于业务较多，开户条件也会较高，例如，必须有公司资质才能开户并要求每次揽收达到80～100单（包裹）。达不到这些条件的商户，需要选择其他的物流服务商（货代）。

(2) 上门揽收受交通环境的影响较大，难以准时到达约定地点进行揽收。对时效有较高要求的商户可以选择自送，大客户可以与邮局洽谈寻求更加合理的揽收方式和揽收时间。

5. 妥投时效

正常情况：15～35天到达目的地。

特殊情况：36～60天到达目的地（巴西90天），特殊情况包括：节假日、政策调整、旺季运力不足、因暴风雪延误、目的地偏远等。

6. 物流信息查询

1) 面单标签单号格式

挂号：R+字母代码+编号+CN。例如，广州小包挂号为RS528485625CN，武汉小包挂号为RN650700143CN。

平邮：数字代码+编号。例如，广州小包平邮为89098578008，武汉小包平邮为42011576845。

2) 物流信息详情可追踪节点

中国邮政挂号小包提供国内段收寄、封发、计划交航及目的国妥投等信息。个别目的国因政策原因而不提供任何妥投信息。对于目的国不显示物流信息的，可以向邮局提交查件确认申请，查件确认的周期一般是1～3个月。

中国邮政平常小包+提供国内段收寄、封发、计划交航等信息，不提供国外段跟踪信息。部分地区的中国邮政平常小包+不提供任何物流跟踪信息，也不提供对目的国的查件服务。

3) 物流信息详情查询平台中国邮政官方网站、17TRACK 和 AfterShip。

7. 发货面单标签

中国邮政国际小包面单标签有两种：一种是中国邮政国际小包面单+报关单，另外一种是中国邮政国际小包面单和报关单合并成一张的一体化面单。

报关单填写说明如下。

(1) 针对邮件的种类打钩。

(2) 填写邮件内载的名称和数量。
(3) 填写邮件内载的重量。
(4) 填写邮件内载的价值。
(5) 邮件的总重量。
(6) 邮件的总价值。
(7) 寄件人手写签名。

8. 退件说明

中国邮政国际小包若出现国外收件地址不正确、收件人拒收、安检没通过等问题，邮件可从国外返还至寄件人地址。邮件退回来一般不会产生邮费，但已经寄送出去发生的邮费不退。退件的周期一般达1个月至6个月之久，个别国家甚至超过一年。邮件一般是退至寄件人地址所属的邮局或物流服务商（货代），寄件人可以去邮局或物流服务商（货代）处领取邮件。去邮局领取的，需提供物流单号和身份证、手机号等信息。

9. 理赔保险

中国邮政国际小包发生丢件等问题之后，目前常见的赔付说明如表4-5-3所示。

表4-5-3　中国邮政国际小包报关单赔付说明

问题	赔付说明
包裹还未上网不能查询物流信息，但已确认丢失	单个包裹按照实际损失价值赔偿，退运费
包裹已上网可查询物流信息后，经中国邮政确认存在丢失、破损、少件、物品错误等问题	单个包裹按照实际损失价值赔偿，不退运费，赔付上限如下。 中国邮政挂号小包：300元 中国邮政平常小包+：30元

个别物流服务商（货代）或电商平台有其自己的投保服务和合作协议，提供额外的赔付，具体以各自的赔付说明为准。在赔付之前，一般要向邮局提交查件确认申请。邮局查件确认丢件属实之后，才能进行赔付。大多数情况下，丢件等问题因举证困难，导致能够获得赔偿的概率很低。

此外，中国邮政国际小包可以提供额外的保险服务，可向邮局申请投保，费率较低，手续方便，具体资费和理赔标准以邮局提供的为准。部分物流服务商（货代）申请了投保服务的，可以由物流服务商（货代）申请理赔。

10. 免责条款

(1) 因托寄物固有瑕疵或本质成分而导致的损失或损坏；目的地海关当局因货件疑似不合法而产生的扣关、清关延误；错误的商品说明、错误申报、过低错误申报或其他原因导致货件遭充公、毁灭、没收或扣留等。

(2) 不妥善的包装导致货件的延误或损毁。

(3) 更改收件人姓名、地址或未派送成功的退件再次投寄而导致派递延误及未能完成此额外服务的。

(4) 投交时邮件封装完好，无拆动痕迹，且收件人已按规定手续签收，事后收件人发现内件有遗失或损毁的。

(5)因天灾、政治因素、罢工潮、核爆炸或战争而导致的延误、损失或破坏。

4.5.1.2 国外邮政国际小包

国外邮政国际小包是指除中国以外的其他国家的邮政航空国际小包,提供平邮和挂号两种服务类型。国外邮政国际小包一般是以国家名称开头进行命名,例如,比较常用的有荷兰邮政小包、新加坡邮政小包、瑞典邮政小包、瑞士邮政小包、美国邮政小包、土耳其邮政小包、英国邮政小包、比利时邮政小包、俄罗斯邮政小包等。国内的跨境电商商户通常会去掉"邮政"二字,使其简称更加易读,例如,荷兰邮政小包简称"荷兰小包",土耳其邮政小包简称"土耳其小包",以此类推。

国外邮政国际小包在带电产品、纯电池、液体及固体化妆品等寄送限制方面比中国邮政国际小包更加宽松,从而成为中国跨境电商出口零售领域非常重要的跨境物流渠道。由于国外邮政国际小包种类较多,其服务及要求也大体一致,和中国邮政国际小包也比较接近,所以下面仅以新加坡小包、荷兰小包为例进行说明,其他的请参考各大物流服务商(货代)提供的介绍。

1. 新加坡小包

新加坡邮政航空小包简称新加坡邮政小包或新加坡小包,是新加坡邮政推出的一项针对重量在 2kg 以下的货物的一种邮政小包服务,可发带电商品,具有时效好、通关能力强的特点,可寄达全球 253 个国家或地区的邮政网点。

1) 特点介绍

(1) 主要优势是可发带电产品(但不能发任何纯电池)。

(2) 时效较快。香港直航至新加坡邮政,再由新加坡转寄到全球多个国家或地区。货物到达新加坡邮政后无须二次分拣,最大程度上减少了货物在新加坡邮政处理中心的停留时间。

(3) 派送范围广。覆盖全球 253 个国家或地区。

(4) 物流信息可查询。提供国内段交接,以及包裹从新加坡发出到目的国妥投等跟踪信息。一般发货后 1~2 个工作日即可在线查询包裹详细派送信息。

(5) 交寄便利。深圳、义乌、上海、广州、厦门等多地的物流服务商(货代)提供上门揽收服务,非揽收区域商户可自行寄送至物流服务商(货代)提供的仓库。

(6) 赔付保障。对平邮和挂号小包均提供保险服务,理赔速度较快。

2) 寄送要求

新加坡小包对包裹重量和体积的要求如表 4-5-4 所示。

表 4-5-4 新加坡小包重量和体积要求

包裹形状	重量限制	最大体积限制	最小体积限制
方形包裹	小于 2kg(不包含)	长+宽+高≤90cm	表面尺码不得小于 9cm×14cm
		单边长度≤60cm	宽度≥9cm
圆柱形包裹		2 倍直径及长度之和≤104cm	2 倍直径及长度之和≥17cm
		单边长度≤90cm	单边长度≥10cm

新加坡小包对货物类型要求如下：

(1) 对带电产品，需要根据要求对电池进行包装隔离绝缘处理。

(2) 不能寄运法律所规定的禁运物品。

(3) 不能寄运航空公司禁止寄运的物品。

3) 资费标准

新加坡小包运费根据包裹重量按 g 计费，挂号 1g 起重，平邮 10g 起重，每个单件包裹限重在 2kg 以内。不同国家或地区的挂号服务费不同，平邮有额外的处理费用。

4) 妥投时效

正常情况下 15～35 个工作日后可到达目的地。节假日、因暴风雪延误、目的地偏远等特殊情况除外。

注意事项：

新加坡小包不是直发线路，存在中转地中转过程，发货 1～3 个工作日后才能上网查询。

5) 物流信息查询

物流信息详情查询平台有新加坡邮政、17TRACK 和 AfterShip。

6) 退件说明

因在目的地无法投递而产生的退件一般有两种处理方式。

(1) 弃货：直接在当地销毁邮件，不产生任何费用，处理手续也非常简单。

(2) 退回：退件是从目的地国家或地区退至新加坡邮政处理中心，然后退至中国香港地区，再到中国内地。因此，会有多个退件地点供选择，并产生不同的退件费用，具体以各大物流商的退件资费为准。一般来说，商户都是选择退回至中国内地。退回至中国内地可能产生进口关税等费用，需要商户承担。退件的周期一般长达 3～4 个月，个别国家可能会超过一年。邮件一般是退至物流服务商(货代)所在地收寄点，寄件人可以向物流服务商(货代)索取邮件。

2. 荷兰小包

荷兰邮政小包，简称荷兰小包，是荷兰邮政(TNT POST)专门为电商商户推出的一项欧洲快捷小包业务。该服务立足于荷兰，辐射整个欧洲，依托荷兰邮政的网络和清关系统，打造高品质区域性小包服务，具有清关顺利、派送快速、查询详细的特点。荷兰小包最主要的优势是可以寄带电池的包裹。

1) 特点介绍

(1) 主要优势是可寄带电货物，包括内置电池、配套电池、移动电源等，但不能寄纯电池。

(2) 价格实惠。在部分国家的资费低于中国邮政国际小包。在欧洲主要国家，500g 以上的货物相对于市场上主流的小包有一定的价格优势。

(3) 派送时效性强。市场上主流的邮政小包服务的时效一般是 7～15 个工作日，荷兰小包到欧洲主要国家只需 5～10 个工作日。

(4) 追踪查询详细。对欧洲主要国家，如英法德意等国，都可以查询追踪信息直到签收，且追踪轨迹详细，接近于快递。

2) 寄送要求

荷兰小包对包裹重量和体积的限制如表 4-5-5 所示。

表 4-5-5 荷兰小包重量和体积限制

包裹形状	重量限制	最大体积限制	最小体积限制
方形包裹	小于 2kg(不包含)	长+宽+高≤90cm	宽度≥9cm，长度≥14cm
		单边长度≤60cm	宽度≥9cm
圆柱形包裹		2 倍直径及长度之和≤104cm	2 倍直径及长度之和≥17cm
		单边长度≤90cm	单边长度≥10cm

荷兰小包对货物类型的要求如下。

(1) 带电产品需要根据要求对电池进行包装隔离且每个产品不能超过两个配套电池。

(2) 带电产品的电池只能是干电池或固体电池，不能是液体类的电池。

(3) 国际航空条款规定的不能邮寄或限制邮寄的所有物品，比如粉末、液体、易燃易爆物品等危险品以及烟酒、现金及有价证券、侵权产品等，均不能邮寄。

3) 资费标准

荷兰小包运费根据包裹重量按 g 计费，一般是 1g 起重，每个单件包裹限重在 2kg 以内。不同的物流服务商(货代)之间存在一定的资费差异。

4) 妥投时效

正常情况下，包裹在 5~10 个工作日后可到达目的地。节假日、因暴风雪延误、目的地偏远等特殊情况除外。

5) 物流信息查询

物流信息详情查询平台有荷兰邮政、17TRACK 和 AfterShip。

6) 退件说明

因在目的地无法投递而产生的退件一般有两种处理方式。

(1) 弃货：直接在当地销毁邮件，不产生任何费用，处理手续也非常简单。

(2) 退回：退件是从目的地国家或地区退至中国内地。退件会产生退件费用，具体以各物流服务商(货代)的退件资费为准。退件时间长达 3~6 个月。

4.5.1.3 国际 e 邮宝

国际 e 邮宝是中国邮政为满足国际电商寄递市场的需要，为中国电商商户量身定制的一款全新经济型国际邮递服务。国际 e 邮宝主要是针对轻小件物品的空邮服务，是为中国电商商户提供的发向美国、加拿大、英国、法国、澳大利亚等超过 32 个国家或地区的包裹寄递服务。

1. 特点介绍

(1) 经济实惠。首重 50g，续重按照每克计算。

(2) 时效快。大部分情况下 7~10 个工作日即可妥投。

(3) 上网快。自送的最快 1 个小时内即可上网查询跟踪信息。

(4)专业性强。为中国电商商户量身定制,比中国邮政国际小包递送速度快。服务优良,提供包裹跟踪号,可跟踪妥投信息。

(5)揽收方便。大部分国际 e 邮宝服务网点全年不休,天天提供收寄服务。

2. 寄送要求

国际 e 邮宝对包裹重量和体积的要求(与中邮小包有差异)如表 4-5-6 所示。

表 4-5-6 国际 e 邮宝重量和体积要求

包裹形状	重量限制	最大体积限制	最小体积限制
方形包裹	小于 2kg（不包含）	长+宽+高≤90cm	宽度≥11cm，长度≥14cm
		单边长度≤60cm	宽度≥9cm
圆柱形包裹		2 倍直径及长度之和≤104cm	2 倍直径及长度之和≥17cm
		单边长度≤90cm	单边长度≥11cm

国际 e 邮宝对货物类型的要求如下。

(1)向部分目的地国家或地区寄送内置电池产品,发货时要按要求独立包装和分拣。

(2)普通物品都能寄送,但不能邮寄国家明令禁止出口的货物,如航空禁运物品、侵权产品等。

3. 资费标准

对不同国家或地区,国际 e 邮宝的配送费不同,处理费也有所不同。配送费按 g 计算,部分国家或地区要求起重 50g,包裹重量都不能超过 2kg。目前的国际 e 邮宝支持 32 个以上的国家或地区。

注意事项:

(1)个别国际 e 邮宝网点或部分物流服务商(货代)未能支持上表中所有的国家或地区,电商商户寄送包裹前需要弄清楚。

(2)邮件包裹量大的,国际 e 邮宝网点或部分物流服务商(货代)会提供一定的优惠折扣,以实际的报价和优惠条件为准。

4. 投递范围

投递范围一般能覆盖目的地国家或地区的本土全境,但个别国家或地区会有限制,说明如下。

(1)美国——本土、本土以外所有属地及其海外军邮地址均可投递。

(2)英国——本土及海峡群岛、马恩岛均可投递。

(3)法国——仅本土区域可投递,邮编开头为 01~95 的地区及其海外属地无法投递,包括科西嘉、瓜德罗普、马提尼克、法属圭亚那、留尼旺、圣皮埃尔和密克隆、马约特。

(4)德国——无法覆盖区域和邮编如下。

Hiddensee：18565；North Friesian Islands：25846-25847，25849，25859，25863，25869，25929-25933，25938-25942，25946-25949，25952-25955，25961-25970，25980，25985-25986，25988-25990，25992-25994，25996-25999；East Friesian Islands：26465，26474，26486，26548，26571，26579，26757；Helgoland：27498；Chiemsee Lake：83256。

5. 妥投时效

一般情况下,国际 e 邮宝可在 7~10 个工作日内完成妥投,节假日、政策调整、旺季运力不足、因暴风雪延误、目的地偏远等特殊情况除外。

6. 物流信息查询

物流信息详情查询平台有国际 e 邮宝、17TRACK 和 AfterShip。

签收信息查询:国际 e 邮宝提供妥投状态信息,但不提供客户签名的签收信息(不提供收件人签收证明)。

7. 退件丢件

1)退件说明

(1)出口时安检或海关退回的邮件,将退回寄件人。

(2)对于无法投递或收件人拒收等其他原因引起的退件,目的国将定期把邮件汇总退回中国(德国路向的 e 邮宝暂不提供集中退回的服务),由中国邮政退给寄件人。

(3)退件不收费,但已经发生的配送费用不退。

(4)从目的国退回的邮件时效一般是 1~3 个月。

(5)不支持指定退货地点等个性化退件服务。

2)丢件赔付

(1)不提供任何邮件的查单服务。对丢失、延误、损毁等情况也不提供任何补偿或赔偿。

(2)对目的地国家或地区的物流信息不显示、没有妥投信息等问题不做任何承诺和赔偿。

(3)客户可以另外购买保险。购买了保险的,按保险服务标准进行处理。

8. 揽收网点

1)揽收方式

(1)上门揽收。中国邮政速递人员上门揽收。5 件包裹起免费揽收,不足 5 件的加收 5 元/次的操作费用。

(2)商户自送。电商商户自行把邮件包裹送到国际 e 邮宝收寄网点。

(3)商户寄送。不支持任何方式的寄送。

目前邮政速递人员上门揽收的城市超过 32 个:北京、天津、青岛、苏州、南京、上海、杭州、宁波、义乌、温州、福州、漳州、厦门、广州、深圳、东莞、泰州、金华、莆田、佛山、中山、嘉兴、成都、武汉、沈阳、大连、石家庄、郑州、南阳、昆明、无锡、重庆等。

2)服务网点

国际 e 邮宝的服务网点是相对独立的,与邮局的中国邮政国际小包服务网点有区别,国际 e 邮宝服务网点可以揽收国际 e 邮宝和 EMS,但不能揽收中国邮政国际小包,反之亦然。

3)注意事项

(1)国际 e 邮宝官方网站的客服 QQ 是 800111835,全国统一客户服务电话是 11183。各个服务网点不提供联系人和联系电话,但商户可前往服务网点咨询揽收详情。

(2) 国际 e 邮宝的面单标签，可以在国际 e 邮宝官方网站申请账户开通后获取，也可以直接使用各大电商平台提供的或者通过其他物流服务商(货代)的物流系统获取。

(3) 国际 e 邮宝的面单标签通用性强，不限制使用地区，可以在不同的服务网点自由寄送，费用现结。大客户另有约定的除外。

4.5.1.4　国际 EMS

国际 EMS 是指全球邮政特快专递，属于国际快递的一种，是各个国家或地区的邮政合办的一项特殊邮政业务，提供递送国际紧急信函、文件资料、金融票据、商品货样等各类文件资料和物品服务。国际 EMS 清关能力强，妥投时效快，无需加收燃油附加费。

国际 EMS 业务是与各个国家或地区邮政合办的，因而在各个国家或地区的邮政、海关、航空等部门均享有优先处理权。这也是国际 EMS 与 DHL、UPS、FedEx、TNT 等国际商业快递的主要区别所在。

一般而言，EMS 是指邮政特快专递，包括国内 EMS 和国际 EMS，两者资费不同，面单不同，配送服务也不同，但通常统称为 EMS。这里主要介绍国际 EMS。

1. 特点介绍

(1) 服务范围广。国际 EMS 可到达全球 220 个国家或地区。

(2) 时效稳定。最快可当天上网跟踪，大大节省了快件在国内运输的时间。依赖全球邮政所拥有的超过 2.6 亿个投递点的网络终端，买投签收时效有保障。

(3) 通关能力强。由各个国家或地区的邮政统一清关，通关有保障。

(4) 实时跟踪。可以查询交寄邮件的全程信息。

2. 寄送要求

1) 尺寸限制

单个包裹长、宽、高任意一边必须小于 15m，最短面周长+最长单边必须小于 3m。

2) 重量限制

单个包裹的计费重量不得超过 30kg，不同地区略有差异。计费重量的计算如表 4-5-7 所示。

表 4-5-7　计费重量的计算说明

包裹尺寸	计费重量
包裹最长单边<60cm	按实际重量计算，不算体积重量
包裹最长单边≥60cm	计算体积重量： 体积重量 = 长(cm)×宽(cm)×高(cm)/8000 取实际重量和体积重量中较大的作为计费重量

3) 物品类型

以普通物品为主，个别地区能够寄送含内置电池的电子产品。

4) 禁寄物品

(1) 国家法律、法规、行政规章明令禁止流通、寄递或进出境的物品，如国家秘密文件和资料、国家货币及伪造的货币和有价证券、仿真武器、管制刀具、珍贵文物、濒危野生动物及其制品等。

(2)各个电商平台禁止销售的侵权商品。

(3)各寄达国(地区)禁止寄递进口的物品。

(4)航空禁运品,如液体、粉末及含液体或粉末的物品等。

5)常见安检退回物品

(1)带磁产品、带电产品、电动机、电子类产品、电器类产品、灯泡及密封性良好无法验视的产品。

(2)车载DVD、电动按摩器、电动玩具、气动工具、泵、电磁阀、液压或气压产品、充气的球类产品等。

(3)带液体产品,如水笔、圆珠笔、面膜等。

(4)带有刀、剑、枪等武器外形的玩具。

3. 资费标准

国际EMS按起重500g、续重500g计费,无燃油附加费,每票货件另有4元国内报关处理费。

各地区的国际EMS服务网点为大客户的包裹提供4～6折的优惠,不同的物流服务商(货代)或电商平台可以为个人等普通客户提供不同重量区间的折扣优惠。

4. 妥投时效

国际EMS的妥投时效通常为3～8个工作日,不包括清关的时间。由于各个国家或地区的邮政、海关处理的时间长短不一,有些国家的包裹投递时间可能会长一些。

5. 面单标签

如果通过物流服务商(货代)选择国际EMS渠道发货,就会产生临时中转的面单标签和单号。这种中转面单和单号,并不是最终寄往国家或地区路向的国际EMS面单和快递单号,不同货代提供的也略有差异。在交货给货代之后,货代再贴上正式的国际EMS面单,并提供正式的国际EMS面单和快递单号给商户。

6. 快递查询

国际EMS快递信息详情查询平台有EMS、17TRACK和AfterShip。

7. 退件丢件

邮件自交寄之日起满15天后接受查单,查询期是1～3个月。赔偿标准如下。

(1)邮寄时未在详情单上申报价值的物品类邮件发生丢失、损毁的,每件赔偿400元人民币。

(2)已申报价值的物品类邮件发生丢失、损毁的,按申报的实际价值赔偿,内件部分丢失、损坏的物品,按实际损失赔偿,但最高赔偿额均不超过每件 $500+60w$ 元人民币。w 为用整千克数表示的邮件重量,小数点后尾数计为1千克。

(3)已收取的邮费和特殊查询费不退,不赔偿。

(4)支付赔偿时限:确定邮件发生丢失、损毁、短少或延误后一周内。

国际 EMS 在寄递过程中因非客户过失而发生丢失、短少、损毁和延误，邮局予以赔偿。但对间接损失和未实现的利益不承担赔偿责任。属于下列情况的，邮局不承担赔偿责任。

(1) 由于不可抗力造成的(保价邮件除外)。

(2) 寄递的物品违反禁寄或限寄规定的，经主管机关没收或依照有关法规处理的。

(3) 交寄时邮件封装完好，无拆动痕迹，且收件人已按规定手续签收，事后收件人发现内件短少或损毁的。

(4) 由于客户的责任或所寄物品本身的原因造成邮件损失或延误的。

(5) 客户自交寄邮件之日起至查询期满未查询又未提出赔偿要求的。

(6) 国际邮件被寄达国按其国内法令扣留、没收或销毁的。

(7) 对于装有液体和易于液化的物品、玻璃制品和类似的易碎物品或易腐烂物品的包裹发生损坏情况时不负任何补偿责任的国家有：沙特阿拉伯、玻利维亚、刚果民主共和国、埃及、伊拉克、菲律宾、苏丹、土耳其、也门、黎巴嫩等。

8. 揽收方式

EMS 网站平台、全国统一的 7×24 小时的呼叫平台(11183)和遍布城乡的邮政营业网点，均可支持预约揽收，但是费用较高。目前，大部分普通电商商户会选择物流服务商(货代)的国际 EMS 服务，其资费更加实惠。相对而言，物流服务商(货代)也是 EMS 的大客户，因此享有大客户折扣优惠。揽收方式及其差异说明如表 4-5-8 所示。

表 4-5-8 国际 EMS 揽收方式及其差异说明

揽收方式	全国各个 EMS 服务网点	物流服务商(货代)约定地点
上门揽收	1 件起免费上门揽收可致电 11183 预约上门	大部分支持 1 件起免费上门揽收按货代要求预约上门
商户自送	接受自送，无须预约	接受自送，无须预约
商户寄送	不接受	接受寄送，按货代指定地址寄送
差异说明	上网非常快，按标准资费收取，费用非常高，对大客户才有资费优惠	有中转面单，有一定的延迟时间差才能上网查询，资费直接享有折扣优惠

4.5.2 国际快递

国际快递是指在两个或两个以上国家(或地区)之间的从门到门的快递、物流业务。国家(或地区)与国家(或地区)传递信函、商业文件及物品的递送业务，即是通过国家之间的边境口岸和海关对快件进行检验放行的运送方式。国际快件到达目的地国家(或地区)之后，需要在目的地国家(或地区)进行再次转运，才能将快件送达最终目的地。

知名的商业国际快递有 DHL、FedEx、UPS、TNT，它们被称为"四大国际快递"。四大国际快递有各自的特点和优势，因为送达时效极快、配送范围广、门到门服务好、清关能力强、客户服务优秀而备受欢迎。除四大国际快递之外，还有不少常见的其他国际快递，它们都有各自的特色和优势，如表 4-5-9 所示。

表 4-5-9 常见的国际快递

四大国际快递	其他国际快递
DHL（敦豪物流） FedEx（联邦快递） UPS（联合包裹） TNT（天地快件）	EMS、OCS、Toll、DPEX、AAE、GLEX、GLS、Aramex、SPSR、Asendia、Yodel、Hermes、SDA、LWE、DPD、BRT、Meest、Group、One World、Colis Prive、RR Donnelley、SF Express…

4.5.2.1 DHL

DHL 是一家全球性的国际快递公司，提供专业的运输、物流服务，为全球最大的递送网络之一，在五大洲拥有 34 个以上的销售办事处及 44 个邮件处理中心。其运输网络覆盖全球 220 多个国家或地区。

DHL 的中文全称是敦豪航空货运公司，是全球著名的德国邮政集团 Deutsche Post DHL Group 旗下公司。

国内 DHL 是敦豪公司与中外运合资的，称为中外运敦豪。在香港，敦豪公司独资注册成立了敦豪国际。

1. 优势介绍

(1) 范围广，服务覆盖 220 个国家或地区。
(2) 时效极快，全球派送 2~7 个工作日妥投。
(3) 价格优惠，容易获得官方公布资费价的 3~6 折。
(4) 清关能力强，在美国、西欧有特别强的清关能力。
(5) 查询容易，可在线查询全程详细包裹派送信息。
(6) 上网速度快，最快 1 个小时可上网查询，次日即可发往目的地。

2. 寄送要求

1) 尺寸限制

单个包裹长、宽、高任一边小于 1.2m，超过 1.2m 需收取超长附加费 260 元/票。

2) 重量限制

单个包裹的计费重量不得超过 70kg，超过 70kg 需收取超重附加费 260 元/票。计费重量的计算如表 4-5-10 所示。

表 4-5-10 DHL 计费重量的计算说明

重量计算	计费重量
实际重量	取实际重量和体积重量中较大的作为计费重量
计算体积重量： 体积重量=长(cm)×宽(cm)×高(cm)/5000	

3) 物品类型

(1) 内地 DHL

① 以普货为主。
② 寄送电池及含电池的物品时，需提供 MSDS（Material Safety Data Sheet，化学品安

全说明书)证明和电池信(需提供正本),否则无法寄送。

③ 寄送名牌产品需提供正规购买发票或授权书,否则无法寄送。

(2) 香港 DHL

① 以普货为主。

② 可寄内置电池的产品,需提供形式发票、商业发票和产品清单。

4) 禁寄物品

(1) 国家法律、行政规章明令禁止流通、寄递或进出境的物品,如国家秘密文件和资料、国家货币及伪造的货币和有价证券、仿真武器、管制刀具、珍贵文物、濒危野生动物及其制品等。

(2) 各个电商平台禁止销售的侵权商品。

(3) 各寄达国(地区)禁止寄递进口的物品。

(4) 航空禁运品,如液体、粉末以及含液体或粉末的物品等。

(5) 电动机、发动机之类产品。

5) 常见安检退回物品

(1) 食品及动植物产品:茶叶、方便面、竹制品等。

(2) 所有化妆品、铅笔、水笔、带有香包的物品等。

(3) 药品和医疗用品:所有药品。

(4) 管制刀具、疑似刀具等。

(5) 带有液体的产品:体温计等。

(6) 易燃易爆物品:火柴、柴油、酒精、户外求生生火工具等。

(7) 带有磁性的物品:磁铁等磁性材料、音响等音响器材、电机、指南针、线圈等。

(8) 其他:提单、假币、货币、手机、电脑、粉末状物品、烟草、音像制品(光碟)等。

3. 资费标准

内地 DHL 按起重 500g、续重 500g 计费。

香港 DHL 计费方式和内地 DHL 一致:按起重 500g、续重 500g 计费。

注意事项:

(1) 香港 DHL 的包裹需要由物流服务商(货代)经过集中出口中转至香港后再发货、上网。

(2) 内地 DHL 无法寄送香港 DHL 的包裹,反之亦然。

4. 妥投时效

DHL 在全球 220 个国家及地区的平均妥投时效为 2~7 个工作日,节假日、因暴风雪班机延误等特殊情况除外。香港 DHL 由于存在中转过程,有一定的时间差。内地 DHL 和香港 DHL 的妥投参考时效如表 4-5-11 所示。

表 4-5-11 DHL 妥投时效参考

区域	内地 DHL		香港 DHL	
	中转	妥投时效(工作日)	中转至香港(工作日)	妥投时效(工作日)
全球派送	无中转,直发	2~7	1~2	2~7

5. 快递查询

DHL 快递信息详情查询平台有内地 DHL、香港 DHL、17TRACK 和 AfterShip。

签收信息：支持查件，并提供妥投状态信息和客户签名的签收证明信息。

6. 赔付标准及退件说明

1) 赔付标准

对于货物破损、丢失或投递延误的，最高赔付每千克 20 美元，结合申报金额，取两者中较低的，且最高的赔付金额不超过 100 美元。另外投保的，按保险约定执行。

2) 退件说明

(1) 收件人拒收、寄件人主动要求退件等非 DHL 失误引起的退件，其回程运费、税金等一切费用，全部由寄件人承担。

(2) 如果是 DHL 导致的无法投递等情况而被退回的，退件是免费的。

(3) 部分国家或地区不能弃件，只能强制退件。

(4) 支持弃件的国家或地区，在当地销毁也会产生费用，资费不一。

7. 揽收方式

内地 DHL 揽收方式及其差异说明如表 4-5-12 所示。

表 4-5-12　内地 DHL 揽收方式及其差异说明

揽收方式	全国各个 EMS 服务网点	物流服务商(货代)约定地点
揽收范围	仅限内地 DHL	内地 DHL 和香港 DHL 均可
上门揽收	1 件起免费上门揽收 致电 95380 预约上门	大部分支持 1 件起免费上门揽收 按货代要求预约上门
商户自送	接受自送，必须电话预约	接受自送，无须预约
商户寄送	不接受	接受寄送，按货代指定地址寄送。寄送过程存在时间差
差异说明	最快 1 个小时可上门揽收，上网非常快，按标准资费收取，费用较高。大客户才有资费优惠	都有中转面单，有 1～2 个工作日的延迟时间差才能上网查询，资费直接享有折扣优惠

4.5.2.2　FedEx

FedEx 全称是 Federal Express，即联邦快递，是全球规模最大的快递运输公司之一，服务范围遍及 220 个国家和地区，是一项服务覆盖范围广、安全可靠、时效快、门到门的国际速递服务，适合运送较高价值、对时效要求较高的货件。FedEx 隶属于美国联邦快递集团。

中国内地 FedEx 和中国香港 FedEx 是相对独立的。

1. 服务介绍

(1) FedEx 服务分为优先型(P)和经济型(E)两种。

(2) FedEx IP：FedEx International Priority，联邦快递优先型服务。FedEx IE：FedEx International Economy，联邦快递经济型服务。

FedEx IP 妥投时效更短，FedEx IE 资费更加实惠，两者的妥投时效对比如表 4-5-13 所示。

第4章 Wish店铺运营与管理

表4-5-13 FedEx IP 和 FedEx IE 妥投时效对比

服务	内地 FedEx		香港 FedEx		
	可配送国家或地区	参考时效（工作日）	可配送国家或地区	中转至香港（工作日）	参考时效（工作日）
FedEx IP	200多个	2～6	200多个	1～2	2～6
FedEx IE	90多个	4～10	90多个	1～2	4～10

2. 寄送要求

（1）尺寸限制：单件最大长度为270cm；单件最大尺寸：长+2×宽+2×高=327cm。

（2）重量限制：单个包裹的计费重量不得超过68kg。计费重量的计算如表4-5-14所示。

表4-5-14 FedEx 计费重量的计算说明

重量计算	计费重量
实际重量	取实际重量和体积重量中较大的作为计费重量
计算体积重量：体积重量=长（cm）×宽（cm）×高（cm）/5000	

（3）物品类型：

① 内地 FedEx：以普货为主。寄送带锂电池的物品时，需提供 MSDS 证明和电池信（需提供正本），否则无法寄送。不接收纯电池产品及仿牌产品。

② 香港 FedEx：以普货为主。可寄内置电池的产品，需提供形式发票、商业发票和产品清单。不接收纯电池产品及仿牌产品。

3. 资费参考

内地 FedEx 参考资费标准（单位：元），如表4-5-15所示。

表4-5-15 内地 FedEx 资费表（部分国家/地区，仅供参考）

服务	重量区间	中国香港、中国澳门	中国台湾、新加坡、韩国	日本	印度尼西亚、菲律宾、蒙古国	澳大利亚、新西兰、柬埔寨	德国、英国、法国	巴西、智利、阿根廷	俄罗斯、南非、土耳其	美国西部	美国其他地区、加拿大、墨西哥
内地 FedEx IP	0.5kg	188	266	251	284	285	376	469	480	325	333
	1kg	230	325	318	347	374	474	588	605	428	436
内地 FedEx IE	0.5kg	162	228	229	237	243	336	375	440	260	265
	1kg	192	277	278	287	316	423	475	537	343	348

香港 FedEx 参考资费标准（单位：元），如表4-5-16所示。

表4-5-16 香港 FedEx 资费表（折后，部分国家/地区，仅供参考）

服务	重量区间	中国澳门	中东等	墨西哥、加拿大	日本	泰国	菲律宾	印度尼西亚	澳大利亚	中国台湾	新加坡	韩国	美国一区	美国二区、波多黎各
香港 FedEx IP	0.5kg	95.5	198.7	118	76.4	87.6	68.2	109.7	153.3	70.1	87.5	76.3	119.5	122.7
	1kg	116.9	245.1	137.7	89.6	86.9	82.6	130.9	183.5	85.1	86.9	92.8	138.8	142.9
香港 FedEx IE	0.5kg	82.6	196.2	115.6	65.1	73.4	58.7	95.4	126.7	60.1	71.7	65.3	114.3	117.7
	1kg	93.4	238.8	131.4	74.9	76.9	65.2	110.7	147.8	67	77	72.5	126	133.7

以上资费标准仅供参考，最终以内地 FedEx、香港 FedEx 官方网站公布的或者物流服务商(货代)提供的为准。

4. 附加费用

(1)燃油附加费：每月变动，燃油费率以 FedEx 官方公布的最新费率为准。

(2)偏远地区附加费：寄往偏远地区的包裹需加收偏远地区附加费，参考费用(货币单位为人民币元)，4 元×重量(kg)×(1+当月燃油费)或者 180 元×(1+当月燃油费)，两者取较高者计费。偏远地区表单可在联邦官方网站上查询。

(3)更改地址费用为：100 元/票×(1+当月燃油费)。

(4)住宅交付附加费：25 元/票×(1+当月燃油费)。若已收取偏远地区附加费，则不再收取此住宅交付附加费。

(5)其他可能产生的关税、罚金、退件等费用。

4.5.2.3 UPS

UPS 全称是 United Parcel Service，即联合包裹速递服务公司。UPS 是世界上最大的快递承运商与包裹递送公司，1907 年成立于美国，作为世界上最大的快递承运商与包裹递送公司，UPS 同时也是专业的运输、物流、资本与电商服务的领导性提供者。UPS 每天都在世界上 200 多个国家和地区管理着物流、资金流与信息流。

1. 服务介绍

UPS 提供四种类型的快递服务，服务及其参考时效如表 4-5-17 所示。

表 4-5-17　UPS 四种服务和参考时效

英文名称	说明	内地 UPS(工作日)	香港 UPS(工作日)	
		参考时效	中转至香港	参考时效
UPS Worldwide Express Plus	全球特快加急	1～3	—	1～3
UPS Worldwide Express	全球特快	1～5	—	1～5
UPS Worldwide Express Saver	全球速快(红单)	2～6	1～2	2～6
UPS Worldwide Expedited	全球快捷(蓝单)	4～8	1～2	4～8

2. 寄送要求

1)尺寸限制

单件最大长度为 270cm；单件最大尺寸为：长+2×宽+2×高=330cm。

2)体积重量限制

单个包裹的计费重量不得超过 68kg。计费重量的计算如表 4-5-18 所示。

表 4-5-18　UPS 计费重量的计算说明

重量计算	计费重量
实际重量	取实际重量和体积重量中较大的作为计费重量
计算体积重量： 体积重量=长(cm)×宽(cm)×高(cm)/5000	

UPS 对体积和重量要求非常严格,还有以下重复加收条款。

(1) 符合以下条件的货件,每件须加 40 元。

① 不规则货物。

② 非纸箱包装。

③ 最长边超过 152cm。

④ 第二长边超过 76cm。

⑤ 单件实重超过 32kg。

(2) 符合以下条件的货件,每件须加 388 元。

① 最长边超过 270cm。

② 2 条短边之和×2+长边超过 330cm(但不能超过 419cm,否则要再加收 388 元/件)。

③ 单件实重超过 68kg(包括 68kg)。

以上两条都是重复收费,只要符合加收条件,两条将一起加收。

注意事项:UPS 不接收单件重量超过 70kg 的包裹,但每票总重量无限制。

3) 物品类型

(1) 内地 UPS:普货。带电产品属于限制寄送的物品,一般情况下不能寄送。寄送带电池的物品时,需提供 MSDS 证明和电池信(需提供正本),还必须在运单及发票上注明电池类别、型号、能量(WH 值)、电压(V)、容量(MAH 或 AH)、电池芯或电池的数量及重量,并符合包装要求(如独立包装等)。

(2) 香港 UPS:普货。个别物流服务商(货代)的特别渠道可寄内置电池的产品、纯电池等,寄件人需提供形式发票、商业发票和产品清单,并对产品进行绝缘或独立包装处理。

3. 资费说明

请参考 UPS 内地和香港的官网。

4. 附加费用

(1) 燃油附加费:每月变动,以 UPS 官方网站当月的费率为准。

(2) 偏远地区附加费:3.5 元/kg×(1+当月燃油费),最低一票收 171 元×(1+当月燃油费)。

(3) 更改地址费用:每件加收 77 元,每票最高 273 元。

(4) 如发生退件,寄件人需支付目的地进口关税款附加费 125 元/票。

(5) 收件人拒付关税、价值申报过低罚金等清关费用。

4.5.2.4 TNT

TNT(Thomas National Transport)即天地快件有限公司,TNT 是全球领先的快递邮政服务供应商。成立于 1946 年,总部位于荷兰的 TNT 邮政集团,是全球最大的快递公司之一。TNT 为企业和个人客户提供全方位的快递和邮政服务,覆盖全球 200 多个国家和地区,每天递送上百万件包裹、文件和托盘货物。

1. 服务介绍

TNT 包括 Global Express(全球快递)和 Economy Express(经济快递)两种服务类型。两

种服务的送达速度都非常快，其中全球快递在全球范围内指定时间的限时限日送达服务，更是 TNT 的最大特色。

1）全球快递

提供快递市场中范围最广的限时与限日包裹递送服务，如表 4-5-19 所示。

参考时效：2～4 个工作日。

表 4-5-19　TNT 全球快递服务类型

类型	Special Services 特别快递	9:00 Express 朝九快递	10:00 Express 朝十快递	12:00 Express 中午快递	Express 快递
寄送时效	当天递送，如可能	次日递送，下一工作日保证 9 点前送达	次日递送，下一工作日保证 10 点送达	次日递送，下一工作日保证中午前送达	次日递送，下一工作日下班前送达
寄送物品	文件、包裹和货物	文件和包裹	文件和包裹	文件、包裹和货物	文件、包裹和货物
寄送范围	全球	全球 40 个以上国家的主要城市	全球 45 个以上国家的主要城市	全球 65 个以上国家的主要城市	全球
重量要求	无规则	最多 210kg	最多 210kg	最多 500kg	最多 500kg

2）经济快递

不太紧急的包裹和较重货物的递送，可以选择经济快递服务，以降低成本，如表 4-5-20 所示。

参考时效：2～7 个工作日。

表 4-5-20　TNT 经济快递服务类型

类型	12:00 Economy Express 12:00 经济快递	Economy Express 经济快递
寄送时效	指定工作日的中午之前安全送达	指定工作日下班前送达
寄送物品	包裹和货物	包裹和货物
寄送范围	25 个以上欧洲国家的主要城市	全球
重量要求	最多 500g	最多 1500kg

2. 寄送要求

1）重量计算

对实际重量和体积重量都进行计算，取实际重量和体积重量中较大的作为最终的计费重量。体积重量的计算公式如表 4-5-21 所示。

表 4-5-21　TNT 体积重量计算公式

服务类型	体积重量计算公式
Special Services 特别快递	长(m)×宽(m)×高(m)×167
Express 快递	长(m)×宽(m)×高(m)×200
9:00 Express 朝九快递	
10:00 Express 朝十快递	长(m)×宽(m)×高(m)×200
12:00 Express 中午快递	
Economy Express 经济快递	

2) 体积和重量限制

不同的目的地，有不同的标准尺寸、重量和体积限制。一般建议联系 TNT 官方网站客服具体咨询确认。部分目的地的尺寸重量限制如表 4-5-22 所示。

表 4-5-22　TNT 部分目的地的体积和重量限制

类型	9:00 Express 朝九快递	10:00 Express 朝十快递	12:00 Express 中午快递	Express 快递
最大体积：长(m)×宽(m)×高(m)	2.4×1.2×1.5	2.4×1.2×1.5	2.4×1.2×1.5	2.4×1.2×1.5
最大单件重量(无托盘)	30kg	30kg	70kg	70kg
最大单件重量(有托盘)	N/A	N/A	500kg	500kg
最大货物重量	210kg	210kg	500kg	500kg

3) 物品类型

(1) 内地 TNT：普货，合规达标的内置电池的产品、纯电池、移动电源等(有 MSDS 证明等多种文件证明资料才能寄送)。

(2) 香港 TNT：普货，个别物流服务商(货代)的特别渠道可以寄送合规达标的内置电池的产品、纯电池、移动电源等。

3. 资费说明

请参考 TNT 内地和香港的官网。

注意事项：香港 TNT 的资费一般可以参考各大物流服务商(货代)提供的打折优惠后的报价。

4. 附加费用

当通过 TNT 运送托运物时，会有以下附加费。

(1) 燃油附加费：TNT 按照每月变动的指数收取每票货运的燃油附加费。

(2) 偏远地区附加费：对于一些偏远地区，因产生了额外费用，会加收额外的偏远地区附加费。

(3) 增强安全附加费：所有货物均收取增强安全附加费。费率为每千克 0.05 欧元，每票最低 0.50 欧元，最高 10.00 欧元。

4.5.2.5　四大国际快递比较

DHL、FedEx、UPS、TNT 四大国际快递各有自己的特点和优势，如表 4-5-23 所示。相对而言，只有适合的国际快递没有绝对的先后排名。电商商户可以根据自己的产品类型和目的地选择合适的国际快递。

表 4-5-23　四大国际快递特点比较

国际快递	特点
DHL	(1) 到西欧、北美优势明显，尤其是小件，香港 DHL 更显著。 (2) 网点最多，可达全球 220 个国家或地区。 (3) 20~70 千克的货物性价比最高。 (4) 到欧洲一般 2~4 个工作日，到东南亚一般 2~3 个工作日。 (5) 常见资费折扣：3~6 折

续表

国际快递	特点
FedEx	(1)到东南亚地区优势显著。 (2)到美国、墨西哥、加拿大等国，50kg 以上的货物价格优势明显。 (3)21kg 以上的大件货物，到南美洲的性价比高。 (4)常见资费折扣：3～6 折
UPS	(1)速度很快，服务好。 (2)美国、加拿大、南美等美洲线路优势显著。 (3)到英国、日本等快件优势明显。 (4)一般 2～4 个工作日可送达。 (5)可送达全球 200 多个国家或地区。 (6)常见资费折扣：2～5 折
TNT	(1)可免费、及时、准确地全程追踪查询货物。 (2)速度很快，西欧通关能力强，提供报关代理服务。 (3)在欧洲和西亚、中东及政治、军事不稳定的国家有绝对优势。 (4)2～4 个工作日通达全球，西欧更是 1～3 个工作日可送达。 (5)纺织品类大件货物到西欧、澳大利亚、新西兰有优势。 (6)常见资费折扣：1～5 折

4.5.3 专线物流

专线物流是物流服务商(货代)独立开发的专线专发的，从起始地以空运、海运、陆运等综合方式运送到目的地国家或地区的物流服务。专线物流最大的特点是向指定国家可发带电产品，时效快，资费性价比高，清关顺利。

4.5.3.1 挂号专线

挂号专线物流服务，又称专线小包、小包专线，专门针对跨境电商商户，计费方式灵活，头程或尾程使用了快递运送，全程妥投时效快，费用相对低廉。

常见的挂号专线有各类国际专线、电商专线、空运专线等，简单分类如表 4-5-24 所示。

表 4-5-24　挂号专线物流分类说明

类型	常见名称
区域性专线	欧洲专线、北美专线、南美专线、澳洲专线、中东专线、东南亚专线、非洲专线等
单路向专线	美国专线、英国专线、法国专线、德国专线、意大利专线、西班牙专线、巴西专线、日本专线、俄罗斯专线等

挂号专线除目的地不同之外，大多数有近似的特点，下面仅介绍欧洲专线、北美专线，以供参考。不同的物流服务商(货代)，在服务和资费方面存在一定的差异，具体以各个物流服务商(货代)的为准。

1. 欧洲专线

欧洲专线是为跨境电商商户立足欧洲市场销售较高价值的商品而量身定制的优质高

效的物流服务，该服务利用香港充足的空运资源与英国清关快速的优势，打造出时效快、清关强的跨境电商专线服务，特别适合运送价值高、要求时效的轻小物品。

1) 服务优势

(1) 可发带电产品。

(2) 妥投时效快，全程运送3～7个工作日。

(3) 按克计费，无首重，可寄送最大重量为30kg。

(4) 目的地(尾程)派送采用本地快递派送，非常快。

(5) 可全程在线追踪物品，带签收信息。

(6) 在英国一次清关，在欧洲境内无二次清关费用，可有效避免德国、意大利等海关的繁琐手续导致的滞留。

2) 资费参考

资费参考如表4-5-25所示。

3) 关税标准

(1) 申报价值≤18.44美元，附加税=0。

(2) 18.44美元<申报价值<160美元，附加税=(申报价值+关税)×25%。

(3) 申报价值>160美元，附加税=(申报价值+关税)×30%。

表4-5-25 欧洲专线资费参考

国家	妥投时效 (工作日)	重量限制 (kg)	尺寸限制	处理费(元/件)	千克重(元/kg)	
					0～2kg	2.001～3kg
英国	3～5	0～30	长≤120cm 长×宽×高<0.23m^3	20	38	40
西班牙	5～7	0～30	长+宽+高≤210cm 长≤120cm	22	47	45
德国	5～7	0～30	长+宽+高≤270cm	22	47	45
意大利	5～7	0～30	长≤120cm	40	52	50
法国	5～7	0～30	长≤100cm 长+宽+高≤150cm	25	52	50
爱尔兰	5～7	0～30	长≤100cm 长+宽+高≤270cm	40	52	52

2. 北美专线

北美专线是专门为跨境电商商户服务，将目的地国家邮政和本土快递服务接合的一条专门针对北美客户的专线。

1) 服务优势

(1) 可发带电产品。

(2) 妥投时效快，全程运送6～8个工作日。

(3) 按克计费，无首重。

(4) 目的地国家专业清关。

(5) 可全程在线追踪物品，带签收信息。

2)资费参考

资费参考如表4-5-26所示。

表4-5-26　北美专线资费参考

国家	妥投时效（工作日）	重量限制(kg)	尺寸限制	处理费（元/件）	千克重（元/kg）
加拿大	6～8	0～2	长≤60cm 长×宽×高≤9cm	25	66
美国	6～8	0～2	长≤60cm 长×宽×高≤9cm	25	66

3）违禁品及申报说明

（1）禁运产品：纯电池、仿牌、液体、粉末、食品、鲜货、药品、腐蚀性物品、易燃易爆品及军火武器等违禁品。

（2）内置电池产品如手表、平板、手机等货物可以接受，寄件人应尽可能提供MSDS，以保证通关速度。

（3）描述物品时请不要使用Sample、Accessories、Gift、Parts、Tools等笼统字眼。

注：挂号专线物流服务商可参考Wish邮、万欧国际、万邑通、欧速通、欧陆通、顺丰等。

4.5.3.2　平邮专线

平邮专线是专门针对跨境电商商户，为平邮类国际小包提供专线专发的专属物流服务。经济小包类专线的显著特点是妥投速度比一般的平邮类国际小包更快，部分渠道还可发带电产品。比较常见的有欧洲专线平邮、西班牙专线平邮、欧邮宝、新澳宝、燕邮宝等。

1. 欧洲专线平邮

欧洲专线平邮是针对跨境电商商户及欧洲国家路向推出的一条时效快、优惠多的专线类平邮服务，妥投时效一般是7～15个工作日。

1）可寄送物品范围

普货，内置电池物品。

2）配送国家

德国、法国、意大利、西班牙、奥地利、芬兰、荷兰、丹麦、希腊、卢森堡、瑞典、葡萄牙、保加利亚、比利时、爱尔兰、塞浦路斯、捷克、匈牙利、拉脱维亚、立陶宛、马耳他、波兰、罗马尼亚、斯洛伐克、斯洛文尼亚、爱沙尼亚等。

3）资费参考

资费参考如表4-5-27所示。

表4-5-27　欧洲专线平邮资费参考

国家	时效（工作日）	重量限制(kg)	尺寸限制		千克重（元/kg）	处理费
英国	7～10	0～2kg， 50g起重	长≤60cm	长+宽+高≤90cm	88	0
西班牙	7～10		长≤60cm	长+宽+高≤90cm	88	0
法国	7～10		长≤60cm	长+宽+高≤90cm	88	0
意大利	7～10		长≤60cm	长+宽+高≤90cm	88	0

4) 重量与体积限制

(1) 重量：不超过 2kg/票。

(2) 体积：包装最大单边尺寸不超过 60cm，长+宽+高不超过 90cm。

(3) 需计抛重（体积重），公式为长(cm)×宽(cm)×高(cm)/6000，抛重与实重都不能超过 2kg。

2. 美国专线平邮

美国专线平邮是物流服务商（货代）与美国当地邮政（USPS）合作的非挂号物流服务，覆盖美国全境。

1) 服务优势

(1) 价格优惠，服务质量好。

(2) 妥投时效为 7~10 个工作日。

(3) 可发普货、配套电池产品、带电池产品，不能发仿牌及敏感产品、易燃易爆品、液体类产品等。

2) 资费参考

(1) 90 元/kg+处理费 2 元/件。

(2) 最大重量：2kg。

(3) 按克计费，单个包裹不足 100g 的按照 100g 计费。

3) 尺寸限制

包裹最大规格为：40(cm)×40(cm)×40(cm)。

注：平邮专线物流服务商可参考 Wish 邮、万欧国际、递四方、出口易、飞特、云途等。

4.5.4　Wish 线上发货平台介绍

为了给 Wish 商户提供专属物流解决方案，Wish 推出了 Wish 线上发货平台，为商户提供下单、揽收、配送、跟踪查询等物流服务。

Wish 线上发货平台包括官方物流产品 Wish 邮、Wish 达、Wish 速和第三方物流服务商提供的物流服务。官方物流产品中，Wish 邮集成的是平邮类产品，特点是经济、稳定；Wish 达集成的是妥投类产品，特点是高效、安全，与一般的挂号类和专线类产品相比，Wish 达所有的线路全程配备了物流时效保险，并且 Wish 达部分重点国家路向，采取了智能化多渠道匹配，突破了 2kg 的重量限制，并能承运部分内置电池货物；Wish 速集成的是快递类产品，其特点是便捷、快速，客单价高且时效要求极高的商品可以全球直达。

4.5.5　欧美海外仓常用物流渠道

2016 年末，WE 项目如火如荼地开展起来了，许多传统的直邮商家也陆续开始尝试海外仓的运营模式，海外仓运营的模式早在 2010 年就有商户开始尝试，也有很多早期的易贝商户通过海外仓的运营模式，在 2012~2015 年取得了飞速的发展。随着 2012 年亚马逊平台的大力宣传，越来越多的商户熟知了 FBA（Fulfillment By Amazon）的操作，伴随而来的还有各种服务商及各种头程(即货物从中国发往目的国仓库)和尾程(即"最后一千米"派送)服务渠道的日趋完善,如今的 WE 项目,与易贝平台的海外仓扶持计划相似,鼓励商户将货物存放在目的地国家,以缩短送达时效,提高消费者的购物体验。

能让用户在更短的时间内收到所购买的产品,无疑会大大提高产品的购买转化率,更快的送达时间在账户评价中也能取得更好的表现,但是海外仓的运作与国内直发有非常大的区别,所以不同商户在参与 WE 项目时应注意的事项也有所不同,总体来说,海外仓的使用在库存控制、头程物流时效、头程清关、售价控制、尾货处理等方面都需要一个成熟的解决方案。

4.5.5.1 海外仓概述

1. 海外仓的概念

随着跨境电商的发展、本地化服务的进一步升级及本地化体验的良好口碑,海外仓模式越来越受到卖家的青睐。海外仓是一种与直邮物流服务并存的新型跨境物流方式。海外仓,又称海外仓储,是指境内出口跨境电商企业事先在境外自建或者租用仓库,通过海运、陆运、空运或者国际多式联运的方式,先把货物批量运送至境外的仓库,当境外客户通过互联网下单后,境内卖家可以在第一时间做出快速响应,及时通知境外仓库进行货物的分拣、包装和派送等服务,确保货物快速、安全、准确、低成本地送达境外终端客户。

2. 跨境电商卖家选用海外仓服务的优势

(1)获得平台流量支持。第三方跨境电商平台对卖家存放在其海外仓的商品,会给予更多的流量支持。

(2)降低物流成本。一般而言,相比于直邮小包,卖家以海外仓模式发货的物流成本更低。

(3)旺季防堵塞。卖家选用海外仓发货,可以有效规避销售旺季由于物流服务供给不足带来的不良后果。

(4)提升客户体验。由于商品通过海外仓提前进入目的国,卖家在接单后能快速响应,可有效提升客户购物体验。

(5)扩展销售品类。海外仓采取的集中运输模式突破了商品重量、体积和价格的限制,有助于扩大销售品类,如机床、狗屋、家具等不适合发直邮小包的商品都可以选择海外仓发货。

(6)提供增值服务。卖家可以借助海外仓提供本土退换货处理、保养等售后增值服务,可有效提高客户黏性。

3. 海外仓的运作模式

海外仓主要有电商平台自建仓库、卖家自建海外仓以及第三方海外仓三种运作模式。

1)电商平台自建仓库

电商平台可通过自建仓库为卖家提供包括仓储、拣货打包、派送、收款、客服与退货处理在内的一条龙式物流服务,并收取一定的配送费和仓储费。

2) 卖家自建海外仓

卖家自建海外仓主要是指具有一定资金实力和客户基础的大卖家为了提升物流配送速度而在海外市场建立的仓库。自建海外仓的优势是卖家可自己掌控仓库系统操作、通关、报税、物流配送等环节，物流时效稳定，用户体验好，但具有建仓成本高、建仓过程复杂、需要聘用海外员工等劣势。

卖家自建海外仓比较重要的是选址问题，选址时要遵循靠近交通枢纽、靠近经济发达地区以及多仓布局等原则。在靠近交通枢纽与靠近经济发达地区建设海外仓，可以方便货物的转运与配送。多仓布局可以缩短物流时间和降低物流成本。

卖家自建海外仓的代表企业有环球易购、兰亭集势、米兰网、大龙网、纵腾网络等。

3) 第三方海外仓

第三方海外仓是由第三方企业（多数为物流服务商）建立并运营的海外仓，并且可以为多家跨境电商企业提供清关、入库质检、接受订单、商品分拣、配送等服务。卖家使用第三方海外仓有助于扩大销售品类、提高单件商品利润率、增加商品销量等，但也存在因存货量预测不准可能导致的货物滞销等风险。

卖家需要向第三方海外仓服务商支付一定的费用。第三方海外仓服务商的收费包括头程费用、税金、当地派送费用、仓储管理服务费等。头程费用是指从中国把货物运送至海外仓这段路程中所产生的运费。税金是指货物出口到某国（或地区），需按照进口货物政策而征收的一系列费用，如英国征收的税金有关税和增值税。当地派送费用俗称二程派送费用，是指用户对所购商品下单后，由仓库完成打包配送至买家地址所产生的费用。仓储管理服务费包括仓储费和订单处理费。仓储费是指将商品储存在仓库而产生的费用，第三方海外仓通常会按周收取费用。订单处理费是指用户下单后，由第三方海外仓工作人员对其订单拣货打包而产生的费用。

规模比较大的第三方海外仓服务商有万邑通、出口易、递四方等，其中万邑通是易贝唯一指定的官方合作伙伴，出口易和递四方是速卖通的官方合作伙伴。

综上所述，海外仓的三种运作模式各有优劣，处在不同阶段的卖家有不同的需求，需要经过调研和考察才能做出正确选择。

案例分析

中邮海外仓

中邮海外仓（China Postal Warehousing Service，CPWS）是中国邮政速递物流股份有限公司开设的境外仓配一体化服务项目，其服务内容包括国内仓库接发操作、国际段运输、仓储目的国进口清关、仓储、配送及个性化增值服务等。CPWS 是整合国际邮政渠道资源、专业运营团队和信息系统而推出的安全、稳定、高效的海外仓产品，能为用户优化跨境电商物流提供解决方案。

1. 仓库介绍

CPWS 现已开办美国仓、德国仓、英国仓、澳大利亚仓和捷克仓等海外仓。美国仓包括美东新泽西仓和美西洛杉矶仓，仓库面积分别为 35000 平方米和 20000 平方米左右，峰值处理能力分别为 35000 单/天和 20000 单/天。德国法兰克福仓面积为 2000 平方米左右，峰值处理能力为3000单/天。英国伯明翰仓和澳大利亚墨尔本仓面积均为6000平方米左右，峰值处理能力分别为5000单/天和1000单/天。捷克詹尼士仓面积为10000平方米左右，峰值处理能力为6000单/天。

2. 操作流程

登录CPWS官网进行注册，填写Excel表、提供资料、签订合同、上报审批、激活账号。

登录订单管理系统，在"产品管理"模块中维护商品的基本信息。系统支持单个商品信息维护或批量上传商品信息。

一旦商品的基本信息添加/维护完毕，用户就可以通过系统创建并提交入库单。入库单包括用户即将发送到CPWS的商品种类以及数量。

入库单提交成功后，用户就可以通过系统打印指引来打印商品的SKU标签、箱唛及装箱清单了。用户需要将商品的SKU标签贴在每个商品的外包装上，然后将装箱清单打印出来，置于该批次商品的包装箱内，最后再为箱子贴上箱唛。

CPWS接收到货物之后，会逐个清点数量进行入库。用户可在系统后台实时查看库存数量。用户在易贝、亚马逊等平台的订单，就可以开始在系统的"订单管理"模块中创建并维护了。

CPWS收到用户发送的订单指令后，会在24小时之内处理完毕并安排出库，交给用户指定的快递公司进行配送，系统会自动返回快递跟踪号。

买家会在2~5天内收到来自CPWS发出的货物包裹。

试分析：

(1) CPWS能提供哪些服务？

(2) 如何选择合适的海外仓？

4. 海外仓的选择

跨境电商卖家在选择海外仓模式时，要考虑选择合适的产品和第三方海外仓服务商。

1) 适合海外仓的产品

一般而言，适合海外仓的产品有以下几种类型：

(1) 尺寸、重量大的产品。

一方面这类产品的重量和尺寸都已经超出了小包规格的限制，另一方面直接使用国际商业快递的话，费用太昂贵，因此尺寸、重量大的产品使用海外仓比较合适。例如，家居、园艺、汽配、卫浴等产品。

(2) 单价和利润高的产品。

相对于直邮发货，海外仓的本地配送服务可以将破损率、丢包率控制在较低水平，为销售高价值产品的卖家降低风险。例如，电子产品、玻璃制品、首饰、手表等产品。

(3) 畅销产品。

畅销产品对配送时效要求较高而且滞销风险小，适合选用海外仓服务。例如，时尚衣物、快速消费品等产品。

(4) 国内小包、快递无法承运的产品。

对于航空运输寄送限制的产品，无法采用小包或国际商业快递发货，都可以选择海外仓服务。例如，利润较高的液体类产品或带锂电池的产品等。

2）第三方海外仓服务商的选择

卖家在选择第三方海外仓服务商前，需要判断服务商的综合能力。

(1) 拥有专业的运营管理团队。

一个拥有国内外专业运营管理团队的海外仓，在货物发出之前，就能事先规划好流程、最大限度地避免货物在海外出现问题；货物发出后，该团队能避免货物在海外产生额外费用。这支专业的运营管理团队包括具有专业的海内外贸易清关人员、优秀的国内外本地服务人员、懂得税务和法律的专业人员等。

(2) 头程运输一体化操作能力。

头程运输指的是货物从国内发出到货物运送至仓库并最终可以在网站上销售的全过程（涉及物流运输、商品清关、代缴关税等一系列中间环节）。可以说，选择好的头程物流服务商是保证整个跨境物流链安全的关键所在。选择一个具有一定实力的第三方海外仓服务商，能够有效控制物流的源头风险。

(3) 拥有完善成熟的海外仓储信息管理系统。

海外仓不只是一个简单的"仓库"，还应该拥有完善成熟的海外仓储信息管理系统，能够为卖家提供跟踪商品流转轨迹查询、仓库与物流服务商对接、订单管理和库存管理等综合性服务。

(4) 拥有一定规模的仓库。

一般而言，第三方海外仓服务商拥有的海外仓仓储面积和规模越大，就越能够满足卖家的需求。

(5) 拥有深度合作的跨境电商平台。

如果第三方海外仓服务商能够与跨境电商平台进行合作，则更容易受到这些平台卖家的欢迎。

(6) 能够提供性价比高的海外仓储服务。

卖家需要向第三方海外仓服务商支付仓储费用，较低水平的仓储费用可以降低卖家的经营成本，因此，卖家更加倾向于选择高性价比的第三方海外仓服务商。

5. 海外仓的流程

海外仓的基本流程，如图 4-5-1 所示。从图中我们可以看出，使用海外仓申请的环节可以简单地分为 6 个板块，对于产品较为集中的商户，做相应的产品出口报关，税务补贴也是必要环节。

在使用海外仓的整个环节中，对于头程和尾程都通过服务商的商户，只有货物的采购、封发掌握在商户自己手中，但是头程和尾程，商户通常可以按照自己的需求选择不同的服务商。

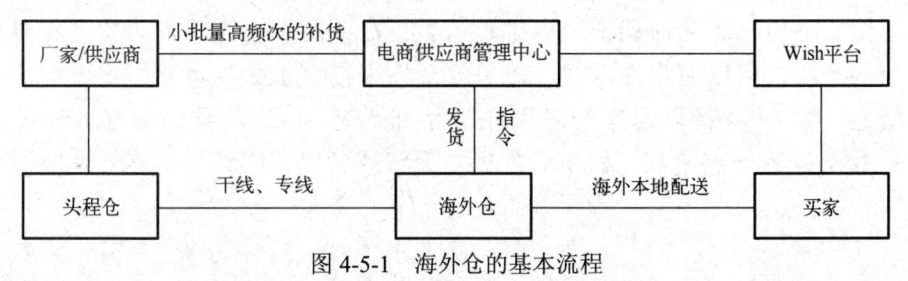

图 4-5-1 海外仓的基本流程

目前也有很多商户在海外拥有了自己完全管理的仓库和派送点,我们建议在海外仓订单低于每日400件(一个月的稳定销量)的情况下,不要采用自建海外仓的模式,在达到一定的订单基数之后,也需要用自己从海外物流渠道(类似于USPS、Royal Mail)获取的价格和服务商的价格进行对比分析。通常各国邮政的价格都可以通过其网站上的报价获得,也可以通过邮件与当地的物流渠道代理确认价格。自建海外仓在物流费用和处理的效率上自然会比服务商更有优势,但是管理成本高,涉及当地法规的问题处理起来非常烦琐,所以建议大家结合自身产品情况和订单基数来慎重考虑。

服务商收取的费用通常分为上门提货费(包括装箱、拖车的费用)、仓库租赁费、订单操作费、清关费、关税(增值税)、头程费用、尾程费用,以及其他增值费用,在选择服务商时,需要明确对方的收费方式及所有会产生费用的项目。很多商户倾向于选择双清、包税及类似的省事的服务,但是很多时候产生的费用并不是想象中那么简单,所以还是建议商户在确立合作前弄清楚哪些环节的费用不能节省。

在使用海外仓的整个环节中,清关环节的风险是比较高的,建议在头程使用海运方式时,对于承运商的清关能力及物品自身的风险性做好评估。

4.5.5.2 欧美常用海外物流渠道

1. 头程

头程渠道分为海运、空运、陆运三种,就目前的销售市场来看,美国以海运和空运为主,欧洲三种渠道都有使用。

1)空运渠道

空运渠道又分为商业快递和空运两种。通常去往美国的空运时效是3~8天,去往欧洲地区的空运时效是5~10天,影响时效的主要因素有排仓(航班情况)、清关、目的国天气等。

空运速度快,但是价格高,对产品也有一定的要求(对纯电产品尤为敏感),同时物流商在计算价格的时候会分别计算实际重量和体积重量,取较大的值作为重量参数,所以对于体积较大的产品也不建议用空运的形式。

空运的头程方式适合产品推广前期试销、补货,以及部分货值较高但是重量较轻的产品。对于目前的WE项目,大部分商户还没有稳定的海外仓爆款,空运的形式必不可少,所以对于空运环节会涉及的问题需要多加注意。

2)海运渠道

通常在有了稳定的海外仓爆款之后,部分商户就渐渐会考虑海运渠道。海运分为拼柜、小柜、高柜,通常前期都是以拼柜为主。需要注意的是,许多货代在拼柜时会混杂多家的货物,所以通常在时效、清关安全性上都有很大的风险,需要商户在发货前考虑清楚。通常去美国西海岸的海运时效为25~35天,去往欧洲的海运时效为35~50天,旺季会延迟一到两周,如果遇到极端天气或者罢工等情况,需要及时用空运形式补充库存。

3）陆运渠道

随着欧亚铁路的贯通，主做欧洲市场的商户开始大量尝试陆运渠道，陆运价格目前比较划算，有条件的可以尝试。

2. 尾程

"最后一千米"派送的主要渠道通常是当地国家的官方邮政，目前的三大快递 DHL、FedEx、UPS 在主流国家也都有相应的商业派送服务。需要注意的是，许多国家的信封渠道是没有签收服务的，包裹类在美国也会有分区价格，所以在选择渠道前，需要对自己的产品、主要的客户群体做统计，确保物流价格的最优化。

欧洲地区的尾程派送价格十分有优势，所以商户可以重点考虑欧洲的海外仓。

与国内直邮相比，越重的产品在使用海外仓尾程派送时的优势越明显，所以建议商户在选择海外仓产品时重点考虑重量在 400g 以上的产品。

4.5.5.3 海外仓使用注意要点

1. 库存控制

常年做海外仓的商户都有一个痛点，就是好卖的产品经常断货，不好卖的产品滞销，长期得不到处理。在货物的处理方面，国内与海外最大的区别就是对尾货的处理方式。国内库存可以通过与供应商协商退货、换货，或者用朋友分销的形式快速周转；如果海外仓的货物滞销，就只能想办法通过当地渠道处理，因为退回国内需要支付高昂的运费及关税，得不偿失。所以在控制海外仓库存时，首先要保证自己的物流头程渠道时效可控，在这个环节不能单纯地比较价格，更需要在时效、清关方面对服务商做综合考评。确定时效之后，还需要做好三批库存的准备，即海外库存一批，运输途中一批，工厂生产一批。

通常海外仓库存周转率需要达到 60%以上（空运），能健康运行海外仓的商户，利润和成长速度往往会超过直邮商户，但是能否控制住销售、库存、头程时效将是大难题。

2. 产品品质

如上所述，海外仓产品的处理只能当地化，所以当产品成批次地出问题时，对于商户的影响是灾难性的。对于海外仓的产品，在入库和出库前必须进行抽检或者全检，也建议商户选取自己熟悉领域的产品进行海外仓的尝试。

3. 服务时效

针对 Wish 的 WE 项目，在服务时效上有相关的要求，所以 WE 项目的商户不是简单地将货物交给服务商就可以高枕无忧了，还需要针对妥投率（尾程渠道选择）、有效跟踪率（海外平邮不建议）、妥投时长（尾程渠道选择）、延时到达率（尾程服务商情况）、预履行取消率（宏观管理情况）进行每日监控。

4. 产品选择

WE 项目目前刚刚开始，未来的发展空间非常宽广。但是并不是每一个产品都适合海外仓的运作，对于货值较低、重量较轻的产品，海外仓的定价里包含了头程、尾程以及不得不考虑的货物损耗成本,头程其他项费用远远高于货值,直邮的定价将远低于海外仓定价。以一个重量100g 的产品为例,在不计算关税及仓租的情况下,海外仓定价将是国内仓的近 3 倍,对于这类产品不建议大家重点选择海外仓。

5. 清关与税务

随着跨境电商的发展,各国对于电商企业关税及增值税的要求愈发严格。在直邮模式下,商户对于此类规定对业务发展的影响感觉不甚明显,但是当货物在目的地国家时,各项政策对商户的运营就会有切实的影响。所以在做海外仓之前,了解目的地国家对清关、专利、VAT 等的要求,建议商户详细解读或者咨询专业的物流服务团队,每个海外仓商户每年在这些事情上的损失都极为惨重,也有很多因此导致无法持续运营的惨痛案例,所以建议商户不要一心求高速发展而忽略这些隐患,不要抱着侥幸的心理来处理这些事情,否则带来的损失会远远大于得到的收益。

4.5.6　Wish Express

4.5.6.1　Wish Express 概述

1. Wish Express 项目内涵

Wish Express 是 Wish 为了更好地满足平台用户对配送时效的要求而发起的极速达项目,需要商家提前将产品运到目的地国家的海外仓,当商家收到订单时,产品从海外仓直接配送至目的地国家的用户手中,从而实现快速配送。Wish Express 项目俗称"海外仓产品项目",对于 Wish Express 项目中的产品,商户要承诺在规定时效之内交付给用户。

2. Wish Express 的业务范围

Wish Express 支持下列国家的物流服务:奥地利、比利时、巴西、加拿大、克罗地亚、捷克共和国、丹麦、芬兰、法国、德国、匈牙利、冰岛、爱尔兰、意大利、列支敦士登、立陶宛、卢森堡、摩纳哥、荷兰、挪威、葡萄牙、波兰、斯洛伐克、斯洛文尼亚、西班牙、瑞典、瑞士、英国、美国。

3. Wish Express 商户享受的优惠条件

(1) 获得至多 10 倍的流量。
(2) 符合要求的产品有独特的 Wish Express 标志。
(3) 更快的收款速度。
(4) 更多其他优惠。

4. 加入 Wish Express 项目的好处

(1) Wish Express 产品平均会获得 3 倍多的流量。
(2) 产品会带有 Wish Express 徽章标识,此标识告知用户能快速收到产品,将极大地提升转化率。
(3) 产品将展现在 Wish Express 专页及用户的搜索结果中。

(4)加入 Wish Express 项目的商户将获得 Wish 退货项目的资格,Wish Express 的产品可以退至设定的海外仓,从而降低退款率。

(5)加入 Wish Express,产品将会快速到达用户手中,从而提升产品的整体评分,并很快获得评价,缩短产品成长周期和回款周期。

(6)平台会针对 Wish Express 项目提供更多的产品支持,例如营销、客服权限等。

5. Wish Express 常见问题

(1)Wish Express 在我的配送国家是否可执行?

Wish Express 是将单个产品配送到单个国家的方案。如果您能保证在配送时效之内将产品 P 配送到国家 C,那您的产品符合加入 Wish Express 的条件。

(2)如何下架 Wish Express 产品?

您可以通过联系您的 Wish 客户经理来下架 Wish Express 产品。

(3)如何确认产品已经加入 Wish Express?

通过单击商户后台的"查看所有产品"菜单,可以看到 ID 下方带有蓝色"Wish Express"标记的产品,即 Wish Express 产品。亦可在"查看所有产品"页面单击"Wish Express"按钮查看您所有的 Wish Express 产品。

在 Wish 官网或 App 内,Wish Express 产品会带有特殊徽章,表示其已加入该项目。

(4)如何确认该订单是 Wish Express 订单?

通过单击商户后台的"订单历史记录"菜单,可以看到 ID 下方带有蓝色"Wish Express"标记的订单,即 Wish Express 订单。

(5)如何查看 Wish Express 的产品表现?

通过选择商户后台的"业绩"→"Wish Express 表现"命令,可以查看 Wish Express 的产品表现。

(6)周六、周日计算在配送时效内吗?

Wish Express 订单需要在规定的配送时效内妥投。工作日为周一到周五,不含周六、周日。

(7)Wish Express 订单必须带有跟踪单号吗?

所有订单都要带有有效的跟踪单号。

(8)参加 Wish Express 的促销产品可以提高运费吗?

Wish 的促销产品价格都不能提高。如需使用更快的物流方式而不得不提高促销产品的运费,请重新上架该产品,并使用对应的新产品 ID 申请加入 Wish Express。

(9)如果我不能在规定的配送时效内妥投订单,那么对我的账户有什么影响?

未能在规定配送时效内妥投的 Wish Express 订单将被标记为延迟到达订单,如果因为货物延迟而产生了退款,则商户将承担退款费用。

(10)Wish Express 是一个履行订单项目吗?

Wish Express 不是一个履行订单项目。商户必须确保配送至用户的订单在规定的配送时效内妥投。

4.5.7 Wish 邮物流管理示例

4.5.7.1 选择物流方式——Wish 邮(WishPost)

操作步骤如下。

第一步：打开 WishPost 注册链接，填写注册信息，如图 4-5-2 所示。

图 4-5-2 WishPost 注册

第二步：登录 WishPost 账号，如图 4-5-3 所示。

图 4-5-3 WishPost 登录

第三步：在 WishPost 绑定 Wish 账号，如图 4-5-4 所示。

图 4-5-4　绑定 Wish 账号

第四步：在店小秘绑定 WishPost 账号，如图 4-5-5、图 4-5-6、图 4-5-7 所示。

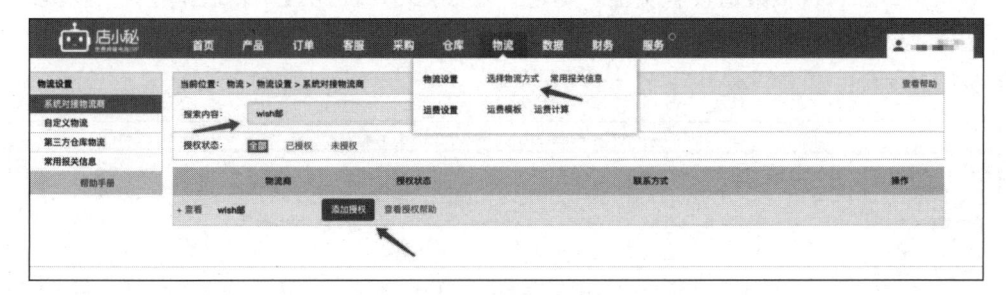

图 4-5-5　在店小秘绑定 WishPost 账号

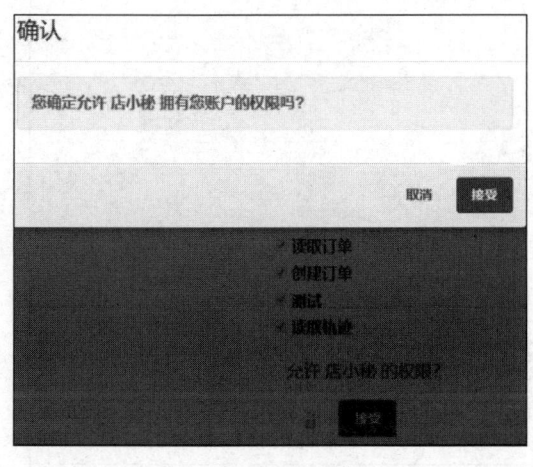

图 4-5-6　授权

图 4-5-7　授权成功

第五步：授权成功后，系统自动跳回店小秘"物流设置"区，展开 WishPost，在搜索框输入货代名称，单击"启用"按钮，如图 4-5-8 所示。

图 4-5-8 选择货代

第六步：进入货代渠道设置页面，勾选"同意上传产品网址"复选框，在"物流映射"选区选择 Wish 发货地为中国，如图 4-5-9 所示。在揽收方式处单击"上门揽收"按钮，如图 4-5-10 所示。

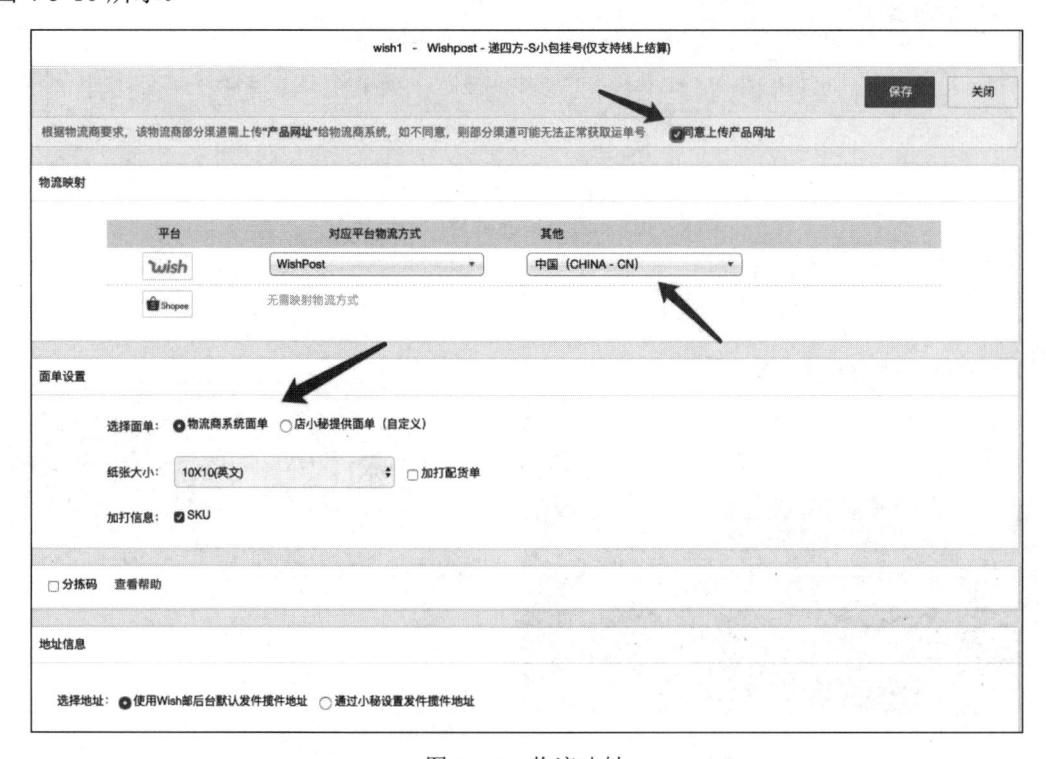

图 4-5-9 物流映射

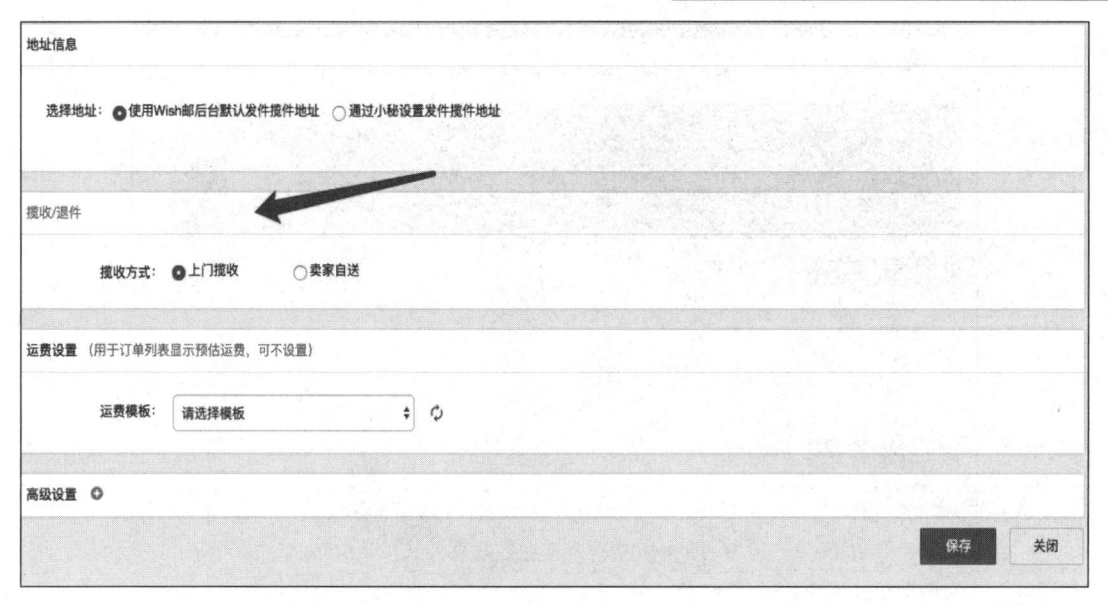

图 4-5-10　揽收方式

4.5.7.2　注册货代后台账号

案例一：打开"燕文"官网注册货代"燕文"。直接联系"燕文"客服，同步注册，如图 4-5-11、图 4-5-12 所示。

图 4-5-11　"燕文"官网

案例二：打开"递四方"官网，注册货代"递四方"。直接联系"递四方"客服，同步注册，如图 4-5-13、图 4-5-14 所示。

图 4-5-12 "燕文"联系方式

图 4-5-13 "递四方"官网

图 4-5-14 "递四方"联系方式

4.5.7.3 物流追踪查询

案例一：店小秘后台物流追踪。

在"订单处理"页面的"发货成功"选区，单击单个产品的物流追踪号，如图 4-5-15、图 4-5-16、图 4-5-17 所示。

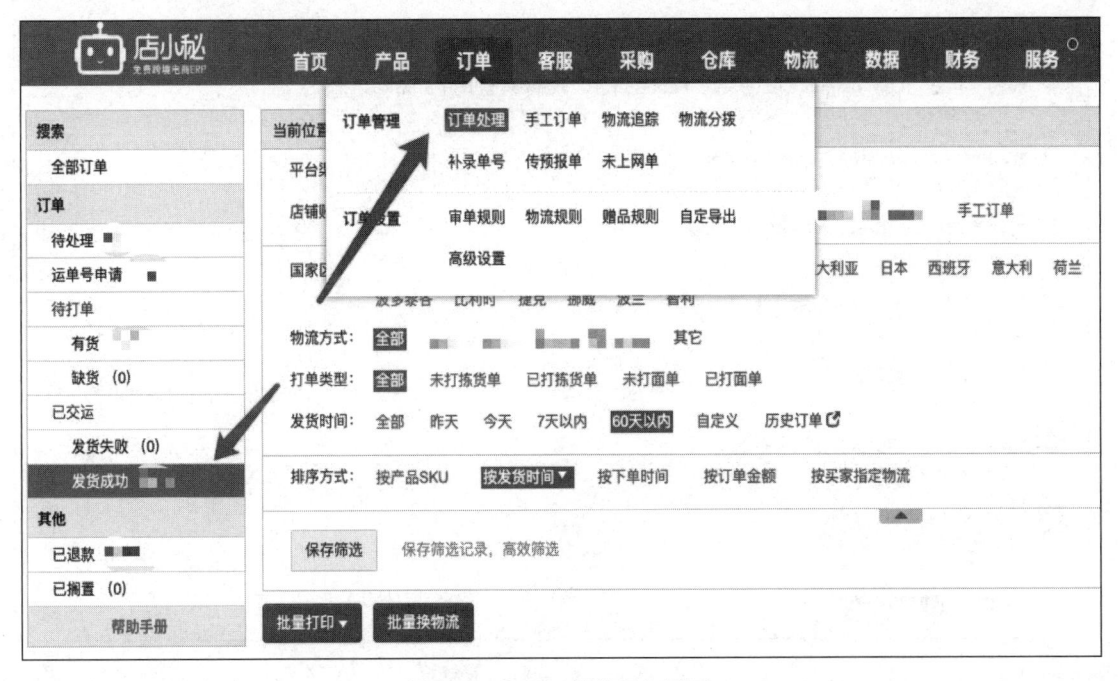

图 4-5-15　"订单处理"页面

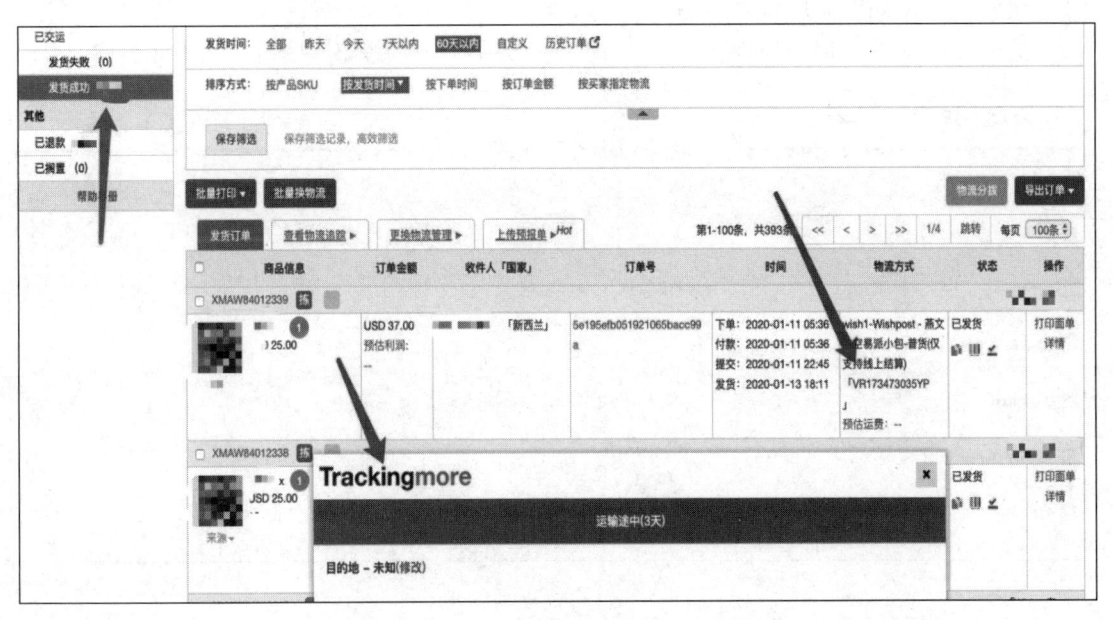

图 4-5-16　"发货成功"的单个订单页

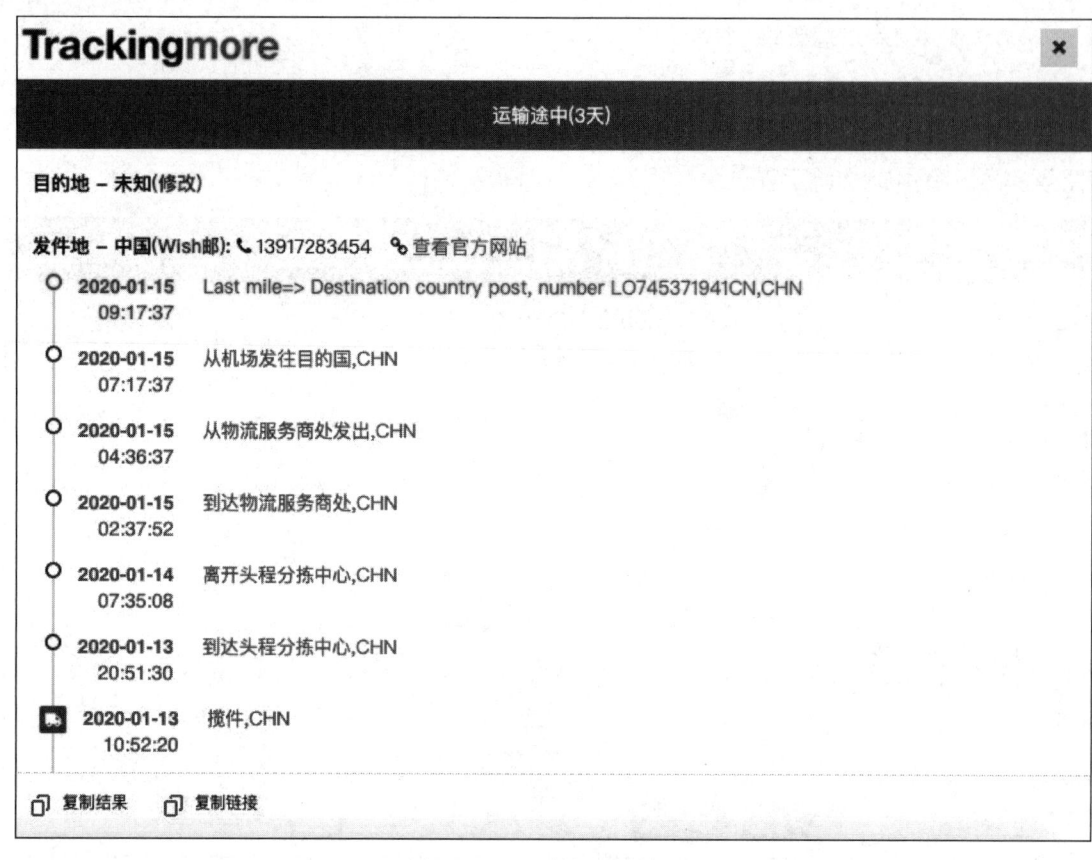

图 4-5-17　订单追踪信息页

案例二：WishPost 后台物流追踪。

第一步：登录 WishPost 后台，输入物流单号后单击"提交"按钮，如图 4-5-18 所示。

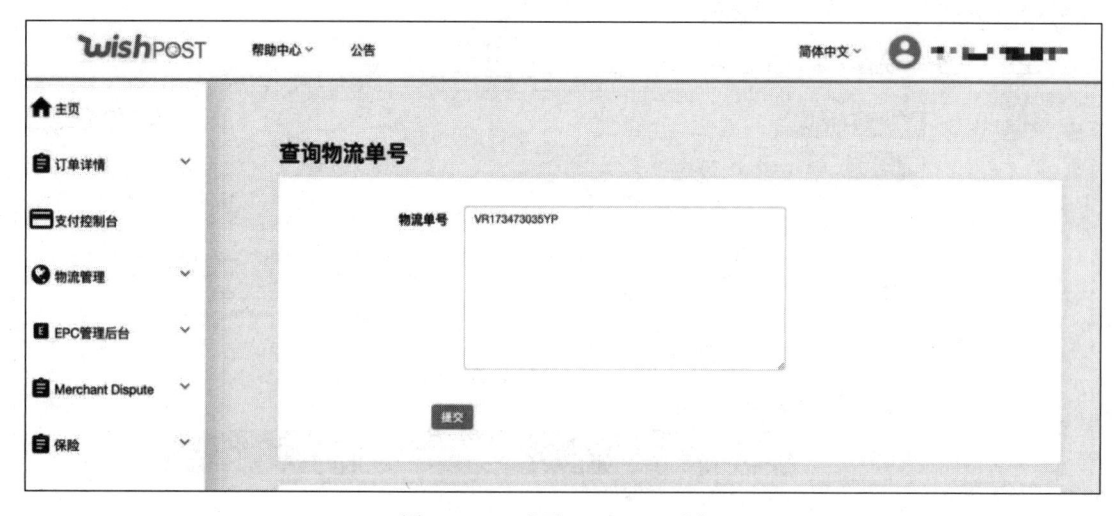

图 4-5-18　登录 WishPost 后台

第二步：查看物流信息，如图 4-5-19 所示。

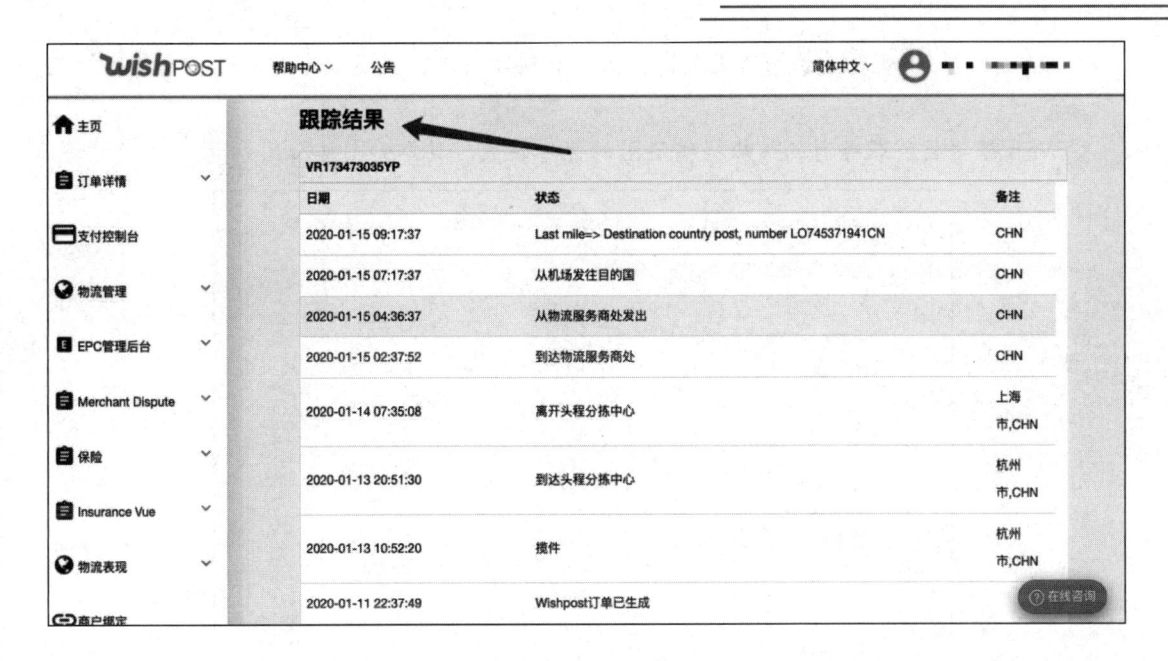

图 4-5-19　物流追踪信息

知识链接

一、WishPost 物流服务商。

WishPost 物流服务商如表 4-5-28 所示。

表 4-5-28　WishPost 物流服务商

中国邮政	赛诚	DLE	e速宝	IB
英伦速邮	e邮宝	DHL	OWE	UBI
万邑	中外运速递	万邑	DLP	Asendia
递四方	云途	顺友	YDH	CNE
迦递	燕文	佳成	乐天	Direct Link
顺丰	出口易	通邮	通达全球	AZE
飞特	捷买送	华翰	网易速达	申通快递
全一	东莞邮政	荟芊	EMS	高捷
顺丰东莞	上海邮政	易商供应链		

二、如何选择优质 WishPost 物流服务商？

Wish 认可的物流服务商分为 4 个等级。除去等级 1 的物流服务商，其余等级均会有一列表，根据物流服务表现列出对应的物流服务商。

等级 1（Wish Express）：仅满足 Wish Express 妥投要求的 Wish Express 订单可享受等级 1 的利好政策。

等级 2：具有高妥投率及低物流因素退款率的可靠物流服务商。

等级 3：具有较高物流因素退款率及低妥投率的物流服务商。

等级 4：物流表现差的物流服务商，如具有极高物流因素退款率及极低妥投率的物流服务商。

Wish 根据物流服务商的等级提供不同的优惠政策，具体如图 4-5-20 所示。

利好	等级1	等级2	等级3	等级4
获得更快的放款资格 $	是	是	是	是
享受Wish Express利好政策	是	否	否	否
获得全明星商户标志	是	是	否	否
曝光量增长	是	是	否	否

图 4-5-20　Wish 物流服务商等级对应的优惠政策

三、如何获得更快的放款资格？

若订单未确认妥投，那么订单将于 90 天后成为可支付状态。订单一旦确认妥投，或在用户确认收货 5 天后将立即成为可支付状态。

但是，如果订单选择配送的物流服务商等级越高，那么将越快获得放款资格。

一级：Wish Express 订单一旦确认妥投便成为可支付状态。

二级：使用二级服务商配送的订单将于确认发货 45 天后成为可支付状态。

三级：使用三级物流服务商配送的订单将于确认发货后 75 天后成为可支付状态。

四级：使用四级物流服务商配送的订单将于确认发货后 90 天后成为可支付状态。

4.6　跨境收款

及时收回货款事关企业的正常运行，因此卖家要高度重视跨境收款环节。

4.6.1　收款方式

卖家一般通过跨境电商平台官方收款工具或第三方收款工具实现收款，其中通过第三方工具收款比较常见。Wish 平台主要使用第三方收款工具收款，如 UMPAY、PayECO 随时付、AllPay-直达中国账户、Payoneer、PayPal 和 PingPong-直达中国账户等。这些第三方收款工具处理货款的时间和收费标准都不同,具体如表 4-6-1 所示(注意 Wish 后台会实时更新数据)。处理时间是指在 Wish 定期转款日之后,款项到达卖家账户或者服务商账户的时间。

表 4-6-1 Wish 平台第三方收款工具比较

第三方收款工具	处理时间	收费标准	提现速度
UMPAY	5~7 个工作日	0.4%	1~3 个工作日
PayECO 随时付	5~7 个工作日	0.9%	1~3 个工作日
AllPay-直达中国账户	5~7 个工作日	0.5%或更低	1 个工作日
Payoneer	5~7 个工作日	1%或更低	1~3 个工作日
Paypal	5~7 个工作日	0.1%	1~7 个工作日
PingPong-直达中国账户	5~7 个工作日	1%或更低	1 个工作日

4.6.2 放款规则

Wish 平台放款给卖家的时间为每月 1 日和 15 日。具体放款条件如下。

(1)在物流服务商确认订单已交货后马上放款或用户确认收货后 5 天放款,卖家有资格获得付款。

(2)订单有资格事先获得付款,具体取决于配送订单的承运商级别。

1 级:确认 Wish Express 订单已交货后放款。

2 级:对于 2 级物流服务商,于确认订单发货后第 45 天放款。

3 级:对于 3 级物流服务商,于确认订单发货后第 75 天放款。

4 级:对于 4 级物流服务商,于确认订单发货后第 90 天放款。

(3)如果订单是没有在《发传指南》中列出的物流服务商运送且未确认交货的,则卖家在承运商确认订单发货 90 天后有资格获得付款。

(4)如果物流服务商未对订单确认发货,则在卖家标记订单发货 120 天后,该订单将有资格获得付款。

4.6.3 收款操作示例

4.6.3.1 利用 PingPong 收款

1. PingPong 注册操作步骤

个人及企业卖家均可申请 PingPong 收款账号。

1)PingPong 注册准备资料

用于注册账号的邮箱;用于注册账号的手机号码;身份证正、反面照片;手持本人身份证拍的照片。

2)PingPong 注册步骤

第一步:填写注册邮箱并验证,如图 4-6-1 所示。

第二步：进入邮箱查看，单击"继续注册"按钮，激活账户，如图4-6-2所示。

图4-6-1　PingPong注册页面　　　　　　　　图4-6-2　继续注册

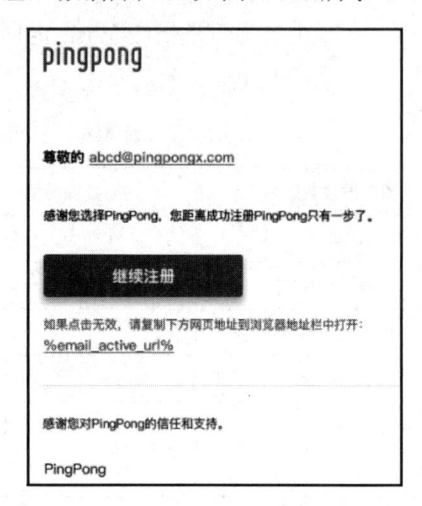

单击邮件内的"激活"按钮后，完善账号信息，完成注册，如图4-6-3所示。

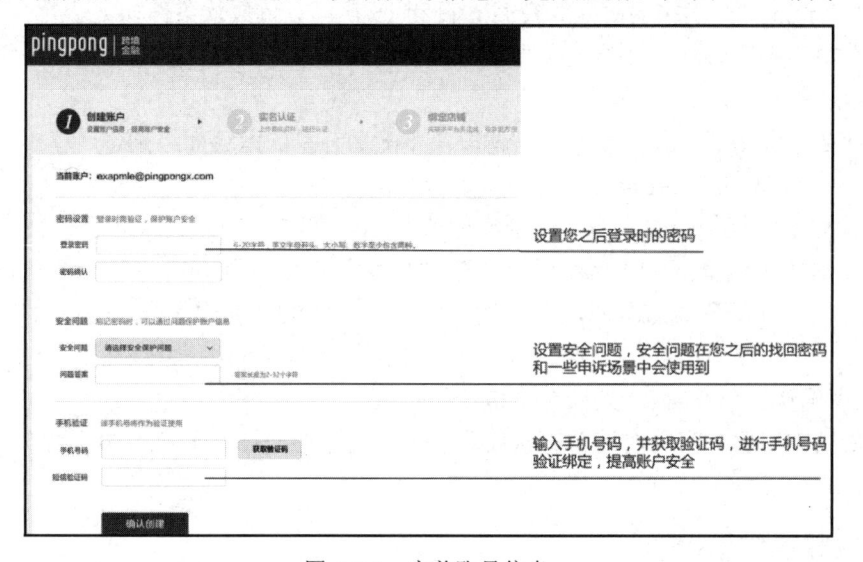

图4-6-3　完善账号信息

第三步，选择账户类型，如图4-6-4所示。

图4-6-4　账户选择

第四步：实名信息认证，如图 4-6-5 所示。

图 4-6-5　实名认证

2. PingPong 绑定 Wish 店铺

第一步：在 Wish 后台，在右上角"账户"下拉列表中选择"付款设置"选项，如图 4-6-6 所示。

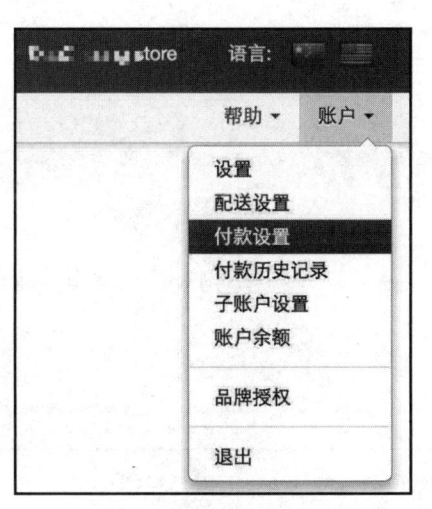

图 4-6-6　Wish 后台设置

第二步：在页面左侧支付信息中选择提供商为"PingPong 金融"。然后单击下方的"注册"按钮，跳转到 PingPong 后台确认绑定即可，如图 4-6-7 所示。

图 4-6-7 Wish 后台绑定 PingPong 金融

第三步：店铺绑定完成后，在 PingPong 金融后台对店铺进行授权操作，如图 4-6-8 所示。

图 4-6-8 PingPong 金融后台授权 Wish 店铺

第四步：店铺审核通过之后，进入收益账户页面单击"添加收益账户"按钮。填写收款用的银行卡信息，然后提交即可，如图 4-6-9 所示。

图 4-6-9 填写收款账号

绑定完成后,在 Wish 定期转款日之后的 5~7 个工作日,收入就可以入账到您的 PingPong 账户。

4.6.3.2 利用 PayPal 收款

1. PayPal 账户注册操作步骤

第一步:打开 PayPal 官网单击右上角的"注册"按钮。选择"商家账户"选项,然后单击"创建商家账户"按钮,如图 4-6-10 所示。

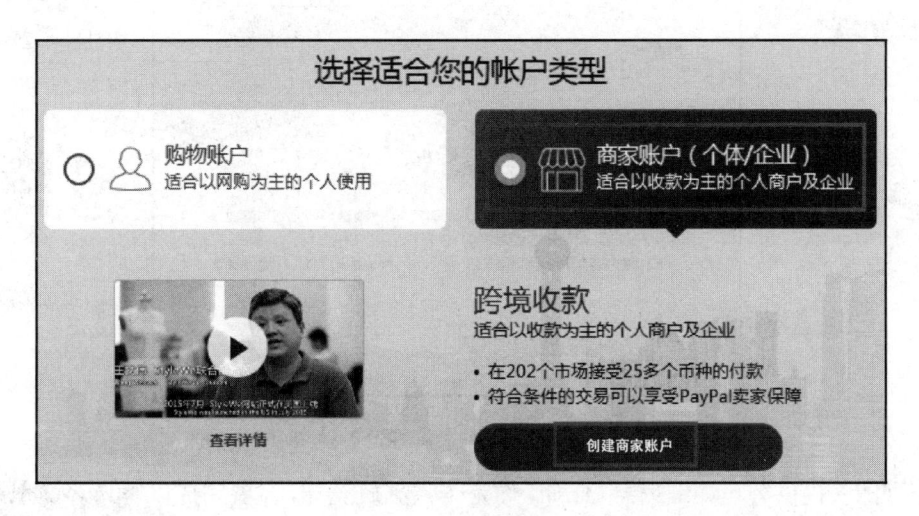

图 4-6-10 注册页面

第二步：输入注册邮箱，如图 4-6-11 所示。

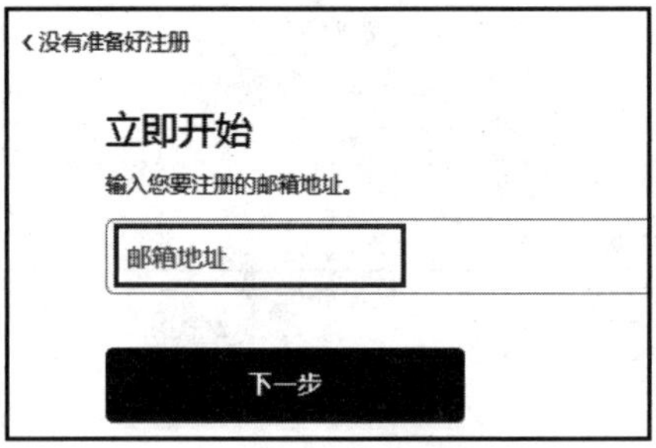

图 4-6-11　注册邮箱

第三步：填写基本账户信息，如图 4-6-12 所示。

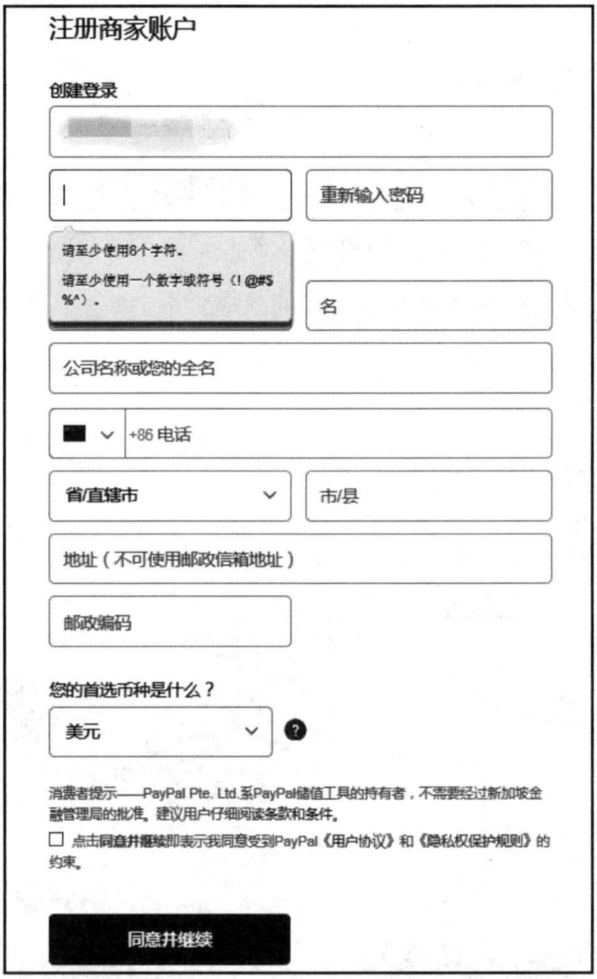

图 4-6-12　完善基本信息

第四步：提供公司详细信息，比如，你是个人独资企业，需要完成以下内容，如图 4-6-13 所示。

第五步：提供账户持有人的信息，如图 4-6-14 所示。

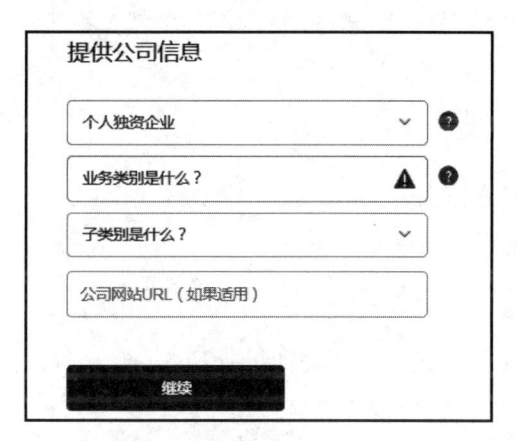

图 4-6-13　公司详细信息

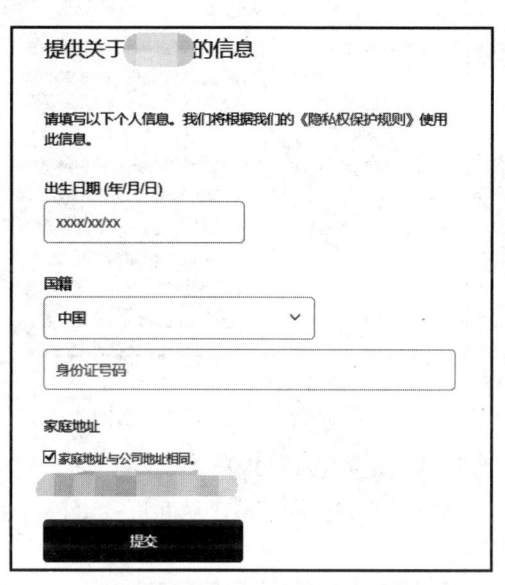

图 4-6-14　账户持有人信息

第六步：验证邮箱，激活账户，如图 4-6-15 所示。

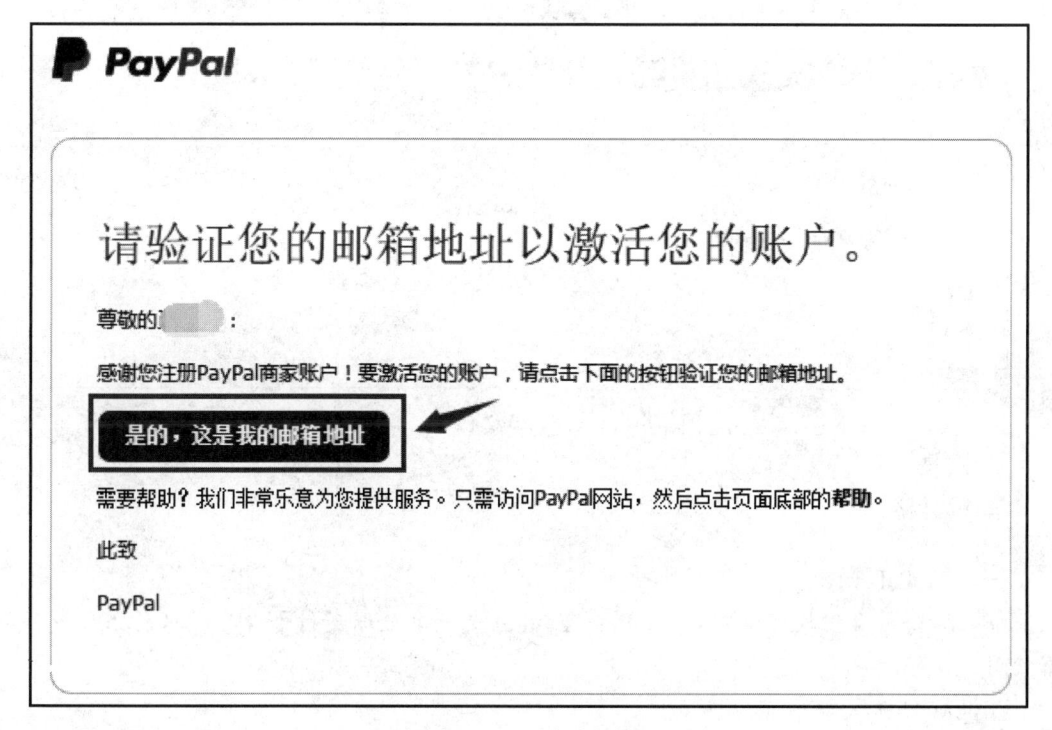

图 4-6-15　验证邮箱

第七步：账户认证。绑定银联卡进行认证，认证结束后才能从 PayPal 账户提现，如图 4-6-16 所示。

认证方式以下任选其一	流程	周期	支持银行/卡类型
银联卡	在您添加银联卡后,您会收到银联发送的短信验证码,请您根据页面提示输入验证码,即可完成认证。	即时	银联借记卡或单币种信用卡
国际信用卡	在您添加国际信用卡后,我们会从卡上暂时扣除1.95美元,并在信用卡对账单上生成一个4位数代码。您可登录PayPal账户输入此代码,完成认证。1.95美元将在24小时内退回您的PayPal账户。	2-3个工作日	带有Visa、MasterCard或American Express标识的双币种信用卡

图 4-6-16　银联认证

2. Wish 绑定 PayPal 账户步骤

第一步:进入 Wish 官网并选择"PayPal China"选项,如图 4-6-17 所示。

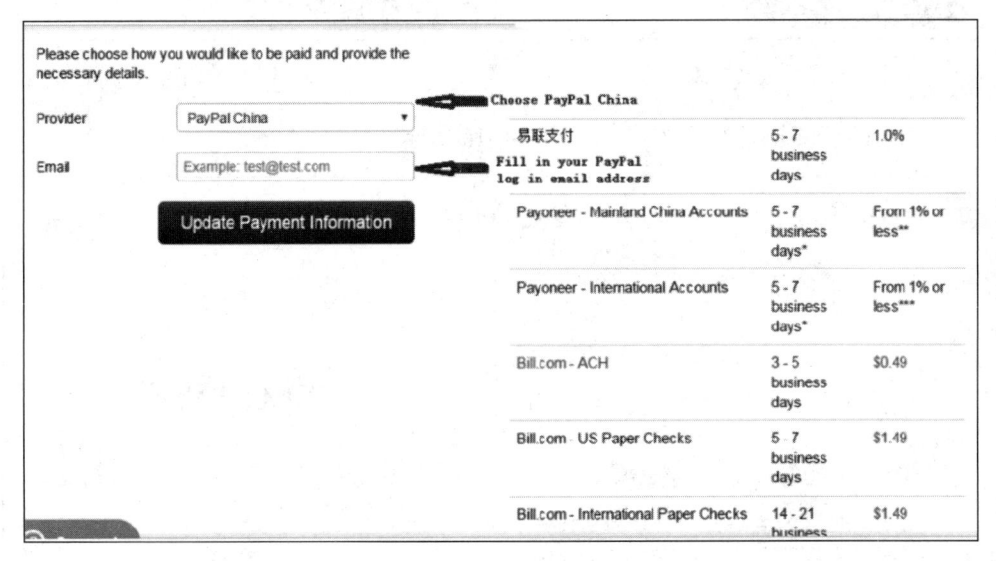

图 4-6-17　Wish 绑定 PayPal 设置

知识链接

一、PayPal 介绍

个人和公司身份均可以申请 PayPal。PayPal 是一个全球支付平台,可以在 200 多个国家使用。

PayPal 的特点如下。

(1)使用 PayPal 收款,无须支付月费及账户开户费,只有在成功完成交易时,才需支付交易费。如果月度销售额达到 3000 美元及以上,还可申请优惠商家费率。各种收款方式的费率如表 4-6-2—表 4-6-4 所示。

① 网站、账单或电子邮件收款。

第4章 Wish店铺运营与管理

表 4-6-2 网站、账单或电子邮件收款

类型	月销售额(美元)	费率
标准费率	3000 及以下	4.4%+0.3 美元
优惠商家费率	3000~10000；10000~100000；100000 以上	3.9%+0.3 美元；3.7%+0.3 美元；3.4%+0.3 美元

② 易贝收款。

表 4-6-3 易贝收款

类型	月销售额(美元)	费率
标准费率	3000 及以下	3.9%+0.3 美元
优惠商家费率	3000~10000；10000~100000；100000 以上	3.4%+0.3 美元；3.2%+0.3 美元；2.9%+0.3 美元

③ 速卖通收款：无须支付任何费用，PayPal 的交易费用由买家承担。

④ 小额收款：考虑到部分卖家主要销售单价较低的商品，PayPal 也提供了一般小额收款费率。如果平均销售单价在 12 美元以下，则可申请一般小额收款费率。

表 4-6-4 小额收款

类型	月销售额(美元)	费率
一般小额收款费率	不限	6%+0.05 美元

(2) 严格执行假冒伪劣检查工作。一旦发现，账户将立即冻结。

(3) 账户误操作很容易被冻结。

(4) 账户余额的使用方便简单，提取账户余额的方式灵活多变。PayPal 的提现情况如表 4-6-5 所示。

表 4-6-5 PayPal 提现情况

提现方式	到账周期	提现手续费	到账币种
提现到国内银行账户	3~7 个工作日	每笔 35 美元	美元
提现到香港银行账户	3~6 个工作日	提现 1000 港币及以上，免费提现 1000 港币以内，每笔 3.5 港币	港币
提现到美国银行账户	1 个工作日	每笔 35 美元	美元
支票提现	4~6 周	每笔 5 美元	美元

二、PingPong 介绍

个人和公司身份均可以申请 PingPong。

PingPong 的特点如下。

(1) 统一管理多平台商店，一键取现，直接进入国内银行账户。

(2) 以跨境收入总额的 1%为上限，没有外汇损失和任何隐性费用，账户可存入。

(3) 提现速度很快，只需要 1 个工作日。可提高资金周转率 10%至 80%。

(4) 本地客服团队迅速响应，能及时提出问题和答案，并提供更多免费服务帮助商家全面提升。

(5) 符合中国和美国的双边监管要求，资金安全有保障。

(6)数据透明度，汇率透明度和财务调节一目了然。

(7)全中文支持，注册简单，操作简单，符合中国人的习惯。

(8)支持客户在中国的个人登记，分为中国香港公司注册和中国内地公司注册。目前PingPong支持的Wish只适用于个人。个别香港卖家不能使用它。PingPong费用相对较低，为1%或更低，1%是上限。处理货款需要5~7个工作日。

三、Payoneer介绍

个人和公司身份均可以申请。

Payoneer的特点如下。

(1)没有5万美元的外汇结算限额。

(2)按照主流商业银行的汇率进行交易，并与国家外汇管理局授权的供应商合作，没有隐藏成分。

(3)支持多种货币转移。

(4)性价比高。

(5)快速：资金将在2小时内到达您的Payoneer预付万事达卡。在提款时，资金将在1~3个工作日内到达您的银行账户。

(6)资金安全。

(7)免费使用美元收款银行账户和欧元收款银行账户。但是，提前收费的比例相对较高，从1%开始。处理货款时间也相对较长，需要5~7个工作日。提取现金也没有优势，需要1~2个工作日。

练 习 题

一、单项选择题

1. Wish平台要求主图一定要清晰，突出产品的重点，图片大小最好为（　　）。
   A．200像素×200像素　　　　　　　B．400像素×400像素
   C．800像素×800像素　　　　　　　D．1600像素×1600像素
2. Wish平台要求标签的个数最少为（　　）个，最多为（　　）个。
   A．1，8　　　　B．2，10　　　　C．3，10　　　　D．5，8
3. 某商户上架了一款鞋子，这款鞋子的颜色有3种，尺码有10种，则这款产品的SKU有（　　）个。
   A．13　　　　B．30　　　　C．60　　　　D．20
4. 2019年，Wish平台放款给商户的时间为每月的（　　）日和（　　）日。
   A．1，20　　　　B．15，30　　　　C．10，20　　　　D．1，15

二、多项选择题

1. Wish平台上的产品标题通常包含（　　）。
   A．关键词　　　　B．品牌词　　　　C．属性词　　　　D．物流优势

2. 以下各项属于属性词的有（　　）。
   A．Soft Leather　　　　B．Dress　　　　　C．Shoes　　　　　D．Red
3. 打包发货常用的物料有（　　）。
   A．包装袋　　　　　　B．胶带　　　　　　C．气泡膜　　　　　D．纸箱
4. 使用 ProductBoost 的好处有（　　）。
   A．缩短配送时间　　　　　　　　　　　　B．增加产品的流量和销量
   C．更快地凸显商户的热销产品　　　　　　D．加速产品的曝光
5. 关于 MSRP，以下说法正确的有（　　）。
   A．MSRP 是指制造商的建议零售价，默认单位是美元
   B．商户最好填写此字段
   C．它将在 Wish 的产品销售价格上方显示为带删除线的价格
   D．MSRP 越高越好

三、复习思考题

1. 在 Wish 平台上注册账户，前期需要准备哪些资料？
2. 好标题的标准是什么？如何写好标题？
3. 如何写好产品详情描述？
4. 常用发货物料有哪些？
5. Wish 平台上主要的收款工具有哪些？

四、实务操作题

1. 到 1688 平台上找一款产品在 Wish 平台上发布，要求：
(1) 标题在 200 个字符以内，能突出产品的特点；
(2) 标签 10 个；
(3) 主图清晰，像素大小为 800 像素×800 像素；
(4) 定价合理；
(5) 其他栏目填写完整。
2. 通过 ERP 店小秘对 Wish 订单进行订单处理。
3. 你作为跨境电商运营专员，收到来自不同国家订单，请为商品选择 Wish 官方的物流途径。
4. 自行注册一种收款方式，然后绑定 Wish 账号。

第 5 章

Wish 店铺优化

内容提要

本章学习 Wish 店铺优化，具体内容为 Wish 店铺数据分析，包括数据分析概述、数据分析维度、数据分析操作示例；产品优化，包括成为诚信店铺、产品标题优化、产品标签优化、产品图片优化、产品描述优化、产品价格优化。

思维导图

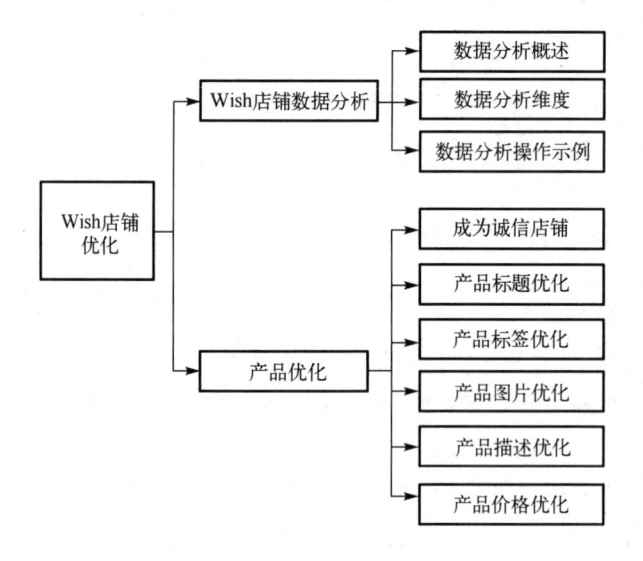

```
                              ┌── 数据分析概述
                 Wish店铺数据分析 ──┼── 数据分析维度
                              └── 数据分析操作示例
Wish店铺优化 ──┤
                              ┌── 成为诚信店铺
                              ├── 产品标题优化
                              ├── 产品标签优化
                 产品优化 ──────┼── 产品图片优化
                              ├── 产品描述优化
                              └── 产品价格优化
```

学习目标

1. 知识目标

（1）了解店铺数据分析的重要性。
（2）掌握数据分析的概念、指标、维度。
（3）掌握产品优化的各项指标及优化方法。

2．能力目标

(1)能够对店铺的运营进行数据分析。

(2)能够对产品及店铺进行优化。

3．素质目标

(1)具备精益求精的工匠精神。

(2)具备跨境电商运营与管理的专业素养。

5.1 Wish 店铺数据分析

5.1.1 数据分析概述

5.1.1.1 数据分析的重要性

跨境电商 B2C 行业，比传统的 B2B 外贸行业更加零散，比国内电商零售的服务链条更长，所以要想在竞争日益激烈的跨境零售行业中脱颖而出，则需要对每个业务链条把控得更加精细，更加有条理。

因此，依靠传统的管理模式对日益精细的跨境行业的全部流程进行管理，已经明显不能满足公司发展的需求。对于运营企业或者任何一个平台来说，对数据的挖掘、整理、分类分析能力都在企业的发展中占越来越重要的地位。

5.1.1.2 数据分析的概念

数据分析，是指用适当的统计分析方法对收集来的大量数据进行详细研究和概括总结，从中提取有用信息和形成结论的过程。这一过程也是 Wish 运营决策的支持过程。在实用方面，数据分析可帮助企业主或者账户运营人员做出判断，以便他们采取适当的行动。

5.1.1.3 数据分析 Wish 运营中的要点

1．销售端

通过 Wish 后台的数据，我们可以挖掘每个产品的流量、转化率、结账比例，以及产品的评论、销售人员运作店铺的效率情况、日常维护的情况等。通过一些辅助软件，我们可以看到整个 Wish 平台的流量产品及各种细分类目的一些数据情况，包括我们店铺自身的表现和平台主要大商户的表现。

2．运营端

通过 Wish 后台的数据，可以看到我们在发货、订单处理环节，以及我们选择的物流商的表现。同时，运营过程中的退款情况、仿品甄别情况及用户服务表现，都能直观地通过后台的数据体现出来。但是只靠 Wish 后台的数据，我们只能观测到结果，很难发现具体是哪个细节有优化的空间，所以我们在财务、物流、采购端口等流程中，都应该设置一定的数据监控模型，来进一步发现和优化流程中的问题。

3. 整体规划

需要定期根据 Wish 的后台及自身的数据统计，整合一系列财务数据，来帮助企业主或者运营人员了解在 Wish 平台上的投入、收益，以及分阶段的投入产出比，从而让大家能更好地决定在每个阶段应该如何对 Wish 平台进行资源和人力的投入，及产品方向是否需要调整、运营 Wish 的模式是否需要调整这些比较宏观但是非常重大的决策。

5.1.2 数据分析维度

5.1.2.1 Wish 商户的后台数据

以 Wish 商户的后台数据为例，单击"业绩"菜单，下面是 Wish 运营中最常用到的数据分析板块，其中包括产品概述、销售业绩、店铺表现、物流表现、用户服务表现及仿品率等。通过这些后台数据分析，可以了解店铺的运营情况。

1. 产品概述

产品概述又名产品数据概览，主要包括时长、上架产品总数、SKU 总数、单个产品的 SKU 数量、平均价格、平均运费、价格与运费比、每个产品的平均附加图片数、浏览数及成交总额。数据可以通过导出 CSV 的方式形成表格，以便更好地进行分析。这些数据便于卖家统计每周产品上传状况，检测产品及运费是否处于合理状态并及时调整相应数据。一般情况下，建议每个产品的 SKU 数量和平均附加图片数量大一些为佳。

2. 销售业绩

卖家在 Wish 商户平台的左上角的业绩栏里面可以找到店铺运营的相关状况及业绩。

店铺"业绩"菜单栏中的数据，以周为单位，每周三进行更新，在日常经营店铺过程中，卖家应该在数据更新后，第一时间查看店铺本周内的数据表现。

销售业绩一栏会给出两组数据，第一组为销售排名第一的商户，第二组为卖家商户。系统将在指定日期范围内自动统计数据并标明店铺产品的浏览数及"购买"按钮点击次数以帮助卖家分析业务进程、订单、结账转换率、成交总额，也可及时帮助卖家了解资金走向。

排名第一的商户数据，可以用来对比自己店铺的数据，从而了解自己店铺的情况。

销售业绩栏包含 3 块内容：总览、产品浏览、每个国家明细列表。

1）总览

可清晰地看到店铺产品浏览量、"购买"按钮点击率、购物车浏览数、结账转化率及成交总额，并可以通过单击产品详情查看产品具体信息。

2）产品浏览

单个产品在该日期范围内所有的数据表现，都可通过此数据进行观察，从而判断商品的优劣性，淘汰一些表现不佳的产品。

3）每个国家明细列表

对应目的地国家及对应国家的成交金额展示的数据为 3 个月前的数据（新店铺在刚开

始运营时不能看到此项数据)。

店铺销售等数据通过一段时间的积累后,可通过后台查看后分析,以此提高店铺的转化率。

除"业绩"菜单外,在"产品"菜单中也有需要挖掘的数据。其中店铺当前产品的 SKU、最近更新时间及上传时间的相关数据对掌握产品信息和上架信息会有所帮助。同时不能忽略 Wishes 数和销售数两个有用的信息,还可以查看单个产品的数据表现情况。

3. 店铺表现

达到诚信店铺的要求是同时满足仿品率、有效跟踪率、延迟发货率、30 天平均评分、在 63~93 天内的退款率,获得诚信店铺标识可以给店铺带来更多流量和销量,符合 Wish 认证的商品将在首页被标记 Wish 认证标识。

店铺评分主要有 6 个数据模块展示区:每周总计评分、每周店铺评分、店铺评分明细、每周产品评级、产品评分明细、国家评分明细。通过不同的时间和地区,帮助卖家把握产品销售周期、调整产品地区分布等。

每周总计评分可查看 30 天产品平均分排名,可通过最高评分产品及最差评分产品来判断店铺运营情况。当最高评分产品占比高时,说明店铺在比较良性地运作;当最低评分产品占比高时,说明店铺产品存在某些问题,问题主要集中在:产品质量、产品尺码、产品描述、物流时效等。

当店铺出现低于 3.0 分的评分时,应该多加关注该产品的当前情况,选择"查看最差评分产品"选项,并单击"查看产品资料"按钮。

产品表现包括:表现总览、产品展示的状态、成交总额和订单量、浏览量、退款、产品评级、产品反馈。重点要关注"产品反馈",可以通过用户给予商品的评价来了解产品存在的问题。

当店铺最热评产品评分过低时,应该多加关注此商品,进行充分分析,为保证全店铺评分,必要时应及时下架该商品。

4. 物流表现

物流表现是后台数据分析的重要模块。首先,Wish 平台规定,从用户下单到物流申报,必须在 3 天内完成。同时,所有订单从用户下单到确定订单履行,必须在 5 天内完成,若订单未在 5 天内履行,该订单将被退款并且相关的产品将被下架。

用户可通过后台的"物流表现"来判断包裹状况。浅灰色数据表明包裹处在"安全区",深灰色区域则是"警告风险区"。

选择物流服务商,以美国为例,物流渠道主要以 Wish 邮(官方)和 e 邮宝为主,退款率相对比较低,对于刚入 Wish 平台的卖家,选择使用 Wish 邮更为方便。

在路向指南一栏,Wish 后台会通过物流走势、目的国物流等情况将整个物流链条的数据整合呈现,帮助卖家及时优化物流系统,确保产品妥投率。在"物流表现"条件项下,卖家可关注"物流服务商路向指南",该指南通过数据表格与数据分析将主要物流服务商的详细信息列出。卖家可通过设置目的地国家进行条件筛选,从而选择最佳物流服务商。

5. 用户服务表现

1) 30 天的退款率

Wish 平台按照退款率数值将其分为 3 个等级："目标"等级≤5%，"不可接受的"等级>8%，"警告(暂停交易风险)"的等级>10%。卖家后台退款率低于 5%是正常的，如果退款率过高，店铺可能面临被强制暂停营业的风险。

2) 卖家后台的退单率

退单率是指某个时段内退单的订单数量与收到订单总数的比值。退单情况包括系统退单、客户退单、商家退单。一般情况下，退单率低于 0.5%是正常的。如果店铺退单率过高，店铺一样也要面临暂停营业的风险。退款表现主要是指退款率，退款率是计算在某个时间段内退款订单数占总订单数的比例。

Wish 根据两级退款政策进行考核，评估商户退款率的两项指标为 30 天退款率和 93 天退款率。需要注意的是，卖家需要同时在 30 天退款率及 93 天退款率两项指标上符合标准才能规避暂停交易的风险。

3) 卖家退款率高的主要原因

(1) 在购买时，项目完成延迟或缺货。
(2) 用户要求退款。
(3) 收件与下单件不符(错误的大小、颜色、项目)。
(4) 商品到达时已损坏。
(5) 商品没有到达或到达时间过长。

用户反馈的信息将会展示在买家端。用户反馈会直接反映出用户对于商品的满意程度，如果评分数过低，卖家需及时优化或者下架商品。

6. 仿品率

Wish 平台每周都会随机抽查卖家店铺内部分还未经过审核的商品，由此确定卖家店铺的仿品率，如果仿品率超过 5%，店铺将失去诚信店铺的资格。

仿品率的计算公式为：当周仿品率=当周被判仿品的数量÷当周审核的产品数量×100%
仿品率按周计算，每周更新一次。

卖家可通过 Wish 后台设置的品牌大学板块进行产品上传前的知识检测，一定程度上可以规避仿品率过高等问题。

5.1.2.2 数据分析的思维

1. 对照思维

对照思维通常用于对比单品或者单店铺在单位时间的销售情况，通常采用对比的形式，展示出的形式是柱状图。一般后端运营比较规范，且用系统进行管理的商户，所使用的 ERP 通常都有统计功能，可以对订单数量或者订单金额进行统计。

销量和销售额的统计，体现了在数据处理中很重要的也是最基本的一个思路，就是对照的思路，俗称对比，单独一个数据是绝对化的数字，不能代表什么，而和另一个数据作对比，才能体现出它的价值。

2. 拆分思维

我们举一个例子，比如销售员 A，通过对照的方式发现店铺这一周的销售额不如上一周，这时只对比销售额没有多大意义，而需要对销售额这个数据进行进一步拆分。这里可以利用电子商务中常见的一些公式，例如：销售额=成交用户数×客单价，成交用户数=访客数×转化率。

通过进一步的分析可以找出导致销售额下降的原因，还可以更进一步细分转化率、流量等数据，找出更深层的原因，直到找出解决方案。

3. 降维思维

当数据的维度太多的时候，我们不可能把每个维度都拿来分析，对于一些相关联的数据指标，筛选出其中能够合并的维度即可。

在汇总数据维度时，众多的数据并不是每一个都值得分析的，当存在"成交总额=产品单价×订单"这种一个维度可以由其他维度计算出来的情况时，我们就可以降维分析。通常我们只关心对我们有用的数据，当某些维度的数据跟我们的分析无关时，就可以将其过滤掉，从而达到降维分析的目的。

4. 增维思维

增维和降维是相对应的，有降必有增。当我们当前的数据维度不能很清晰、很全面地解释我们的问题时，我们就需要对数据做一些运算，使其多增加一个指标。当我们在分析某个单品的数据时，如果单纯从浏览量、销量、退款比率、平均评级数据等不能分析出产品销售额增减的原因，就需要增加产品的客单价、转化率等数据维度来协助分析。

5.1.3　数据分析操作示例

第一步：登录 Wish 商户平台。查看基本数据指标：待处理问题、待完成订单、平均订单评级、将在下一支付日收到的金额和因未确认的配送欠您的金额，如图 5-1-1 所示。

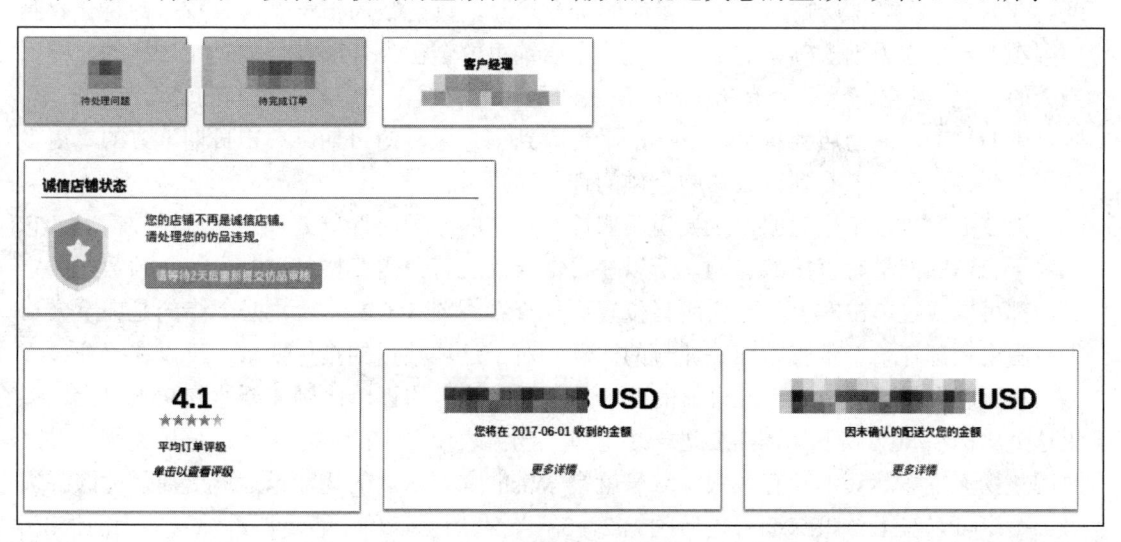

图 5-1-1　基本数据指标

第二步：下拉页面，查看店铺表现数据：订单履行率和到货时长。通过对比曲线图查看店铺表现，如图5-1-2所示。

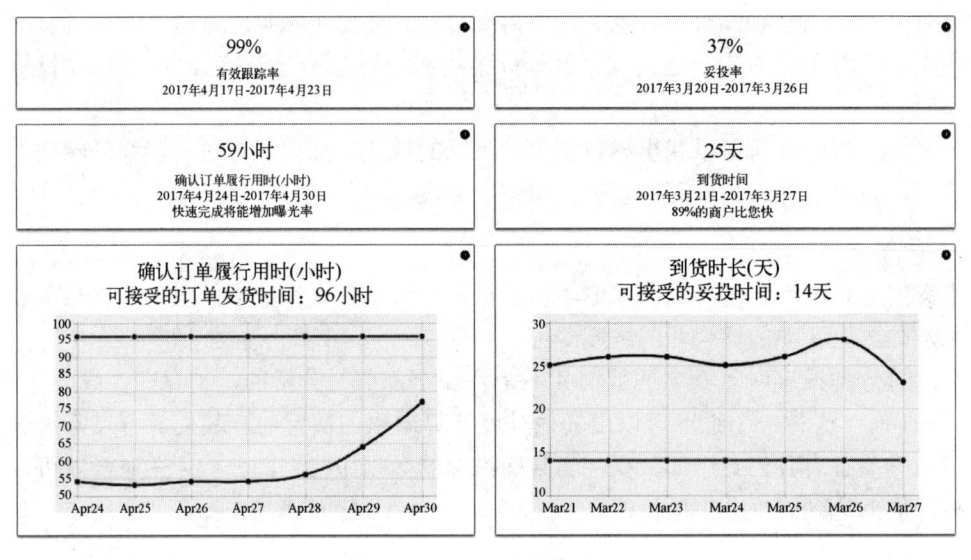

图 5-1-2　店铺表现数据1

总体来说，第一步和第二步商户首页的数据涵盖了该账户的用户反馈、资金情况、账户物流数据表现、阶段性的销售额和流量表现，其中第一部分数据对于商户来说比较重要，要重点了解、关注和跟进。

图 5-1-1 中的数据 1 为该店铺的平均订单评级情况，展示的是店铺在销售产品之后，用户对于店铺产品、物流时效、售后服务的综合反馈，店铺评价分为一到五星，越接近五星，则说明用户对商户的综合服务越满意。单击此项数据下方的"单击以查看评级"链接可以看到详细的客户评价星数和内容。通过评价的详情页面，可以看到每笔订单评价的情况。数据 2、数据 3 反映的是店铺目前的资金状况。数据 2 为下一个转款日店铺将会收到的金额，数据 3 为因未确认的配送而沉淀在店铺里的金额。金额都是以美元计算的，根据当天的情况，数据每天都会有所变动，反映的是整个店铺在这一阶段时间的资金流转情况。数据中的日期，即为店铺将会从 Wish 平台收到上方金额的日期。单击日期下方的"更多详情"链接，则可以看到组成图中金额的订单详情页。

图 5-1-2 中的 4 项数据，主要说明店铺在指定的一周内订单处理及物流时效情况，它们对于店铺的流量有直接的影响，所以在日常店铺运营中需要格外重视。这 4 项数据的定义，都可以通过单击右上角箭头所指位置进行查看。图 5-1-2 中的数据 1 指的是在下方日期范围内全部订单中带有效跟踪编号的比例，对于这项数据的指标要求，可以在"业绩"→"物流表现"菜单中查看。目前的要求是带跟踪编号的订单比例需要达到95%以上，如果这个比例在80%以下，则需要进一步通过"物流表现"中的数据来详细分析原因，并及时调整物流方案。其中，有效跟踪编号就是 Wish 官方承认的物流承运商所提供的跟踪编号。商户可以在上传跟踪编号之后的第2~3天，在历史订单中查看跟踪编号的上网情况。图 5-1-2 中的数据 2 显示的是某一周内已确认收货的订单比例，目前 Wish 对这个数据还没

有制定相应的标准，目前能确认订单已经完成、用户已经收货的方式有两种，第一种是跟踪编号显示已经送达，发送的订单为带挂号的订单，采用有跟踪信息的物流方式，当物流信息更新为"Delivered"以后，此笔订单将会被记为已确认收货订单。第二种是选用了平邮发货，即没有跟踪信息，但是用户收到货后，在 Wish 客服的邮件提醒下主动帮助确认订单已完成。当用户确认完成收货后，订单也会被记为已确认收货订单。图 5-1-2 中的数据 3 为确认订单履行用时，指的是从下单到确认订单完成的平均时间。这里的下单时间指的是用户下单且通过了 Wish 风控审核的订单日期，可以通过单击"订单"→"未处理"菜单查看。订单完成日期，以商户上传的跟踪单号被系统所确认的日期为准。目前 Wish 平台对这一数据的要求比较严格，物流表现指标中，有三项数据和这个指标有关，分别是申报完成平均时长、平均确认订单履行用时、延迟发货率。申报完成平均时长指的是从用户下单到商户在后台确认发货的平均时间。Wish 后台规定最好在 48 小时内完成。平均确认订单履行用时指的是从用户下单到订单的跟踪单号被系统确认的平均时间。延迟发货率是指当周订单中未在 120 小时内确认跟踪编号的比例。如果这一比例连续几周超出 Wish 所规定的 20%，则商户有被暂停交易的风险。Wish 对于能快速完成发货的店铺会有流量方面的扶持，这一点对于各个店铺特别是新店铺尤为重要。图 5-1-2 中的数据 4 为到货时间，是指用户从下订单到确认已收货所需的平均时长。这个时间点的取值可对照图 5-1-2 中的数据 2 和图 5-1-2 中的数据 3 的计算方式来确认。到货时间对于用户的购物转化率有直接影响，用户在页面上可以直接看到这个数据。

第三步：下拉页面，查看总体浏览数（展示店铺的运营情况）、总销售额（各个国家的销售金额及趋势）、过去 7 天浏览数、过去 7 天的销售额和 Wish 总计。查看这些数据指标的变化趋势有助于评估店铺上周的数据表现，如图 5-1-3 所示。

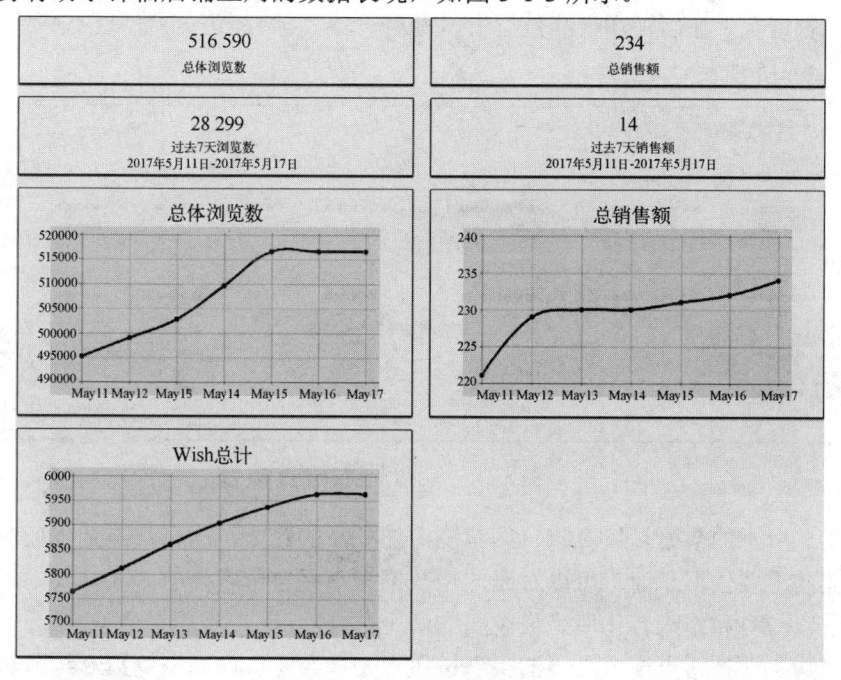

图 5-1-3　店铺表现数据 2

第四步：在菜单栏的业绩栏中，单击销售图表，查看任一时期(以日/周/月)为单位的店铺表现，如图 5-1-4 所示。

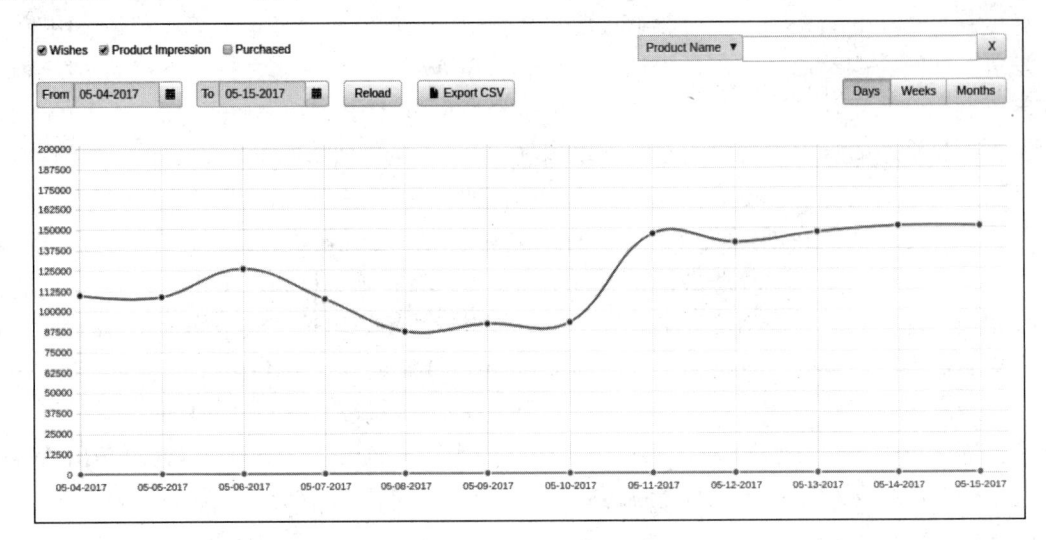

图 5-1-4　业绩曲线

如果要优化这一数据，就不能光看整个店铺的数据表现，还需要从主要的单品数据进行分析，及时下架店铺中长期(一般是上架后 2～3 个月)无转化或者转化率低的单品。

第五步：查看单个产品的销售表现。通过该产品销售业绩数据，可以逐步调整单品的售价和备货库存数量，对于单品的单击转化率和购物车转化率标准，可以参考店铺的转化率标准，但是每个单品都有自己的生命周期，还需要结合其他的销售软件来查看该单品在市场上的销售情况。在店铺和产品数据中，都有一项"排名第一的商户(或产品)"的表现情况，如图 5-1-5 所示。

图 5-1-5　销售业绩数据

图 5-1-5 所示的数据是针对该日期范围内的单品的数据，这页数据是我们对单品进行淘汰和优化的重要依据。商户可以对照此项数据来掌握自己店铺的情况。其中"购买"按钮点击率(转化率)和结账转化率是最重要的两个数据。

此处"购买"按钮点击率为"购买"按钮点击次数除以产品浏览数，结账转换率为订单数量除以购物车浏览数。单品的结账转化率可用以判断单品定价是否合理及店铺的物流时效是否有竞争力。结账转化率的标准，通常可以对标排名第一的店铺(或产品)。

第六步：单击"产品概述"按钮查看产品数据概览，了解卖家产品表现，如图 5-1-6 所示。

时长	上架产品总数	SKU 总数	每个产品的 SKU 数量	平均价格	平均运费	价格与运费比	每个产品的平均附加图片数	浏览数	成交总额
05/08/17 - 05/14/17	77	103	1.34	$130.83	$4.28	30.57	0.19	220	$111.46
05/01/17 - 05/07/17	79	105	1.33	$128.88	$4.19	30.77	0.16	288	$3.60
04/24/17 - 04/30/17	79	106	1.34	$129.82	$4.19	30.98	0.18	370	$0.00
04/17/17 - 04/23/17	80	110	1.38	$128.47	$4.13	31.14	0.19	1,097	$9.35
04/10/17 - 04/16/17	83	117	1.41	$126.67	$3.95	32.08	0.23	944	$15.30
04/03/17 - 04/09/17	88	122	1.39	$128.10	$3.90	32.86	0.23	872	$98.04
03/27/17 - 04/02/17	97	135	1.39	$131.25	$3.71	35.39	0.26	1,736	$0.00
03/20/17 - 03/26/17	99	140	1.41	$127.74	$3.61	35.39	0.27	2,323,662	$65.45
03/13/17 - 03/19/17	95	133	1.40	$135.22	$3.67	36.80	0.25	141,286	$29.75
03/06/17 - 03/12/17	87	116	1.33	$142.17	$3.93	36.18	0.20	68,388	$80.75

图 5-1-6　产品数据概览

第七步：在业绩栏中单击"评分表现"按钮查看卖家评分表现指标，如店铺评分和产品评级，如图 5-1-7 所示。

时长	店铺评分	店铺的平均评分	低店铺评分的占比	产品评级	平均产品评分	低产品评分的百分比	30天平均评分
可接受		> 4.5	< 5%		> 4.5	< 5%	> 4.5
警告(暂停交易风险)		< 4.0	> 15%		< 4.0	> 15%	< 4.0
05/08 - 05/14	1	5.00	0.00%	1	0.00	0.00%	4.68
05/01 - 05/07	4	5.00	0.00%	6	5.00	0.00%	4.55
04/24 - 04/30	7	4.86	0.00%	7	4.86	0.00%	4.45
04/17 - 04/23	6	4.67	0.00%	7	4.57	0.00%	4.43

图 5-1-7　评分表现

第八步：下拉找到物流表现栏，查看卖家物流相关指标表现，如图 5-1-8 所示。

时长	订单已完成	申报完成平均时长(小时)	平均确认订单履行用时(小时)	带有效跟踪号的订单	有效退款率	履行订单前取消交易	预履行取消率	延迟发货率	已投递订单	受投率	平均配送时长(天)	到送货上门所需的平均时长(天)
可接受		< 48 小时(2 天)	< 96 小时(4 天)		> 95%		< 1%	< 5%		< 14 天	< 16 天	
警告(暂停交易风险)		> 72 小时(3 天)	> 120 小时(5 天)		< 80%		> 3%	> 20%		> 21 天	> 24 天	
05/08/17 - 05/14/17	45	8.21	目前不可用	目前不可用	目前不可用	目前不可用	目前不可用	目前不可用	目前不可用	目前不可用	目前不可用	
05/01/17 - 05/07/17	2	13.44	目前不可用	目前不可用	目前不可用	目前不可用	目前不可用	目前不可用	目前不可用	目前不可用	目前不可用	
04/24/17 - 04/30/17	0	0.00	0.00	0	0.00%	0	0.00%	0.00%	目前不可用	目前不可用	目前不可用	

图 5-1-8　卖家物流相关指标表现

第九步：下拉页面，查看店铺的退款率、退单率和用户满意度、平均订单履行率、退款率、平均配送时长、平均配送延迟及平均评级等指标，了解用户的服务表现，如图 5-1-9 所示。

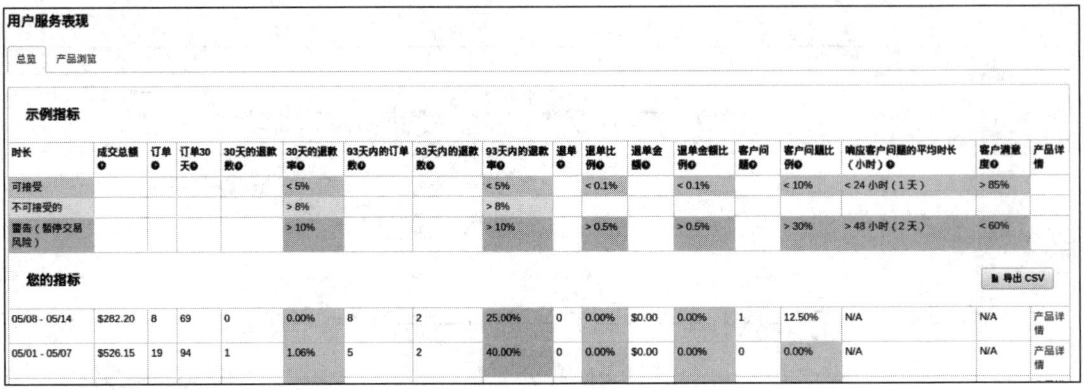

用户服务表现

总览　产品浏览

示例指标

时长	成交总额	订单	订单30天	30天的退款数	30天的退款率	93天内的订单数	93天内的退款数	93天内的退款率	退单	退单比例	退单金额	退单金额比例	客户问题	客户问题比例	响应客户问题的平均时长（小时）	客户满意度	产品详情
可接受					< 5%			< 5%		< 0.1%		< 0.1%		< 10%	< 24 小时（1 天）	> 85%	
不可接受的					> 8%			> 8%									
警告（暂停交易风险）					> 10%			> 10%		> 0.5%		> 0.5%		> 30%	> 48 小时（2 天）	< 60%	

您的指标　导出 CSV

时长	成交总额	订单	订单30天	30天的退款数	30天的退款率	93天内的订单数	93天内的退款数	93天内的退款率	退单	退单比例	退单金额	退单金额比例	客户问题	客户问题比例	响应客户问题的平均时长（小时）	客户满意度	产品详情
05/08 - 05/14	$282.20	8	69	0	0.00%	8	2	25.00%	0	0.00%	$0.00	0.00%	1	12.50%	N/A	N/A	产品详情
05/01 - 05/07	$526.15	19	94	1	1.06%	5	2	40.00%	0	0.00%	$0.00	0.00%	0	0.00%	N/A	N/A	产品详情

图 5-1-9　用户服务表现

第十步：进入“退款表现”页面，查看退款详情，如图 5-1-10 所示。

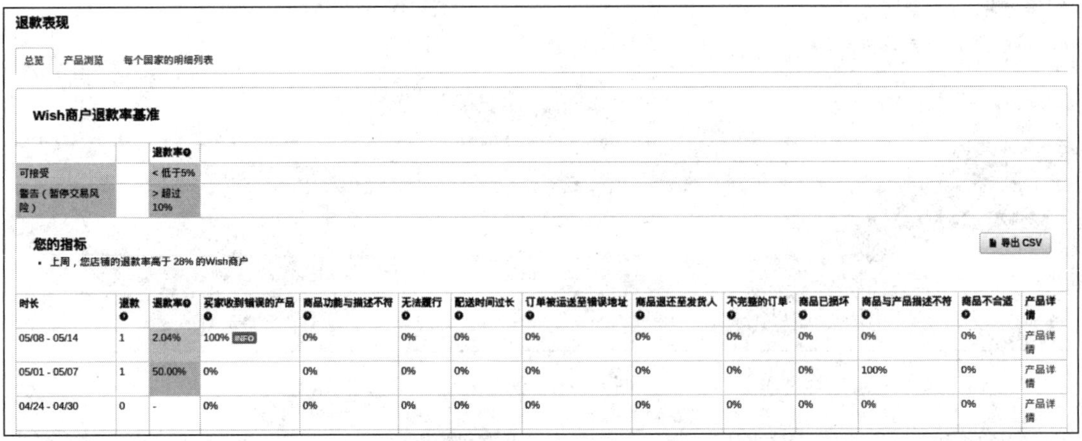

退款表现

总览　产品浏览　每个国家的明细列表

Wish商户退款率基准

	退款率
可接受	< 低于5%
警告（暂停交易风险）	> 超过10%

您的指标　导出 CSV

- 上周，您店铺的退款率高于 28% 的Wish商户

时长	退款	退款率	买家收到错误的产品	商品功能与描述不符	无法履行	配送时间过长	订单被运送至错误地址	商品退还至发货人	不完整的订单	商品已损坏	商品与产品描述不符	商品不合适	产品详情
05/08 - 05/14	1	2.04%	100% INFO	0%	0%	0%	0%	0%	0%	0%	0%	0%	产品详情
05/01 - 05/07	1	50.00%	0%	0%	0%	0%	0%	0%	0%	0%	100%	0%	产品详情
04/24 - 04/30	0	-	0%	0%	0%	0%	0%	0%	0%	0%	0%	0%	产品详情

图 5-1-10　退款详情

第十一步：进入“仿品率表现”页面，查看仿品详情，如图 5-1-11 所示。

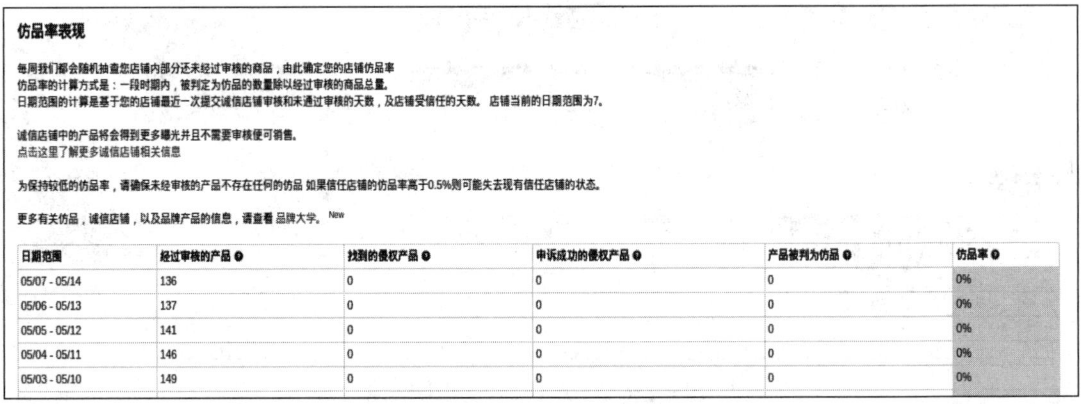

仿品率表现

每周我们都会随机抽查您店铺内部分还未经过审核的商品，由此确定您的店铺仿品率
仿品率的计算方式是：一段时期内，被判定为仿品的数量除以经过审核的商品总量。
日期范围的计算是基于您的店铺最近一次提交诚信店铺审核和未通过审核的天数，及店铺受信任的天数。 店铺当前的日期范围为7。

诚信店铺中的产品将会得到更多曝光并且不需要审核便可销售。
点击这里了解更多诚信店铺相关信息

为保持较低的仿品率，请确保未经审核的产品不存在任何的仿品 如果信任店铺的仿品率高于0.5%则可能失去现有信任店铺的状态。

更多有关仿品，诚信店铺，以及品牌产品的信息，请查看 品牌大学。 New

日期范围	经过审核的产品	找到的侵权产品	申诉成功的侵权产品	产品被判为仿品	仿品率
05/07 - 05/14	136	0	0	0	0%
05/06 - 05/13	137	0	0	0	0%
05/05 - 05/12	141	0	0	0	0%
05/04 - 05/11	146	0	0	0	0%
05/03 - 05/10	149	0	0	0	0%

图 5-1-11　仿品详情

5.2 产品优化

产品优化主要是指品牌授权及诚信店铺。卖家可进入品牌大学页面，了解品牌授权所需要上传的文件及诚信店铺标识获得的过程。通过产品优化，卖家可以提升自身店铺的竞争力，获得平台更多的流量。

通过对产品进行数据统计，针对不同类目设定不同的优化方案，从而在最大程度上使同类型产品在上架的时候就处于最优状态，以免后续反复修改。这样不仅能避免后续修改的人力付出和风险，还能有效提高爆品产出率和各项服务指标。

产品优化具体可以分为成为诚信店铺、产品标题优化、产品标签优化、产品图片优化、产品描述优化、产品价格优化。

5.2.1 成为诚信店铺

诚信店铺是针对满足一定条件的商家给予的店铺荣誉及优惠政策。诚信店铺的一大优势是店铺所售产品不需要被审核可先行直接销售，Wish 平台后台会在销售过程中审核。成为诚信店铺的前提条件是要求仿品率控制在 0.5% 以下。成为诚信店铺后，其产品更容易经 Wish 认证，产品经认证后会在前台图片上显示"Verified by Wish"标志，该标志对于客户将有更多的吸引力。经 Wish 认证的产品会有更多的浏览量和销量。获得这一标志的前提是店铺必须为诚信店铺且产品有客户的顶级评分，产品的退款率也必须处于较低状态。

5.2.2 产品标题优化

5.2.2.1 产品标题的写法

1. 多关键词叠加

例 1：Women Leggings Thicken Fur Warm Fitness Sport Leggings Winter Fleece Legging Pants Women Leggings

通过对 Women Leggings、Sport Leggings、Fleece Leggings 的叠加使用，突出 Leggings 这个核心关键词，让客户能更快捷地获得核心关键词。

2. 最精简描述性短标题

例 2：Women's Autumn Loose O-neck Off Shoulder Long Steeve Knitted Sweater

这种写法没有过多叠加同义词，整个产品的标题读起来非常通顺，对于移动端的快速购物来说，这样能使客户更好地理解产品，以增加单击量。

5.2.2.2 根据不同类型产品测试不同产品的标题写法

可以对同类型产品分别用不同的产品标题写法进行尝试，并做好汇总，从而总结出这个类目的产品适合哪种写法（建议寻找价位接近的产品进行测试，否则价格相差较大可能会影响测试结果）。

1. 常规产品标题写法

(1)产品核心关键词尽量靠前,尽量在标题前 5 个词中出现。

(2)产品标题由描述款式、材质、形状、型号的词和中心词构成。

(3)如果销售特大尺码或特殊型号的产品,可以通过在标题上添加"关键属性",使产品能够在更大程度上吸引客户单击。

需要注意的是,款式、材质、形状、型号等相关词汇的填写需要结合客户的搜索习惯,可以参考 Google 搜索框的提示,以及手动上传产品填写标签时后台的关联词提示。

中心词需要切合客户搜索习惯,在设置的时候,需要结合时下的热门关键词。

设置关键词也要注意一定的技巧,要尽可能使用同义的关键词。一款产品的多种不同的英文名称,如 Wedding Dresses 和 Wedding Gown 等,都可以包含在产品标题里。

2. 产品标题优化案例

(1)原标题:Wholesale-Free Shipping Nice Beautiful 4 pcs Black Synthetic Kabuki Brush Single Makeup Cosmetic Brush Travel Makeup Set

(2)优化后:4 pcs Travel Makeup Brush Set Black Synthetic Kabuki Cosmetic Brush

优化后的产品标题,能使客户更快速地获得该产品的重要信息,如数量、功能等。

5.2.2.3　针对不同产品类型做优化方案

对于任何一类产品,都不要固定产品标题写法。产品标题的写法需根据产品类型、售价等各种因素"量身定制",但也有规律可循。例如,像 3C 类产品,应突出其功能性;服饰类产品,尺码和颜色为客户关注的重点;套装类产品,应突出其数量。

5.2.3　产品标签优化

5.2.3.1　产品标签优化概述

产品标签在 Wish 平台运营中起到举足轻重的作用,在其他电商平台又称为"关键词"。产品标签的作用是让客户能够更精准地搜索到你的商品,并且每个卖家在编辑产品时,最多能够填写的标签数量只有 10 个,Wish 平台的"瀑布流"推送方式,会根据搜索条件来增加标签,确保客户能够更精准地通过产品标签来选择商品。

关键词包含广泛关键词、核心关键词和长尾关键词三类,这三类关键词之间的关系是既有包含性又有独立性。例如,在产品 Listing 上,移动电源可以用 Power Bank、External Battery、Portable Charger 三组词来表达,这三组词是相互独立的核心关键词。但一个 50000mAh 的移动电源(50000mAh Power Bank)就是大容量的移动电源,会成为一部分有特别需求的客户所搜索的对象,则 Power Bank 就成了长尾关键词。又如手表(Watches)是一个广泛关键词,但男性手表(Men's Watches)就是核心关键词,而男士军用手表(Men's Military Watches)则是长尾关键词,这三个词语之间是包含与被包含的关系,而且范围逐步缩小,越来越精准。

不管关键词的关系如何,作为商户需要做的第一步是了解自己的产品,然后收集整理产品的关键词,再根据实际情况,将关键词布局到产品标签中。

5.2.3.2 产品标签优化的方法

1. 根据产品本身情况优化标签

产品标签是 Wish 平台推送产品的重要依据之一,所以需要针对产品特性去写。

例 1:Earings Jewelry,Dangle Earning Crystal Jewelry,Slud Earning,Women Earnings,Snooflake Shaped,Crystal Earnings,Fission Charm,Dangle Charm,Hexagram Design

实际写法可依据二八法则:两个大词(流量词,一般为类目词,优先用单个单词),八个小词(精准词,例如:产品类型+产品属性+修饰词+长尾词+节日词+季节词+场景词+小语种)。尽量多用长尾小词去提高产品被推送时的转化率,以加强后期推送。任何标签的优化都以提高转化率为前提,这样才能增加平台推送流量,增加产品订单量。

2. 平台产品标签推荐

填写产品标签时,平台会自动筛选出一些相关的词,这是平台通过长时间的统计所推荐的关键词。

3. 根据产品表现进行优化

每种产品都有"生命周期"。一种产品销量的变化周期少则几个星期,多则 1~2 年,产品竞争、市场趋势、季节变化等原因,都会导致流量下降、订单减少,直至产品不出单。

对于产品的"生命周期",根据产品销售的不同阶段在选词方面也有所不同:新品时宜选用精准词,出单产品宜继续使用精准词,订单提升时宜使用精准词+流量词,爆款时宜使用流量词。

4. 关键词验证

在使用关键词的时候,特别是在使用小词的过程中,我们可以将关键词拿到 App 的首页进行搜索,尽可能地了解自己产品所选择的关键词能够出现在平台的第几页,从而了解关键词的精准度。

5.2.4 产品图片优化

通过对多个平台销售产品的对比,会发现境内外的产品平台,大多数都是"卖图片"的平台。商品能否销售成功,产品图片展示起到了很大的作用。主图的设置在很大程度上会影响店铺的点击率和转化率,做好一张有吸引力的主图,对于提高店铺的销量至关重要。

5.2.4.1 产品主图的类型

1. 单款大图(有背景或无背景)

该方式适合本身体积较小的产品,容易突出产品的细节。

2. 模特图(街拍场景或设定场景)

此类图片适合服饰类等产品,以展示实际效果。

3. 多色拼接(同产品多色或多角度图片拼接)

这类图片适用于色彩丰富的产品。

4. 模特+产品图片拼接

此类图片适用于需要展示细节并体现实际穿戴效果的产品。

5.2.4.2 总结数据并优化现有产品及后续产品

实战中,对于一款产品往往会选择多种方式混合展示。

通过不断摸索和上传产品图片来测试哪种效果最佳,会发现每种类型的产品都有最适合的主图处理方法。例如:潮流服饰类产品,主图带模特的产品点击率和转化率普遍会比不带模特的产品要高;而对鞋类来说,多角度拼接图的点击转化效果会好于单款大图。所以,每开发一类产品,就需要根据产品的实际类型去测试各种主图方式,再根据 Wish 后台一定周期内(以周为单位)的点击率、转化率等数据,综合分析后选用最合适的主图,并应用到后续同类型产品的图片编辑中,以得到最好的点击及转化效果。对于多色产品,应依据同类产品出单的数量对主图进行调整,选用出单量最多的颜色,这有助于提高该产品的点击率、转化率及销量。

5.2.5 产品描述优化

5.2.5.1 产品描述优化的重要性

Wish 平台的详情页多为较简单的文字描述,在 Wish 店铺运营中也占据了重要地位,详情页的优化可以参考下列几个方向:对产品进行再次描述,产品功能更新,客户留评。一个好的产品描述,要清晰地将产品介绍得尽可能全面。产品描述可以从多个维度进行优化。

5.2.5.2 针对客户留言、评价、反馈优化产品描述

产品描述的优化,需要逐个产品去分析,而优化的方向,很大程度上取决于客户的评价等反馈信息。针对客户的差评,归纳原因,从而有针对性地去优化产品描述,这样才能有效降低退款率等指标。例如:客户普遍评价产品偏小时,可在详情描述第一句中就写明尺寸,让客户能更有效地去选择准确的产品。

5.2.5.3 产品变动后优化详情

不断升级产品本身,以提升产品本身的竞争力。好的产品描述应该具备以下特点。

(1)紧抓客户心理,将产品的特点展示出来。

(2)对每个产品进行单独的关键词"围绕"和描述,提高优化效果。

(3)如果商品本身已经换过包装,可在详情中介绍下产品包装明细。

(4)功能型产品,无论在子图中是否已经加入使用说明,建议在详情描述里再介绍使用方法。

(5)将不同内容分段落,确保每一段的内容都能够让客户看明白,且不要出现重复的内容。

(6)文笔流畅,语法、结构、措辞都应该是最专业的。

(7)提高产品介绍的条理性,增加产品介绍的有用信息,提高其可读性。

此外,很多时候产品的一些卖点、特质没有办法通过图片展现出来,尤其是材质等方面的,所以描述是图片的延伸,是进一步介绍产品的途径。

5.2.6 产品价格优化

5.2.6.1 产品周期内的价格变动

任何产品都会有生命周期,爆款也不例外。

如何合理地在各个周期内给产品定价,以达到总体收益最高?产品周期一般分4个阶段:新品期、销量增长期、爆款期、衰退期。

(1)新品期:此时产品价格需要根据同类型产品确定。

(2)销量增长期:尽量考量产品价格和销量的变动系数,尽量不调整售价。

(3)爆款期:此时的同类产品的竞争对手已经涌入,价格战开始,需要适当降低售价以确保产品的销量,确保占据流量入口。

(4)衰退期:进入这个时期的产品的利润已经非常低,所以要在可控前提下低价销售,直至无利润时放弃该产品。

5.2.6.2 设定价格变动区间

产品的价格设定需要有一个区间,对于处在不同生命周期的产品,我们需要根据市场反馈设置价格,但底线是零利润销售。零利润销售一般出现在产品的衰退期,方便清理库存。如果产品已经进入了衰退期,就需要特别警惕该产品的退款率,以免对利润造成不必要的损失。价格高点一般为产品的新品期,新品期的产品定价,基本上是以同类型产品的售价为基准,不宜过高。销量增长期的产品定价,应略低于该款产品的市场平均价且在此期间尽量不调整售价,以获得更高的转化率,增加平台推送量。爆款期的产品定价,应基于商户本身制定的最低利润率,尽可能定为该产品的市场最低价,从而抢夺该产品现有的市场份额。

5.2.6.3 根据数据调整售价

在爆款期控制好价格至关重要,需要针对主要竞争对手做数据统计(可用现有市场数据分析软件或网站,如海鹰数据、米库网等),分析对方产品的售价及周销量,再与自己产品的售价及周销量做对比,得出最合理售价,使收益最大化。例如:店铺内某产品的实际周销售量为700件,客单价为30美元,利润率为30%,可以得出该款产品的周利润贡献为6300美元;相同产品在竞争对手店铺的周销售量为1000件,客单价为28美元,在成本相同的情况下,该款产品的周利润贡献为7000美元。在可接受利润率前提下,下调该产品售价,以提高该产品的周利润贡献,使收益最大化。

除上述优化指标外,还有物流优化(主要是指海外仓)、PB活动创建,这些在第4章已经详细阐述过,在此不再赘述。

练 习 题

1. 试分析跨境店铺数据分析的重要性。
2. 你作为某公司一名跨境电商运营专员,在Wish平台上传产品一个月后,打算对站内商品进行优化。请你对后台各数据指标和分析指标进行分析,然后优化店铺。

第 6 章

Wish 跨境电商网络营销

内容提要

本章学习 Wish 跨境电商网络营销，将具体学习站内营销方法，包括站内搜索引擎优化、站内付费广告；站外营销方法，包括 SNS 营销、搜索引擎营销、站外 Deals 营销。

思维导图

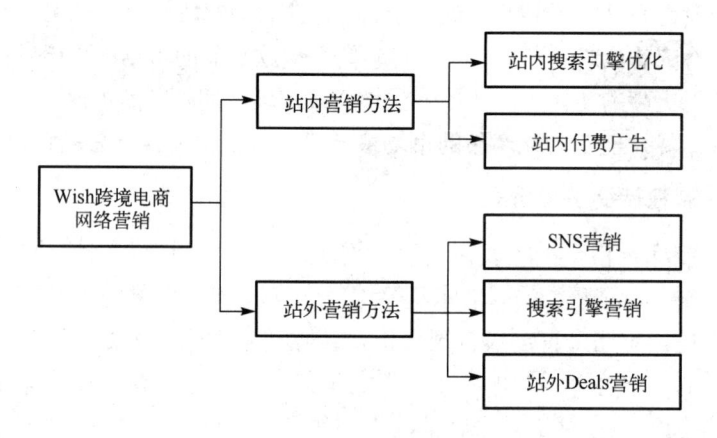

```
                          ┌── 站内营销方法 ──┬── 站内搜索引擎优化
                          │                  └── 站内付费广告
Wish跨境电商网络营销 ──────┤
                          │                  ┌── SNS营销
                          └── 站外营销方法 ──┼── 搜索引擎营销
                                             └── 站外Deals营销
```

学习目标

1. 知识目标

(1) 掌握跨境电商网络营销的概念。
(2) 熟悉站内营销的方法。
(3) 熟悉站外营销的方法。

2. 能力目标

(1) 能够利用搜索引擎优化和 PB 进行站内营销。
(2) 能够利用主要社媒工具、搜索引擎、站外营销进行引流。

3. 素质目标

(1) 做好调研准备工作，针对目标市场选择合适的营销方法。

(2) 具有开拓创新的进取精神。

众所周知，在电商领域，流量是一切销量的基础，没有流量的网站、App 和第三方平台的店铺都将是一潭死水，销量和盈利根本无从谈起。尽管中国跨境电商出口交易规模连年增长，但是随着跨境卖家的不断增加，卖家之间的竞争也日益加剧，流量仍将是稀缺资源。如何吸引境外买家的注意，并将其注意力转化为购买力是值得跨境电商卖家关注的问题。今后，跨境卖家只有不断积累跨境电商网络营销的经验，利用线上线下等多种渠道，合理应用如搜索引擎、社交媒体、网络广告等各种网络营销工具引入更多流量，并将其转化为销量，同时达到塑造品牌形象和扩大品牌影响力的目的，才能在跨境电商竞争中处于有利的地位。

6.1 站内营销方法

6.1.1 站内搜索引擎优化

Wish 站内搜索引擎优化的关键点

1. 优化产品标题

产品标题是商品刊登最显著的部分，对于 SEO（搜索引擎优化）来说也是至关重要的。对所有的电商平台来说，好的产品标题应该符合相关、丰富、描述性和不冗余等几个标准。但是在具体平台上，对产品标题的要求又有一些不同，如在易贝平台上，一般产品标题的组成与顺序排列应符合以下规则：产品标题=核心关键词+重要关键词+次关键词+差异化关键词（创新）。其中核心关键词主要用于说明这个商品是什么；重要关键词用于说明该商品有什么；次关键词用于说明该商品还有什么，如特点、功能等；差异化关键词用于说明相比竞争对手的同类商品，自己商品具有的"我有他无"或者"他有我优"的优势。

2. 对商品进行正确的分类

不同的电商平台对商品的分类有所不同，境内外电商平台的商品分类更是不同，但是不管卖家在哪个电商平台，都需要对商品进行正确的分类，这样才能够使商品更容易被搜索引擎发现。例如，如果卖家正在销售热带风味鸡尾酒所使用的小纸伞，那么把这个商品归入厨具或酒吧酒具类别中，将比归入服饰与配件类别中更有成效。

3. 善用搜索词条

使用搜索词条是对优化产品标题的有效补充，标题不仅要呈现关键词，还要体现标题整体的美观性，有些搜索词虽然有搜索流量，但是放入标题内会影响标题的整体美观性，如在标题中同时放入拼音、同义词等容易造成堆叠的视觉效果，会影响用户的阅读体验，此时，若将这些词语放入搜索词条中就可以有效地解决这个问题。

4. 全方位呈现商品属性

商品的一些特征，如衣服的材质、颜色、款式等被称为商品属性。用户在搜索商品的时候通常会用商品属性来细化搜索结果，当然，它们不仅非常适用于搜索细化，也能被电商平台搜索算法用来匹配搜索查询，以便展示更相关的结果。

例如，当卖家为浴室设备添加"铜"这一金属属性后——当用户使用"铜"这个搜索词条进行搜索时，平台就能够帮助用户做适当的匹配。

5. 优化详情页的文字描述

卖家需要确保自己所售商品的描述是完整的、丰富的，详情页不仅要包括图片，还必须带有关于商品的描述性文本，以符合 SEO 的需要。

Wish 平台不注重搜索功能，商品之所以能够被推送到用户面前，是因为商品标签与用户喜好相匹配，所以运营 Wish 店铺的卖家要特别重视标签页的填写。

6.1.2 站内付费广告

Wish 平台站内付费广告推广(ProductBoost，PB)活动是一种能为卖家的商品吸引更多流量的广告形式。

PB 是 Wish 平台结合商户端数据与 Wish 后台算法，为指定产品增加额外流量的付费推广营销工具。PB 工具目前对所有类型店铺开放。目前参加 PB 活动会产生费用，它是 Wish 平台唯一的付费流量工具，费用在下一个支付日从商户的账户当期余额上进行扣除。

使用 PB 可以增加产品的曝光率，以此来增加店铺流量，提高销量。卖家可以根据店铺的运营状况选择使用 PB 功能。例如，卖家可从店铺中的热销产品着手，设置产品的关键词与竞价。需要注意的是，一旦促销活动开始，卖家将无法编辑产品信息，如果产品下架，卖家将面临罚款措施。因此在促销活动开始之前，卖家需谨慎考虑产品数据，尤其是产品数量。

6.2 站外营销方法

跨境电商站外网络营销方法包括但不仅限于网络广告、电子邮件营销、搜索引擎营销、博客营销、论坛营销、Deals 营销和社交媒体营销等。不论是 PC 端独立站的跨境电商卖家、移动端 App 的跨境电商卖家，还是第三方跨境电商平台的卖家，都需要使用这些网络营销方法。下面主要介绍目前跨境电商卖家经常使用的方法：SNS 营销、搜索引擎营销、站外 Deals 营销。

6.2.1 SNS 营销

营销社交化是跨境电商网络营销的趋势之一，"无社交，不营销"，境外社交媒体营销之于跨境营销的作用，相当于微信在境内产品营销中的地位和影响力。对跨境电商卖家来说，熟悉跨境电商社会化网络营销工具是当务之急。

6.2.1.1 SNS 营销的定义

SNS（Social Networking Services，社会性网络服务）专指帮助人们建立社会性网络的互联网应用服务。SNS 的另一种常用解释是"Social Network Site"，即"社交网站"或"社交网"。综合两种说法，SNS 营销指的是利用社交网络工具或服务建立商品和品牌的组群、举办活动，并利用 SNS 易于分享的特点进行基于病毒营销等方法基础之上的传播，其核心是通过人的信息资源及网络资源进行社会关系的扩展。

SNS 营销是建立在六度分隔理论基础之上的，该理论是哈佛大学的心理学教授斯坦利·米尔格兰姆（1934—1984）于 1967 年创立的。简单地说，"你和任何一个陌生人之间所间隔的人不会超过六个，也就是说，最多通过六个人你就能够认识任何一个陌生人。"按照六度分隔理论，每个个体的社交圈都不断放大，最后成为一个大型网络。基于六度分隔理论的这个特性，SNS 网站中的信息不仅传播速度特别快，也更容易让人信任与接受。

6.2.1.2 全球社交媒体

1. 全球社交媒体的类型

一般来说，根据联系对象的不同可将社交工具分为以下三种类型。

（1）联系周围认识的人，即根据真实身份交往的社交工具，如 WhatsApp、LinkedIn 等。

（2）联系虚拟世界中兴趣相同的人，即根据兴趣交往的社交工具，如 Instagram、YouTube、Pinterest、Twitter 等，其特点是更具开放性。

（3）联系互联网上的专业人士，即为了解答专业问题而建立社交关系，如解答户外设备相关问题的专业类论坛和博客等。这类社交工具因为偏专业和冷门，而且在全球受众中的绝对数量较小，所以说这类工具一般很难上榜单。

2. 主要社交媒体简介

1) Facebook

Facebook 即脸书，是 2004 年创立于美国的一家社交网络服务网站，目前该平台用户接近 14 亿人，平台自带流量较大。

Facebook 作为内容类社交平台，内容是平台营销的关键。与直接打产品广告不一样，Facebook 平台引流重点在于通过内容运营建立与用户的弱链接。因此，卖家在 Facebook 上引流的第一步为内容运营。

以宠物用品为例，宠物对欧美人有特殊的情感意义。在美国，有超过 75 个动物福利组织为动物提供生活服务。宠物情结不仅上升到家庭意义，更体现出人对宠物的社会关怀。因此，卖家在 Facebook 做宠物用品推广的过程中，应首先在内容上予以充实。例如，先由宠物的习性切入，进而快速切入宠物对各类生活产品的喜好，由此再"投其所好"地嵌入商品。同时要考虑欧美用户的社交习性，例如，欧美用户对广告投放有较强的不耐性，因此广告投放切忌刷屏、霸屏。其次，欧美用户对产品的情感链接度要求较高，宠物用品广告在投放图片、视频的过程中要着重突出人与宠物和谐相处的主题。与此同时，还要利用 Facebook 的社交属性与用户进行互动，适时适量的信息反馈可以提高用户黏性。最后，内容、视频、图片的原创程度在很大程度上决定了 Facebook 账号流量的多少。

近些年来，由于越来越多的卖家利用 Facebook 站外营销，导致目标用户出现对广告的不耐性。全球电商协会《2017 美国电子商务报告》的数据表明，2017 年，美国 Facebook 中 60%的用户不会点击 Facebook 植入广告。相反，个性化的电子邮件社交促销反而能激起美国线上消费者的购买欲望。因此，卖家站外引流应采取多渠道、多种类的营销方式。

2) Instagram

Instagram，即照片墙。顾名思义，该社交平台是通过上传图片的方式进行信息沟通，支持信息评论、点赞、关注等功能。该社交工具使用门槛较低，使用时间碎片化、信息传播迅速化，是社交信息传播界的"快消品"。

Instagram 的运营特点是不受时间地点限制，快速传播信息。所以 Wish 卖家可以借助此类平台上传产品图片或小视频，利用碎片时间进行推广。与 Facebook 不同的是，Instagram 文字传播信息较少，主要是图片传播，其直接广告的作用力略低于 Facebook 的。但正因 Instagram 的碎片化和即时性，这给卖家提供了"概念植入"的机会，即选定时段、快速上传、多次重复、概念植入。通过选定流量易捕获时间段，采用品牌投入大于产品投入的营销策略快速进行品牌战略部署。

3) YouTube

YouTube 是国际知名视频分享网站，它将语言与国家(地区)的选项区分开，"语言"偏向于功能，即帮助所在国家(地区)用户使用母语获取信息。国家(地区)选项则适用于用户感兴趣的内容。一般来讲，YouTube 站外引流投入精力要比上述前两种方式更多。首先，视频的制作需要一定的时间与精力；其次，在产品宣传的过程中，语言结构也要根据目标市场做特殊设计。

4) LinkedIn

LinkedIn 即领英，是目前全球最大的职业社交网站，用户人数超过 5 亿人。其设立的目的是通过对自身职业和职位的系统描述寻找"圈内人"，建立链接，形成"人脉"。领英平台的站外引流主要集中在对创立者本人或者创立品牌的内容打造上。相对于 Facebook、Instagram、YouTube 来讲，领英的内容推广较为正式，频率较低。因此，对于关键性的品牌素材可以借助此平台进行站外引流。

站外营销是跨境电商平台操作过程中较为重要的隐性因素，也是跨境电商发展过程中建立品牌模式的关键环节。从长远来看，卖家自有品牌管理将成为未来跨境电商之间竞争的核心竞争力，而站外引流，尤其是社交营销，将是竞争环节中的核心部分。

6.2.1.3 SNS 的营销过程

SNS 的营销过程可以分为市场调研、定位与方案确定、方案实施、营销效果的控制与管理四个阶段。

1. 市场调研

市场调研是卖家执行 SNS 营销的第一阶段，通过市场调研，卖家可以了解平台、受众以及竞争对手等相关情况。

(1)了解并选择平台。卖家可以使用社交媒体监测工具选择适合自己的平台。例如，在 Awario 中输入一个关于冥想的应用程序的关键词，卖家会发现 80%的受众都在 Twitter 闲逛，这样卖家就有很大可能会选择 Twitter 作为自己 SNS 营销的主平台。

(2) 了解受众。在已经确定平台的基础上，调研这些平台上目标受众的行为特征，为 SNS 的内容策划奠定基础。

(3) 了解竞争对手。通过社交媒体监测工具调研竞争对手，可以获知竞争对手如何运营 SNS 账号、该账号的优缺点及其受众的反应，从而在此基础上打造与竞争对手差异化的品牌形象。

2. 定位与方案确定

在定位与方案确定阶段选择 SNS 账号的平台、设计账号的调性、确定 SNS 营销的目标等，以此确定社会关系网络的中心。

(1) 聚焦与商品相契合的社交平台并注册账号。社交媒体有很多平台，卖家不可能在没有大量资源的条件下全面覆盖它们，所以最好把重点放在其中的两三个社交平台上。

(2) 设计账号的调性。只有把自己的账号定位成能够以某种方式与社区融合的形象，才能尽快融入社区中，不断积累更多的粉丝。

(3) 确定 SNS 营销的目标。营销目标有大小之分，大目标如提高品牌知名度、提升品牌形象、找到潜在客户等，小目标如提升粉丝的数量、粉丝的参与程度等。对企业来说，应该将提升优质粉丝数量作为基本的营销目标，这是实现其他大目标的基础。

3. 方案实施

方案实施的第一步是在确定企业 SNS 营销账号调性、了解受众兴趣点的基础上设计与创作营销内容。在 SNS 营销中，内容是一切工作的中心所在，它贯穿了整个 SNS 营销工作。内容的创作分为原创、转载和互动三大类，其中原创又可以分为真原创和伪原创。不管选择哪种内容创作形式，所有内容的选择都必须结合平台上人们关心的热点话题。

内容的创作与传播之间有着较强的关联，优质的内容能够得到更快速的传播。在所有的社交平台上都不乏各种优质的内容，如何让自己的内容脱颖而出，快速积累有质量的粉丝是企业面临的重大现实问题。目前对运营 SNS 账号的企业来说，用"网红"来为自己的账号引流是普遍采用并行之有效的内容创作和信息传播的方法。Co.media 发布的《2018 年美国线上消费者行为报告》显示，千禧一代和 Z 世代都认为"网红"比明星更有说服力。

4. 营销效果的控制与管理

营销效果的控制与管理是所有网络营销方法实施后都要开展的工作，相对于比较成熟的网络营销方法，SNS 营销的效果评估更复杂一些，通常以用户及信息被关注的程度的量化数据作为主要指标，如某一信息被关注的用户数量、某项活动或某条信息被用户转发的次数和用户参与评论的次数等。

6.2.2 搜索引擎营销

6.2.2.1 搜索引擎营销的概念

搜索引擎营销(Search Engine Marketing, SEM)是基于搜索引擎平台，通过一整套的技术和策略系统，利用人们对搜索引擎的依赖和使用习惯，在人们检索信息的时候尽可能地将营销信息传递给目标用户的一种营销方式。搜索引擎营销要求以最少的投入,获得来自搜索引擎最大的访问量,并获取相应的商业价值。可见搜索引擎营销是企业不容忽视的一种营销方法。

6.2.2.2 搜索引擎营销的步骤

(1)企业将信息发布在网站上成为以网页形式存在的信息源。

(2)企业营销人员通过免费注册搜索引擎、交换链接、付费的竞价排名以及关键词广告等手段,使企业网址被各大搜索引擎收录到各自的索引数据库中。

(3)当用户利用关键词进行检索(对于分类目录则是逐级目录查询的)时,检索结果中罗列出相关的索引信息及其链接。

(4)用户对检索结果做出判断。

(5)用户选择感兴趣的信息并点击 URL 进入信息源所在网页,从而完成企业从发布信息到用户获取信息的整个过程。

6.2.3 站外 Deals 营销

相对于站内 Deals 营销,应用更为广泛的是站外 Deals 营销,即利用平台外的促销网站进行宣传,以达到把用户引流到自己店铺的目的。

卖家做站外 Deals 营销时,需要注意以下几个方面的问题。

1. 商品评估

并不是每个类别的商品都适合做促销、都适合用 Deals 网站来做引流,因此卖家必须对商品有充分的把握和了解,以判断商品是否适合做促销。

2. 挑选网站

不同的网站侧重于对不同的品类做促销活动,因此适合不同类型的卖家,有的促销网站适合销售科技类商品,有的适合销售服装,有的适合销售母婴商品。

3. 了解网站规则

每个国家(地区)都有很多本地促销折扣网,但不同的促销折扣网在政策和流程上都有一定的差异,所以中国卖家必须在了解相关规则的基础上进行 Deals 促销,一旦卖家违规操作,就有可能被封号或被封 IP。美国主要的 Deals 网站请见表 6-2-1。

表 6-2-1 美国主要的 Deals 网站

站名	特色
Dealnews	这是一个只能由官方发帖的站点,商品集中度很高,家居类商品出单效果好,发帖要求如下:卖家要承诺只发布他们能找到的最低价格的 Deals,并且该 Deals 是由可靠的店铺提供的
Slickdeals	Slickdeals 是美国目前最大、最具影响力的折扣信息分享交流平台,在这个平台上,"网红"和普通人都可以发帖。如果是"网红"发帖,要求其店铺须有 1000 个以上店铺反馈,所发布商品须有 50 个以上产品评价,当然平台上个人也可以发帖,能节约费用,也有利于卖家直接了解买家的需求,但是操作难度大,产生效果所需时间长

续表

站名	特色
Techbargain	跟 Dealnews 一样，Techbargain 也是由官方发帖的。对卖家的店铺反馈和产品评价都没有要求，商品折扣必须在 50%以上，当然折扣越低的商品被选中的概率越高。虽然商品在平台上的销量不是很大，但是效果延续性很强，能持续 2~3 周
Dealmoon	Dealmoon 是美国最大的中英双语折扣信息网站。平台非常适合美妆与家居类商品。Deals 效果持续性较强，表现较好被挑选至折扣首页区的 Deals 可持续数天效果。该平台对卖家的店铺反馈和产品评价都没有要求，折扣越低越好

美国的其他 Deals 站点还有 Hip2save、Bensbargains、1sale、21usdeal、Reddit、deals.kinja、Bradsdeals 和 Dealwiki 等。

练 习 题

一、单项选择题

1. 下列属于跨境电商网络营销 SNS 工具的是（　　）。
   A．Deals 营销　　　B．电子邮件　　　C．独立站营销　　　D．LinkedIn
2. 以下不属于跨境电商站内营销方法的是（　　）。
   A．搜索引擎营销　　　　　　B．站内促销方式
   C．站内搜索引擎优化　　　　D．站内付费广告
3. 关于站外网络营销方法，下列说法正确的是（　　）。
   A．搜索引擎营销就是指搜索引擎优化
   B．谷歌在所有国家的搜索引擎市场都占有绝对优势
   C．站外 Deals 营销，就是利用平台外的促销网站进行宣传，以达到把客户引流到自己店铺的目的
   D．SNS 营销就是"网红营销"

二、简答题

1. 简述跨境电商网络营销中的社会化营销方法。
2. 简述跨境电商站内网络营销方法。
3. 简述跨境电商站外网络营销方法。

三、实务操作题

1. 结合具体项目中的某品牌的调性规划一个社交媒体账号。
2. 尝试通过某个社交网站，寻找与品牌调性相符的"网红"。

第 7 章

Wish 店铺违规与申诉处理

💡 内容提要

本章学习 Wish 店铺违规与申诉处理相关知识,将具体学习知识产权,包括未处理、待编辑、等待品牌授权批准、历史记录;未处理违规,包括未处理违规菜单、未处理违规类型;等待管理员;历史记录;违规申诉,包括违规申诉的类型、违规申诉的注意事项。

📚 思维导图

```
                        ┌─ 未处理
                        ├─ 待编辑
            ┌─ 知识产权 ─┤
            │           ├─ 等待品牌授权批准
            │           └─ 历史记录
            │
Wish店铺违规 │           ┌─ 未处理违规菜单
与申诉处理 ─┼─ 未处理违规─┤
            │           └─ 未处理违规类型
            │
            ├─ 等待管理员
            │
            ├─ 历史记录
            │
            │           ┌─ 违规申诉的类型
            └─ 违规申诉─┤
                        └─ 违规申诉的注意事项
```

📖 学习目标

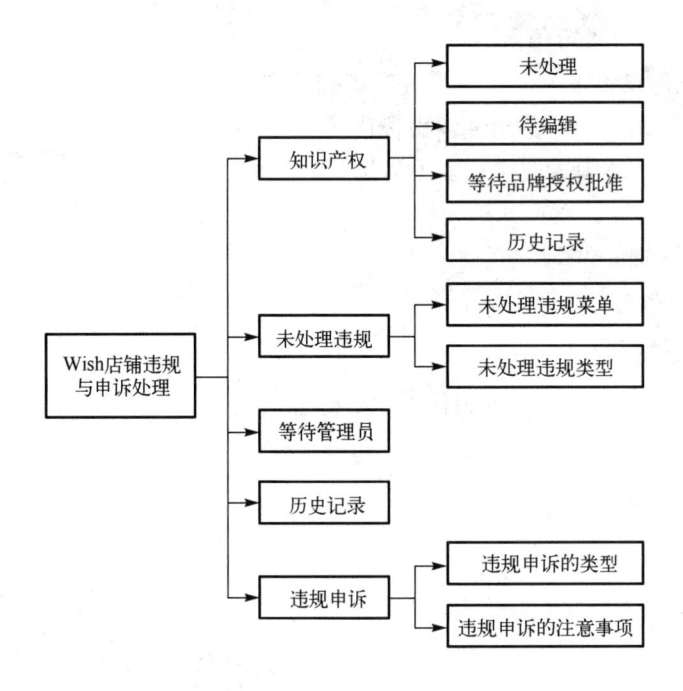

1. 知识目标

(1) 了解知识产权未处理、待编辑、等待品牌授权批准、历史记录的内容。

(2)熟悉并掌握常见的未处理违规的类型。
(3)掌握违规申诉类型和注意事项。

2. 能力目标

(1)能够及时处理知识产权未处理等事宜。
(2)能够进行合理的违规申诉。

3. 素质目标

(1)具备维权意识。
(2)具备良好的专业素养。

7.1 知识产权

7.1.1 未处理

在 Wish 后台，单击"违规"菜单，在弹出的下拉菜单中选择"待处理"选项，被检测到侵犯了知识产权但还没被处理的产品都列在这里。在产品列表右侧的"详情"一栏，单击"查看"按钮，可以看到该产品的"违规详情"，如果该违规产品被单击查看了违规详情，"待处理"中就不再显示该产品记录。

(1)单击"检测到的问题"右侧的"+"，可以查看侵犯知识产权的具体原因和品牌信息提示。部分品牌会提供联系信息，商户可以尝试联系品牌方，以付费等合理方式获取销售许可授权书。

(2)单击"阅读更多关于知识产权"右侧的"+"，可以查看知识产权帮助、政策和问答。知识产权帮助详细介绍了仿品的定义、鉴别侵犯知识产权行为的步骤、创建合规的产品展示准则。政策里面介绍了学习如何管理您的品牌，以及 Wish 的知识产权规则。

(3)单击"这如何影响产品"右侧的"+"可以查看产品侵犯了知识产权后会产生哪些后果、产品重新上架的申请通过后的影响。

(4)要将这款产品重新上架，有两个选项。

选项 1：提供销售许可授权书。

单击"提供授权"按钮，进入提供授权证明步骤。如果该产品已经有品牌授权书，直接选择现有的品牌授权即可；如果该授权书是新的，需要单击"添加新的品牌授权"按钮去新建品牌授权，该操作步骤和通过 Wish 后台右上角的"账户"→"品牌授权"来操作的方法是相同的。

选项 2：编辑产品并去除所有和侵犯知识产权相关的信息。

去除所有和侵犯知识产权相关的信息包括：清除产品标题中含有的品牌信息、清除产品描述中含有的品牌信息、清除所有图片中含有的品牌信息。

注意事项：禁止通过用其他产品图片进行替换的方式把该产品变成不侵权的新产品。

产品重新上架的操作，在选项 1 和选项 2 中只能选择一种。选择了选项 1，在相关授权处理完成之后，将会进入"等待品牌授权批准"状态；选择了选项 2，在编辑产品完成之后，将会进入"待编辑"状态。

7.1.2 待编辑

"待编辑"是指对侵犯了知识产权的产品，按 7.1.1 节中选项 2 进行产品编辑之后等待 Wish 审核的状态。

7.1.3 等待品牌授权批准

"等待品牌授权批准"是指对侵犯了知识产权的产品，按 7.1.1 节中选项 1 提交授权书之后等待 Wish 审核的状态。

7.1.4 历史记录

"历史记录"是对所有侵犯过知识产权的产品的记录。单击产品右侧的"查看"按钮可以查看该产品的违规详情。

7.2 未处理违规

7.2.1 未处理违规菜单

未处理违规菜单是所有未处理的违规事项的通知专区，常见的侵犯知识产权、退款率过高、延迟发货率超标、店铺关联、重复铺货等违规事项，都集中在这里进行通知提醒。选择"违规"→"未处理"菜单命令，我们可以看到最新的违规事项。

违规包括多种类型，侵犯知识产权只是其中一种。未处理的违规如果属于侵犯知识产权范畴，在"违规"→"知识产权"菜单中也有同样的红色数字提醒标识。其他的违规，就只在"未处理"菜单中有红色数字提醒标识。

选择产品右侧的"查看"菜单命令，可以看到该产品的违规详情，该违规详情和 7.1.1 节的内容相同。

如果商户已经查看了违规详情，那么"未处理"中就不再显示该产品记录。商户只能通过"违规"→"历史记录"菜单命令找到并查看违规详情。

7.2.2 未处理违规类型

除侵犯知识产权的违规以外，常见的违规类型（原因）可以在"过滤"下拉选项中看到。

常见的违规类型（原因）可以在"按理由筛选"下拉选项中看到。常见的违规类型如表 7-2-1 所示，这些常见的违规类型多达 31 个，每一个都触犯了 Wish 的政策，对 Wish 店铺的运营造成很大影响。商户在日常运营中，应当重视解读这些违规所对应的政策，并提早采取有效的措施避免这样的违规现象。

表 7-2-1　常见的违规类型

违规类型	具体违规
用户服务不当	向用户询问邮箱地址并向用户收款 提供不当用户服务 向用户提供虚假消息 要求用户访问 Wish 之外的店铺
知识产品侵权违规	该店铺内有产品侵犯了知识产权 此前通过审核的产品目前可能侵犯了知识产权 店铺多次侵犯同一项知识产权 已违反 Wish 商户政策 重复铺货
涉及账户的相关事项	一个关联店铺已被禁用 在 Wish 注册多个店铺 无效联络信息
涉及订单及物流跟踪的相关事项	未能在 5 天内完成履行订单 提供无效跟踪信息的物流单号 向用户寄发空包
涉及产品的相关事项	下架一款正在促销的 SKU 该产品的退款率极高 上传了重复产品 此产品的评价过低 这个产品被修改成一个新的产品 产品不再满足 Wish Express 政策
涉及店铺的相关事项	店铺退款率高 店铺高拒付率 店铺高延迟发货率 店铺不符合确认妥投政策要求 店铺不满足 Wish Express 政策 店铺因违反 Wish Express 服务协议被罚款 店铺频繁将产品清单更改为新产品
其他	疑似欺诈 在产品中检测到不合适的内容

7.3　等待管理员

"等待管理员"是指违规被商户处理并提交之后等待 Wish 管理员审核的状态。单击"查看"按钮可以看到相应产品的重新审核的状态说明。

7.4　历　史　记　录

"历史记录"是指所有违规事项的历史记录。

该历史记录包括：侵犯知识产权、退款率过高、延迟发货率超标、店铺关联、重复铺货等所有违规的历史记录，比"违规"→"知识产权"里面的"历史记录"的范围要广。还没有被商户查看或者还在等待管理员审核的违规事项，不会立即在该历史记录里面显示，要等该违规事项被商户放弃处理，或者被 Wish 审核没通过之后才会有记录显示。

7.5 违规申诉

Wish 平台为简化商户运营工作，为商户承担了大多数的售后客服工作，但部分商户会对 Wish 客服团队的处理结果存在异议，这时就需要使用申诉功能。

违规申诉主要针对产品侵权、店铺违反政策被暂停等情况。

7.5.1 违规申诉的类型

7.5.1.1 侵权申诉

Wish 对于侵权产品的把控非常严格，任何涉嫌侵权的产品都不允许在平台销售。侵权判定及处罚政策在后台政策中有详细说明。

对于被 Wish 判为侵权的产品，商户若存在异议，可单击"违规"→"知识产权"菜单找到相应违规记录，单击"查看"按钮进行查看。

在跳转的页面中，您可以查看违规详情，详情中包含违规理由、所侵权的品牌信息及相应产品链接等信息。

您若对侵权判定存在异议，可以在页面最下方进行申诉。申诉方式为提交您对此产品的知识产权证明或销售授权，或通过重新编辑清单，移除所有存在侵权风险的信息。

1) 提交授权

单击"提交授权"按钮，选择并提交您已有的品牌授权。若您还未在后台添加品牌授权，请单击"添加新的品牌授权"按钮。

2) 重新编辑清单

单击"重新编辑清单"按钮，编辑完成后单击"Submit Edit Request"按钮提交编辑申请。

7.5.1.2 店铺暂停申诉

当商户后台显示此账号已暂停的字眼时，代表店铺已被暂停。任何严重违反 Wish 政策的行为都存在导致店铺被暂停的风险。

商户可单击"查看详细信息"按钮来了解账户被暂停的具体原因。

例如，店铺由于"延时发货率过高"导致账户被暂停。Wish 会提供部分违规订单明细作为依据。

商户若对此处理结果存在异议，或已有相应的整改措施，可在页面最下方根据 Wish 客服的要求进行申诉。

7.5.2 违规申诉的注意事项

对于新入驻平台的商户，事先熟悉 Wish 后台的相关政策非常重要。熟悉政策能够帮助商户在运营中更好地知道哪些指标更重要，以及哪些"红线"是不能触碰的。此外，熟悉政策对于商户提高申诉成功率也有一定帮助。

商户遇到需要申诉的情况后，请先了解以下几点。

1. 申诉必须明确原因

无论何种申诉，必须清楚为何需要申诉，从而使申诉更具有针对性。例如，Wish 会在违规记录中指明违规原因，商户需针对 Wish 客服的要求，有针对性地解释违规原因及如何在后续运营中避免违规。

若商户申诉提供的证据不足以证明后续运营中能避免再发生相似情况，则会被 Wish 客服拒绝，商户需重新提交申诉。

2. 申诉必须提供证据

例如，订单因配送时间过长而退款，若商户对处理结果存在异议，则需要举证证明订单是在要求的时间内完成妥投的，证据可以是物流信息截图（含有妥投信息）、用户的签收信息。

若是产品侵权申诉，则必须提交相关品牌证明或销售授权，或者重新编辑产品清单，去除侵权信息。

3. 申诉必须及时

若店铺中出现违规记录，为避免后续可能产生的对销售总额的不良影响，导致店铺进一步的损失，申诉必须及时。

练 习 题

1．简述常见的违规类型。
2．简述违规申诉的注意事项。
3．在自己经营的 Wish 店铺中查看知识产权未处理菜单，并对其中存有异议的侵权违规进行申诉。

第3篇 创业实践及分享

第8章 项目孵化与创业实践

内容提要

本章介绍项目孵化与创业实践，读者将具体学习入驻高校众创空间的校园孵化，包括高校众创空间简介、众创空间入驻的条件和流程、孵化项目管理；入驻跨境电商园区孵化，包括跨境电商园区简介、杭州萧山园区孵化实例；实体公司注册，包括所需材料、注册流程、具体步骤等。

思维导图

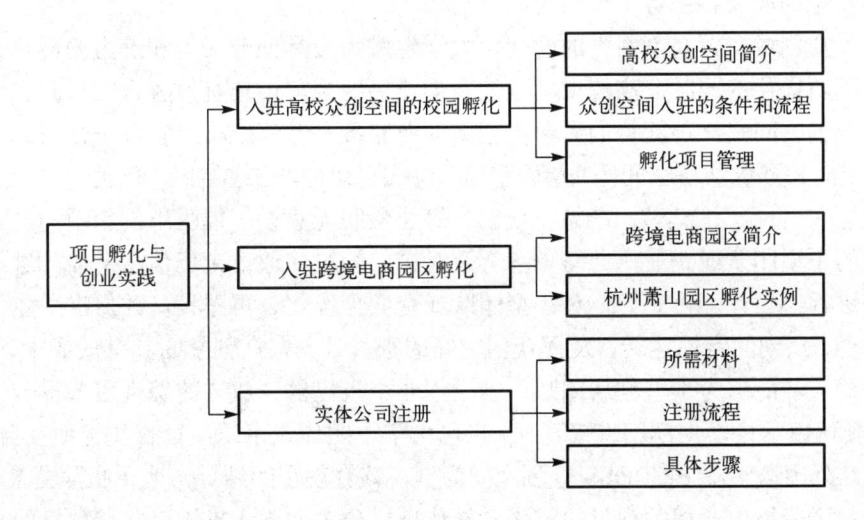

```
                         ┌─ 入驻高校众创空间的校园孵化 ─┬─ 高校众创空间简介
                         │                              ├─ 众创空间入驻的条件和流程
                         │                              └─ 孵化项目管理
项目孵化与创业实践 ──────┼─ 入驻跨境电商园区孵化 ───────┬─ 跨境电商园区简介
                         │                              └─ 杭州萧山园区孵化实例
                         └─ 实体公司注册 ───────────────┬─ 所需材料
                                                        ├─ 注册流程
                                                        └─ 具体步骤
```

学习目标

1. 知识目标

(1) 了解高校众创空间的功能与运行机制。
(2) 熟悉众创空间的入驻条件、流程和管理。
(3) 了解杭州跨境电商园区及其入驻条件与流程。

(4)掌握实体公司注册程序。

2．能力目标

(1)能够入驻高校众创空间进行创业。
(2)能够入驻跨境电商园区进行创业孵化。
(3)能够注册实体公司。

3．素质目标

(1)具备创业创新、开拓进取的精神。
(2)具备吃苦耐劳、不畏挫折的精神。

8.1 入驻高校众创空间校园孵化

8.1.1 高校众创空间简介

众创空间，即创新型孵化器。"众"是主体，"创"是内容，"空间"是载体。众创空间是顺应创新 2.0 时代用户创新、开放创新、协同创新、大众创新趋势，把握全球创客浪潮兴起的机遇，是根据互联网及其应用深入发展、知识社会创新 2.0 环境下的创新创业特点和需求，通过市场化机制、专业化服务和资本化途径构建的低成本、便利化、全要素、开放式的新型创业公共服务平台的统称。

在"大众创业，万众创新"的时代，大学生成为最具创业活力和潜力的群体。但是在双创环境不断优化的同时，高校大学生创新创业仍缺少与市场有效融合的机制和平台。

高校众创空间是一种新型的大学生创新创业服务平台的统称，它以工作空间、网络空间、社交空间和资源共享空间等"众创空间"为核心载体，通过组织"众建"、项目"众包"、资金"众筹"、资源"众享"、产品"众创"等业务职能建设，催生出创新型的创意或产品及创业型的小型团队或企业，并与市场有效对接；同时，通过市场信息反馈，进一步对创意或产品进行再设计、再完善，对小型团队或企业再优化、再建设，并促进众建、众包、众筹、众享、众创的良性运转，发挥众创空间的强大效力。众创空间具有低成本、便利化、全要素等特点，能够为小型创新团队、学生创业个人提供开放式的综合服务平台。在具体管理上，其可由学校学生部门直接管理，也可由学生团体或组织实行自我管理及自我服务。

以浙江外国语学院 e-CROSS 众创空间为例，该众创空间结合当地产业发展需求和学院特色，立足于跨境电商相关项目的孵化。整体项目分多期逐步推进，一期项目的建设目标是为浙江外国语学院跨境电商学院建设一个能够营造创新创业文化氛围、拥有一批创新创业基本服务设施，提供创新创业交流的大学生创新创业场所。e-CROSS 众创空间(一期)建设内容包括 5 大功能区：开放办公区、活动路演区(兼录播教室功能)、项目展示区(兼项目创新交流功能)、网拍摄影区和会客谈判区。

自 2017 年项目主体建成以来，已有第一批共 5 个创业团队入驻本项目众创空间，其中一个团队的年营业额达 1000 万元以上。

浙江工商大学(简称浙商大)在创新创业方面的典型经验也值得浙江省内乃至全国高校学习。在杭州教工路浙江工商大学老校区，浙江工商大学及12位知名校友与浙江火炬中心携手，联合西湖区政府共同创建了"浙江工商大学创业园·UP+DEMO 众创空间"。该众创空间由浙江火炬中心负责运营，开启了双创时代高校市中心老校区社会效益与经济效益并举的浙商大模式。在空间布局上，盘活占地约50余亩(约33万平方米)的校产资源，包括众创空间区、创业孵化区、成长型企业加速器区、校友企业集聚区、创业公寓区、创业教学区、创业服务区、创业园展示区等多个区域。UP+DEMO 众创空间含有开放式工位区和独立办公区，主要入驻尚未注册成立的公司或者公司刚成立不久的学生团队。此外，浙江工商大学下沙高教园区新校区与杭州经济开发区及校友企业还共建了浙商大学生创业园。

8.1.2 众创空间入驻的条件和流程

创业团队在入驻众创空间前，需要了解众创空间所提供的各项服务，了解申请入驻的条件和流程。空间免费提供的服务一般包括：场地服务(免费为入驻创业团队/创业公司提供办公场地(工位))、办公家具、办公网络、培训服务(以课程或交流等多种形式免费对创业学生进行基础创业培训)、咨询服务(免费为创业团队/创业公司提供创业政策，项目运营咨询及基础法务，财务，税务咨询)、指导服务(免费为创业团队/创业公司配备创业导师，指导创业实践)、工商注册服务(免费为创业团队/创业公司提供工商注册地址、工商注册咨询、工商注册代办)、资金扶持等。高校众创空间招商的对象一般是在校的创业团队及创业者、毕业3年内的毕业生创业者或联合创始人。

项目入驻的流程一般是：申请—受理—评审—签署入园协议。在申请环节，各高校一般都要求学生团队提交入驻申请表、创业计划书或运营报告等材料；在受理环节，由管理机构受理申请，并对资料进行初审；在项目评审环节，一般会邀请专家对创业团队就创业项目进行现场答辩。评审中主要关注以下几个方面：项目的创新性、可执行性，团队是否合理，项目是否具备良好的市场潜力，团队是否具备一定的项目启动资金和风险承受能力等。对于那些已经有实施基础的项目或者在各类竞赛中获奖的项目，在评审过程中会有一定优势。因此，建议通过 Wish 创业的大学生个人或团队重视申请环节，特别是创业计划书的撰写。在评审入围的团队经过公示无异议后，可正式确定入园团队，签署入园协议。

8.1.3 孵化项目管理

项目入驻到高校众创空间后，需接受中心日常管理、指导、监督。在经营管理方面，入驻团队需遵守国家法律法规、学生手册及学校其他相关规定，合法开展业务，并承担业务纠纷处理、经济赔偿及由此引起的经济、民事等相关法律责任；入驻基地的创业团队自主经营、自负盈亏，并承担相应的经营责任。在场地管理方面，入孵企业(项目)应在协议指定区域内经营项目，不得转让，不得私自占用公共区域；入孵企业(项目)不得擅自对众创空间既定的格局和装修等进行改造。在安全方面，需做好基地的消防、安保、秩序、设施设备、内部卫生等管理维护工作。

同时，高校众创空间一般会设置较为灵活的退出机制。如在孵化期内，创业项目进展良好，空间无法满足项目发展所需，可以申请退出。另外，入孵企业(项目)也需要接受众创空间的考核，考核不合格的团队也将会被劝退。因此，要想提高项目孵化的成功率，团队不仅需要把握市场机会，还要通过加强团队队伍建设、制定严格的管理制度等措施将创业团队的发展风险降到最低。

8.2 入驻跨境电商园区孵化

8.2.1 跨境电商园区简介

尽管跨境电商发展迅猛，然而杭州依旧勇立潮头，走在发展的前列。中国（杭州）跨境电商综合试验区（简称杭州跨境电商综试区）是中国设立的跨境电商综合性质的先行先试的城市区域。该跨境电商综试区通过构建信息共享体系、金融服务体系、智能物流体系、电商信用体系、统计监测体系和风险防控体系，以及线上"单一窗口"平台和线下"综合园区"平台等"六体系两平台"，实现跨境电商信息流、资金流、货物流"三流合一"，并以此为基础，以"线上交易自由"与"线下综合服务"有机融合为特色，重点在制度建设、政府管理、服务集成等"三大领域"开展创新，力争在"建立跨境电商新型监管制度、建立'单一窗口'综合监管服务平台、提供创新跨境电商金融服务、提供创新跨境电商物流服务、进行创新跨境电商信用管理、建立跨境电商统计监测体系、制定跨境电商规则和创新电商人才发展机制"等8个方面实现新突破，实现跨境电商自由化、便利化、规范化发展。

目前，杭州跨境电商综试区已布局13个线下产业园，覆盖全市绝大多数区、县。跨境电商园区一方面是物理空间的聚集，让企业能够抱团发展；另一方面是一个资源和信息的渠道，集聚了公关、金融、物流、人才等供应链综合服务，可以帮助企业并给予企业指引。这13个园区又立足区位条件、产业发展基础、资源要素，实现了错位发展，如江干园区设立了全国唯一的跨境电商宠物食品基地；空港园区打造空运跨境电商物流基地，吸引顺丰等物流巨头入驻；下沙园区建设菜鸟骨干网，成为阿里巴巴超级物流枢纽样板。

中国（杭州）跨境电商综合试验区旗下的13个线下产业园的地址和业务模式等如表8-2-1所示。

表8-2-1 中国（杭州）跨境电商综合试验区线下产业园

序号	园区	地址	主要业务模式
1	中国（杭州）跨境贸易电子商务产业网·下城园区	杭州市拱墅区石桥路长城街22号	直邮进口＋一般出口
2	中国（杭州）跨境贸易电子商务产业网·下沙园区	杭州市钱塘区下沙街道经济技术开发区出口加工区泰山路23号17号大街	保税进口＋直邮进口
3	中国（杭州）跨境贸易电子商务产业网·空港园区	杭州市萧山区靖江街道保税大道西侧杭州保税物流中心	直邮进口＋保税进口＋一般进口
4	中国（杭州）跨境贸易电子商务产业网·江干园区	杭州市上城区九盛路9号东方电子商务园24幢401室	进口和出口，均涵盖B2B、B2C

续表

序号	园区	地址	主要业务模式
5	中国(杭州)跨境贸易电子商务产业网·拱墅园区	杭州市拱墅区科园路 55 号	一般出口+跨境电商生态服务
6	中国(杭州)跨境贸易电子商务产业网·西湖园区	杭州市西湖区文一西路 830 号	跨境电商 B2B、B2C
7	中国(杭州)跨境贸易电子商务产业网·萧山园区	杭州市萧山区金一路 37 号	B2B/B2C 出口+直邮进口
8	中国(杭州)跨境贸易电子商务产业网·邮政园区	杭州市萧山区坎红路 3388 号	跨境电商综合服务
9	中国(杭州)跨境贸易电子商务产业网·余杭园区	杭州市临平区南苑街道南大街 265 号	跨境电商出口+跨境电商产业链企业
10	中国(杭州)跨境贸易电子商务产业网·临安园区	杭州市临安区锦城街道花桥路 68 号	一般出口+直营进口
11	中国(杭州)跨境贸易电子商务产业网·富阳园区	杭州市富阳区东洲街道东桥路 58 号	以 B2B 为主,B2C 为辅
12	中国(杭州)跨境贸易电子商务产业网·建德园区	建德市洋溪街道雅鼎路 666 号浙西跨境电商产业园	进口和出口,均涵盖 B2B、B2C
13	中国(杭州)跨境贸易电子商务产业网·桐庐园区	海陆跨境电商产业园和桐君跨境电商众创孵化园	综合性跨境服务平台

8.2.2 杭州萧山园区孵化实例

2017 年,在 G20 峰会主会场杭州国际博览中心,Wish 中国与萧山经济技术开发区签订合作协议,正式落户杭州。签约后萧山经济技术开发区将全力助推"星工厂"和"星青年"等项目落地。

"星工厂"项目是 Wish 为了提升供应链生态伙伴经营效率,更好地满足终端用户购物体验,由官方整合行业、政府、产业带等资源,搭建基于经营 Wish 生意的一体化供应链服务平台,帮助工厂一键供货,拓展跨境 Wish 平台无限商机,同时扶持运营伙伴层层筛选工厂源头货源,把控产品质量,提高经营效率。

"星青年"项目由 Wish 官方发起,积极响应政府"大众创业、万众创新"的号召,培养跨境电商专业人才。该项目联合各地多所高校,设立 Wish 跨境电商学院(班),帮助在校大学生或应届毕业生创业、就业。根据中国(杭州)跨境电商综合试验区的官方数据,Wish 自 2017 年在跨境电商开发区产业园设立子公司后,日均交易量从 5000 单快速上升至 8 万单。下面,以杭州跨境贸易电子商务产业园·萧山园区为例,对园区基本概况、入驻条件及流程等情况进行介绍。

8.2.2.1 园区概况

中国(杭州)跨境贸易电子商务产业园·萧山园区,采用"政府主导、企业运作"模式管理运营,园区总体规划 26 万平方米,坐落于萧山经济技术开发区,距离地铁 2 号线 700米,离杭州主城区 20 分钟路程。园区充分发挥萧山制造业产业基础优势,合理利用园区管理团队多年跨境电商经验和资源。在萧山开发区信息港小镇的整体规划下,本着"一心一园一基地,多点发展"的战略定位,即市北商务核心、创客孵化园、桥南物流仓配基地与周边创客新天地、女装城、珠宝城及浙江邮政基地等形成多点联合,利用 B 型保税区、陆路口岸和铁路贸易的优势着力引入跨境电商大型平台服务商。目前园区已引进 Wish、大龙网、阿里巴巴物流服务商、顺丰、申通等大型跨境电商服务商，并与速卖通、易贝、Wish 等境内外大型跨境电商平台达成合作协议，以线上和线下结合的方式，协同为制造企业、外贸企业、电商企业提供服务。

8.2.2.2 园区服务及政策支持

园区以推进萧山区传统外贸企业转型为主导，以建立跨境电商生态圈系统为基点，聚集跨境贸易综合服务、跨境电商国际供应链整合服务、跨境电商国际网络营销服务、人力资源服务等跨境电商产业网络节点产业，实现跨境电商产业链的优化和整合，为整个区域企业提供跨境电商一站式服务体系。

在供应链整合服务方面，引进(Forth Party Logistics，第四方物流)企业，为园区及周边企业提供全球化的采购、仓储、配送、售后、融资等一站式的供应链整合服务，提高企业经营效益，降低经营成本。在网络营销服务方面，通过整合各类资源，帮助传统企业拓展营销渠道，提供包括品牌推广、境内外网络营销、系统维护等网络营销服务，实现传统企业的转型升级。在人才支撑服务方面，园区已与多个大学达成战略协议，同时引入多个跨境电商培训机构，为园区入驻企业提供一条龙的人才输入和培训服务。在国际快递物流方面，园区已经引进了顺丰快递及服务于 DHL、UPS、FedEx 等国际物流公司的一站式服务商等境内外大型物流商，为跨境电商企业提供仓储和国际物流便利；同时，园区还与浙江邮政进行战略合作，为跨境电商企业提供仓储和国际物流便利。在金融配套服务方面，园区与农业银行、招商银行、平安银行及中正资本等多家跨境电商行业的专业投融资机构达成战略合作，为园区服务的跨境电商企业提供完备的一站式支付、结汇、融资及上市辅导等服务。如在 2017 年年底，园区帮助"80 后"Wish 创业团队对接风投机构，成功融资 200 万元，帮助创业者解决了资金难题。解决了资金缺口后，这个创业小团队的日均交易量从 500 单上升到 8000 单，公司估值达到了 1 亿元。在综合服务平台方面，园区运营公司自主开发并运营的速通宝跨境电商综合服务平台，已具备为跨境电商企业提供物流、仓储管理、清关、结汇、退税等一站式服务，并已与杭州跨境电商综试区"单一窗口"进行数据无缝对接。

8.2.2.3 园区具体政策

1. 租金减免

入园跨境电商企业可享受 2 年的租金减免。对入驻的科技型中小微企业，给予 0.5 元/平方米/天的补贴，单个企业补助面积不超过 1000 平方米，补助期限为 3 年。

2. 纳税奖励

入园科技型中小微企业自产生税收之后 3 年内，按其实缴税收地方留存部分的 60%予以奖励；对当年实缴税收在 100 万元以上且增幅在 30%以上的企业，按其实缴税收地方留存部分的 80%给予奖励。

3. 培训补助

经认定的服务外包企业其经营涉及服务外包业务的，每新录用 1 名大专(含)以上学历员工从事服务外包工作并签订 1 年以上劳动合同的,给予企业每人不超过 4503 元的定额定向培训支持。

4. 融资扶持

对符合条件的中小(跨境电商)服务外包企业融资予以奖励,按其利息支出费用的 30%给予奖励,一家企业一年融资奖励不超过 50 万元。

8.2.2.4 入住条件及流程

1. 入驻条件

企业需实际从事跨境电商进出口业务,交易通过网络电子商务平台完成。企业登记经评审后获准入园,注册地在园区内。

2. 入驻流程

1)前期接洽

与园区管委会洽谈业务情况,确认合作意向。

2)企业实地考察

企业去园区进行实地考察。

3)评审通过

递交相关评审材料。

4)达成意向

材料通过审核,达成合作意向。

5)签署协议

与园区签订合作协议。

6)单一窗口平台对接

(1)与单一窗口平台做系统技术对接,取得登录单一窗口平台账号。

(2)登录单一窗口平台完成企业备案、货物或物品备案。

(3)在企业备案、货物或物品备案获得海关审批通过后开展业务。

8.3 实体公司注册

8.3.1 所需材料

以杭州为例,大学生注册实体公司需要准备的材料如下。

(1)公司法定代表人签署的公司设立登记申请书。

(2)指定代表或者共同委托代理人授权委托书及指定代表或委托代理人的身份证复印件。

(3)全体股东签署的公司章程。

(4)股东的主体资格证明或者自然人身份证复印件。

(5)董事、监事和经理的任职文件及身份证复印件。

(6) 法定代表人任职文件及身份证复印件。
(7) 住所使用证明。
(8) 企业名称预先核准申请书、企业名称预先核准通知书。
(9) 前置审批的文件。
(10) 杭州市大学生创办企业证明。

8.3.2 注册流程

注册实体公司流程如下。
(1) 取名核名。
(2) 办理大学生创办企业证明。
(3) 前置审批。
(4) 准备办理材料。
(5) 提交材料。
(6) 申领营业执照。

注意事项：注册实体公司流程、准备材料随着国家鼓励自主创业的政策变化而会有适当简化或调整，应以所在地市场监督管理部门即时公布的信息为准。

8.3.3 具体步骤

当前，实体公司注册可以寻找代理公司协助办理，比较常用的有重庆猪八戒网络有限公司旗下的猪八戒网，可以联系该公司专员协助注册准备和具体操作事宜，具体步骤如下。
(1) 初步确定公司名字、注册资金、注册地址、经营范围、法人和股东等信息。
(2) 核定公司名称，一般核定通过后的 3 个工作日可以获得核名通知书。
(3) 专员会将准备公司注册的资料发给相关人员签字，再一并提供给市场监督管理部门，通常 3~5 个工作日后即可领取营业执照。
(4) 完成公司刻章、银行基本户开户及税务等后续事宜，并将办理好的文件一并寄回给申请人。

具体费用包括：执照代办费约 600 元，小规模代理记账 3600/年（包括每月做账报税、税务报到、账本装订、市场监管部门年检、企业所得税汇算清缴、发票代领代开等，无隐藏费用）或 2400/年（零申报，不含票据做账），刻章费 500 元（一套五章，包含备案）。

练 习 题

1. 什么是高校众创空间？
2. 简述高校众创空间项目入驻的流程。
3. 简述跨境电商园区企业或项目入驻的流程。
4. 实体公司注册需要准备哪些材料？
5. 简述实体公司注册的流程。

第9章

Wish 卖家成功案例分享

内容提要

本章内容为 Wish 卖家成功案例分享，分别是曾旭明：细节决定成败；杜瑞鹏：跨行业的华丽转身；黄远欣：跨境电商这些年；谢剑：内贸转外贸的坎坷；李大磊：Wish 星青年项目的受益人。

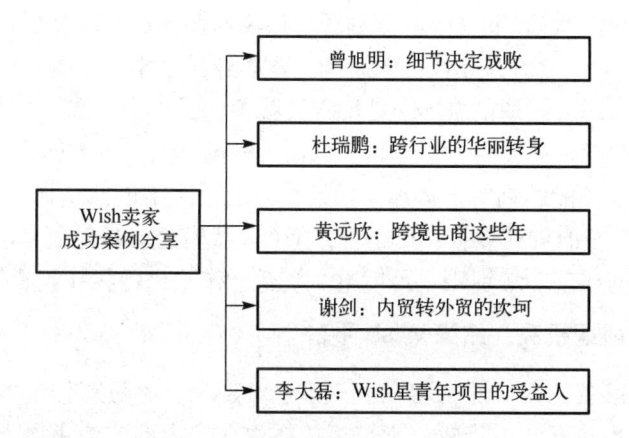

思维导图

```
                    ┌─── 曾旭明：细节决定成败
                    │
                    ├─── 杜瑞鹏：跨行业的华丽转身
                    │
Wish卖家成功案例分享 ─┼─── 黄远欣：跨境电商这些年
                    │
                    ├─── 谢剑：内贸转外贸的坎坷
                    │
                    └─── 李大磊：Wish星青年项目的受益人
```

对于准备入驻 Wish 平台的卖家需要经历以下四个阶段。

第一阶段最需要弄清楚的是 Wish 目前的整体状况如何。在创业的最初阶段，怀有有失必有得的心态和勇气。

第二阶段的主要工作为熟悉平台操作，懂得上传有效产品、账号注册、收款、物流、产品上传、ERP、订单处理等操作方法。

熟悉平台之后，进入第三阶段。这一阶段，重点工作是研究数据，理解 Wish 的推送规则，店铺数据良好，产品订单越多，流量越多。了解市场趋势数据，跟踪优秀的对手，分析新品，懂得产品诊断、店铺诊断。

第四阶段重点技能是营销。这一阶段主要就是做流量。可借助多重营销手段，促进订单和流量的增长。比如，通过 PB 付费竞价流量、人工掌控数据、海外仓建设及布局等。

本章分享 Wish 创业者成功的案例。他们在创业一年内，平均营业额便达到了 200 万元，最高的达到了 2800 万元，他们是 Wish 创业者的榜样。

9.1 曾旭明：细节决定成败

9.1.1 曾旭明简介

曾旭明，男，1994 年出生于浙江丽水，2016 年毕业于浙江工商职业技术学院，现为宁波地山谦网络科技有限公司负责人。曾旭明在校期间开始依托 Wish 平台从事跨境电商，他现在不仅是 Wish 中国区官方认证的讲师，还受邀出席了 2016 年 Wish 深圳年会并分享经验，且连续两年参与 Wish 官方运营手册的编写，继 2017 年完成 8000 万元销售额后，2018 年他又把目标锁定在 1.2 亿元。2018 年 5 月，Wish 认证讲师曾旭明分享了《你和爆款之间就差一张主图》，从做一张优质主图开始，踏上精细化运营的爆单之路。

9.1.2 曾旭明 Wish 创业之路

9.1.2.1 怀揣创业梦想：追寻之路启蒙

有梦想的人生充满激情。我从小因家庭环境影响而怀揣创业的梦想，当时目标虽不清晰，但创业之梦却矢志不渝。2013 年我考入浙江工商职业技术学院，学习应用电子技术专业。期间我十分重视自身综合素质的培养。进校时我就参加了班委竞选，并成功担任班长，还加入了学校的创业就业部，从一名干事做到了部长，积极组织了各类创业就业活动。我还特别重视创业意识及创业技能的训练，参加了学校举办的"网络创业培训班"。正是通过在校的学习和实践，依托学校的创业教育和校企合作平台，我有机会接触到当前最新的创业政策和资讯，尤其是通过网络创业培训班、跨境电商校企合作平台，我找到了创业之路和方向。

9.1.2.2 抓住机缘机会：结缘 Wish 平台

机会总是给有准备的人。还记得在大二第一学期末，临近寒假，大多数的同学都已经买好回家的车票，也包括我。当时，学校正依托建在校内的宁波市电子商务学院，积极开展校企合作。当时有两家电商公司老板来校宣讲，一家主做"速卖通"，另一家做的是移动端购物平台。移动端购物平台宣讲人称 95%的成交顾客都是通过移动端完成下单，平台拥有独特的算法，能够结合顾客的喜好和兴趣进行推送，千人千面，每个人打开 App 看见的产品都是不一样的，这也就是 Wish 平台。当听完公司老板的宣讲后，Wish 这个神奇的平台深深地吸引了我，我毅然决然地退掉了回家的车票，选择在 Wish 平台创业。我认为，大部分年轻人网购都是通过手机等移动端下单，移动端购物一定会成为未来的趋势，这也是 Wish 能在众多知名跨境平台中脱颖而出，成为跨境电商一匹黑马的原因。也正是这次机缘，让我结识了创业路上的"伯乐"——费总。

这次"政校企"三方合作的地点是慈溪市崇寿镇"跨境电商园区"，我与其他同学一起乘坐学校的大巴成功抵达了目的地。由于所在的园区比较偏远，所以生活条件并不是很好，但是"恶劣"的条件能锻炼人艰苦奋斗的品质！到达当天，园区的负责老师就带我们熟悉了实习学习场地。后来，回到寝室，我躺在陌生的床上想：我的专业学的是应用电子技术，完全和电商八竿子打不着，连最基础的 PS 都不会，英语也不过关，能做好这个平台吗？我内心忐忑，充满了许多的不确定，尽管现在想来这些顾虑是多余的。因为只要你思维活跃，专心专注，注重细节，英语、PS 这些门槛并不会成为在 Wish 创业的障碍。

第二天，公司费总给我们开了第一次会议，提出了合伙人制度。费总说："我们公司的制度是合伙人制度，只要你能做出业绩，通过考核，能独当一面，我们就可以投资为你成立新的公司，公司给你提供资金、场地和人员。"这对于我这个从小就有创业梦想的大学生来说，无疑是打了一针强心剂。

9.1.2.3　勤修苦练内功：打牢创业根基

学海无涯苦作舟。认同了公司的制度设计后，我知道接下来就是要全力以赴做好 Wish 平台。但事情并没有想象得那么简单，还有许多坎坷和困难拦在我面前，等着我去跨越、去克服！

第一道坎：PS 基础为零。因为从来没有接触过 PS，所以我必须从头开始学，否则连最基本的产品发布都不能完成。好在我学习新事物的能力强，当时我从最简单的创建图片大小开始练习，当别人一天完成 6 个产品的作图时，我要求自己在相同的时间内完成 12 个，并且要保证质量，处理好每一个细节。刚开始，我选择做的产品是男装，第一张主图要足够有吸引力，第二张是尺码表(保证顾客要能选到合适的尺码)，还有各种颜色产品的拼图、细节图、内衬图等。仅用了一个星期，我就比较熟练地掌握了 PS 软件！

第二道坎：英语词汇量少。当图片完成之后就是发布产品，Wish 的销售主要靠标签推送，标签的设置至关重要。由于我英语基础差，词汇量少，所以根本定不出 10 个标签。好记性不如烂笔头，首先我先去同类平台把大分类名称记下，然后找到爬虫软件，把 Wish 的一些热销词及一些场景词记下，每做一个品类我都会不厌其烦地这样去做，日积月累，标签也能写齐了。接下来，就要求更加重视对产品图片细节的处理。因为公司是刚开始做 Wish 平台，也是摸着石头过河，所以我就通过论坛、跨境电商媒体、微信公众号等渠道去收集有关 Wish 的干货信息，不放过任何细节，并不断尝试。书读百遍，其义自见，我慢慢地总结出了自己定标签的技巧。

第三道坎：平台规则不熟。基础的问题解决了，接下来的目标就是出单！产品上新已一个月了，共铺了 800 款产品，流量却丝毫没有上涨，只有寥寥几个产品有被收藏。我每天早上满怀期待地打开店铺，总期待订单能够显示为"1"，但现实总是那么残酷，我甚至都开始怀疑这个平台到底有没有顾客，之前的激情也都快消磨殆尽。心里想着：大学的时光是最美好的，但是我却放弃了在学校最后一年的时光，到了这鸟不拉屎的地方(现在非常怀念那个让我们成长的地方)。我花了那么多的时间和精力去学习和研究，但是现在却丝毫看不见希望，我的心里产生了动摇。但这还不是最糟的，接下来真的是"屋漏偏逢连夜雨，船迟又遇打头风"。由于 Wish 对待仿品的态度是零容忍，加之我做的商品是服装类和鞋类，商品本身就容易侵权。记忆犹新，当时有顾客收藏了一款女鞋，但是没有出单，对于店铺为数不多的被收藏的产品，总觉得我必须做点什么。开始时我先把标签重新完善了一遍，向厂家拿了图片，把图片做得更加有吸引力，还进行了降价销售。当时，我信心满满地期待第二天订单会显示"1"，心里窃喜可能还会有更多。第二天早上打开店铺确实看到了"1"，但却是一条违规通知，不是订单，而是要罚100美元。这对于我来说简直就是晴天霹雳，还没给公司盈利，就先被罚了那么多钱！通过查找原因，我发现原来厂家给的图片展示的产品后面有鞋盒写着"CHANEL"。鞋子本身不侵权，但是图片出现品牌导致侵权。这就是忽略图片的小细节给我的教训。在这次事件之后，我不断反省并切实注重细节，同时认真学习Wish平台规则，去认识更多的品牌，防止类似情况的再次发生！

9.1.2.4　付出终有回报：首单激励前行

皇天不负有心人，虽然首单来得十分的艰难，但我永远记得首单带来的喜悦。在一个早晨，我用手机打开店铺，"出单啦，出单啦！"我疯狂地大喊起来。那时是清晨的6点，大家都还在睡梦中就被我惊醒，下单的是瑞典的顾客，购买的是一双女高跟鞋。付出终于有了回报，首单奠定了我决定前期先专注做鞋类产品的"不归路"！所以每当现在有新手商户询问，新店为什么不出单，没流量这类问题时，我特别能感同身受，Wish是一个特别容易让人想放弃的平台！所以我给新卖家的建议就是，对待Wish一定要有耐心，前期可以先专注一个品类，在这个品类有一定下单量后，再转攻其他目标，各个击破，实现全面开花！

有了首单，动力自然来了，我也从此走上了迷恋Wish的"不归路"，早上起来看Wish，晚上睡觉前看Wish，吃饭的时间还在看Wish，完全进入了走火入魔的状态。很多人问这有什么好看的，吸引力有那么大吗？可别说，对于一个新手卖家而言，前期多看平台的款式，对产品的选择非常有帮助，但是不要盲目地去看，而是要从分析的角度去看，细节之处做好记录。主要是"三看一要"，以鞋类产品为例。

1. 看平台爆款鞋子的款式

了解境外顾客主要喜欢什么款式的鞋子，后期的选品时，尽量往这方面靠，来提高产品的出单概率。我会把平台一件件的爆款的主图都截图存着，通过实践总结，现在我只要看到主图，就能基本判断出这个产品一天大概可以出多少单。

2. 看收藏与购买的比例

收藏与购买比例的大小可以看出受欢迎的程度。如果这件产品收藏量非常高，但是购买量少，多数是因为价格的问题，这也要记录下来，看价格是否有下降的空间，不断挖掘潜力。

3. 看评价

看得最多的是1星或者2星的评价，因为这些是可以改正的点，也正是我的切入点。如果顾客评价产品物流慢，则需要思考应对之策。

4. 要分析

分析爆款主图是怎样的？跟卖的为什么就卖不好？为什么跟卖的可以干掉爆款？分析爆款详情页是怎么设置的？是否有独特之处？分析怎么设置阶梯价格，提高产品转化率？

上述的这些要做得非常细致，每个细节都处理到位，需要花大量的时间去研究！经过几个月的积累，我对选品已经有了一定感觉，也终于迎来了第一个爆款，是一双鞋子，这无疑是对我付出努力的最好回报！这个爆款经我亲手一步一步完善修改，亲眼看着流量慢慢上涨，订单的越来越多。往后，我就按照这种感觉、这种方法去做其他款，接下来的运营也变得得心应手了许多，并超额完成了公司交代的任务！

9.1.2.5　梦想照进现实：实现独立运营

2016年6月，我正式大学毕业，经过顶岗实习期间的经验积累，我慢慢具备了独立运营平台的能力。2016年10月，公司也兑现了当时的承诺，为我注资注册成立了一家新公司，由我独立负责经营。我另开店铺重新做起，虽不断遇到困难和问题，但由于干劲更足，加上之前积累了大量运营经验，公司业绩上升很快，新店铺第二天就出单了。

做了两个月，有了一点单量，人手变得不够。由于慈溪位置比较偏僻，虽是校企合作，但很多学校的学生都不愿意过来，于是公司搬到了宁波市江北区158电商城，可以说这次的搬迁是公司的转折点，相比慈溪，这里有太多的资源可以利用！场地、人员、物流等资源非常充裕！我定的目标是年销售额完成1000万元人民币，虽然当时心里也感觉没有底，但是Wish确实是一个能给人带来无限惊喜的平台。截至2016年年底，公司实际完成的销售额远远超出了当时所制定的目标！

我总结的经验教训是，如果没有物流、资金的顾虑，可以把更多的精力投入到选品等运营之中，对选品进行深入开发，对卖点进行深入挖掘，同时在降低退款率、产品维护、顾客购买体验度等方面，进行更加细致的处理。

1. 爆款产品的二次开发

虽然境外顾客的体型总体偏胖，但是他们也想穿一些漂亮的衣服，然而中国服装的尺寸相对会偏小。为此，公司会从卖得好的爆款中选出几款联系厂家做加大的尺码，加大到5XL。为什么要选爆款呢？因为顾客认可这类产品，这类产品也是受欢迎的。如果这个时候我们去开发这类产品，一方面会减少囤货风险，另一方面也可以提升产品的转化率。Wish的推送就是钱，如果在相同的推送下，产出是比别人高的，那么Wish有什么理由不推你呢？这个就是爆款的二次开发。

2. 产品卖点的深入挖掘

当时平台上有款充气沙发卖得非常好，但是我们发现得比较迟，如何才能实现弯道超车呢？这时就要抓住顾客的心理。Wish平台上的顾客大多是"90后"，喜欢新奇的产品，也喜欢发光的东西。为此，我们在产品中加入了USB充电的户外夜行灯，由此产品带来的视觉冲击感使产品变得完全不一样，变得非常奇特，获得了不错的销量。这就是产品卖点的深入挖掘。

3. Fashion（时尚产品）类目的退款

Fashion类目的退款居高不下一直以来都是我们的困扰，我们想了许多办法，最后采取的措施是，在产品附图及详情页中加入尺码表，来告知顾客产品的尺寸。虽然每件产品要做尺码表会变得非常烦琐，但是这大大降低了退款率。

回首走过的路，如果不是Wish，或许我就和其他同学一样，拼命地到各大招聘网站投简历，预约面试，或是回家乡参加父母安排的工作。但是，一次偶然的机会让我接触到

Wish 这个神奇的平台，改变了我的人生，所以面对 Wish 平台我是抱着一颗感恩的心去运营的。我现在已经有了自己的目标、梦想和努力的方向，知道接下来自己要做什么，如何把公司发展得更加壮大。

细节决定成败，每天要求自己进步一点点，日积月累下来，就会实现巨大的进步，梦想也会照进现实。专心加入 Wish，专注经营 Wish，始终相信 Wish，Wish 一定会给你带来大惊喜！

9.2 杜瑞鹏：跨行业的华丽转身

9.2.1 杜瑞鹏简介

杜瑞鹏，是青岛势道联盟特聘讲师，青岛 Wish 平台资深卖家，Wish 平台 KA 商户。他拥有 4 年 Wish 平台运营经验，现管理 20 人专业 Wish 团队。杜瑞鹏擅长 Wish 选品、团队搭建与运营管理。他对于电商资源整合，供应链管理，员工组织架构及（Key Performance Indicator，关键绩效指标）考核制度有独到见解。其课程着眼运营痛点，强调实战效果。

2016 年 10 月，2016 Wish 卖家高峰论坛在深圳举行，青岛新尚国际商贸有限公司 CEO 杜瑞鹏参与了分享。

2017 年 11 月，在青岛市即墨跨境电商论坛暨"Wish 星青年"计划青岛站仪式上，Wish 官方认证讲师杜瑞鹏与在座大学生就创业创新经验进行深入交流。

2017 年 12 月，在义乌 Wish 专场培训大会现场上，Wish 电商学院为大家奉上卖家讲师杜瑞鹏分享的一套打通内外的运营心法，助各位 Wish 商家登堂入室，决战商场。

2018 年 5 月，2018 海贤汇 Wish 专场培训大会上，Wish 官方认证讲师——杜瑞鹏分享《如何避免产品侵权及侵权冻结应对指南》，从辨别仿品、规避仿品、应对投诉三个方面展开，为大家提供一个可供操作的方案。

2018 年 11 月，Wish 卖家讲师杜瑞鹏分享了一套打通内外的运营心法，帮助各位 Wish 商家把碎片化的东西串起来形成系统化的思路方法。

9.2.2 杜瑞鹏 Wish 跨行业转型故事

9.2.2.1 初识跨境电商

直到现在还有朋友问我为什么放着好好的房地产营销总监不做，要跑去做跨境电商。这要从 2013 年说起，2013 年是房地产市场的拐点之年，随着国家宏观调控的不断深入和房地产泡沫的日益累积，我意识到，房地产市场终究要回归理性，而现在国家需要的是新的经济增长点。对宏观经济环境的敏感，促使我开始关注各个商业机会，关注央视的财经资讯和各大财经论坛成了我每天的必修课。我发现，跨境电商是各大财经新闻"出镜率"最高的词。那时的我，对跨境电商感觉还很陌生，但我发觉，这将是一个新的机会。于是在 2013 年年底，我果断辞去了房地产的工作，全身心地投入跨境电商这个陌生的行业。

因为是门外汉，所以我要从最基础的知识学起，福步外贸论坛成了我的第一个老师，经过一段时间的学习，我逐渐了解了这个行业。SKU、动销率、关键词、转化率、点击率，逐渐取代了我词典中的容积率、溢价率、绿化率、户型等房地产词汇。我开始知道，这个行业远远不是传统外贸转变为 B2C 这么简单。而选择一个适合自己的跨境电商平台则成了自己的第一个难题。

9.2.2.2　结缘 Wish

在深入了解了跨境电商之后，我发现这个行业中已经有人做了多年，有丰富的经验和雄厚的资本。而作为新人的我要从零开始，想要弯道超车，要么得发现新产品，要么得发现新平台，而当时主流的平台难以满足我的这两个核心需求。直到 2014 年 5 月，我在福步外贸论坛上看到了 Wish 的招商经理 Wesley 发布的一条广告。里面的两条信息极大地吸引了我：首个移动电商平台！采用推送机制分配流量！这太符合我的需求了。首个移动平台带来了"蓝海"机会，推送机制抹平了我和大商户之间的差距，一切靠产品说话。我马上联系了 Wesley，和他在线聊了一个多小时，他详细地给我介绍了 Wish 的相关政策，进一步印证了我的判断。同时他向我透露了一个重要消息：Wish 的总监方总和招商经理 Bank 要来青岛做推介。于是我有了跟 Wish 第一次直接接触的机会。我和方总见面聊了两个小时，Wish 团队的专业度和亲和力深深感染了我，千人千面的推送机制和以移动端为主的运营模式让我耳目一新，这决定了我后面两年的发展方向。那就是以 Wish 平台为战场，开始我的跨境电商之路！

9.2.2.3　扬帆起航

说干就干！那次见面后，我马上注册了自己的 Wish 店铺，开始学着上传产品。不得不佩服梦想的力量，原本要靠闹钟起床的我，竟然可以在 5 点钟自然醒，这种难以抑制的兴奋感和十足动力让我在最初的 10 天内就上传了 200 多个产品。努力就会换来回报，我的第一单来自 5 天后，是一个美国的顾客买了一条手链。这是我进入这个行业以来的第一次成交，直到现在，我也难忘第一单带来的成就感。我手忙脚乱地安排发货，为这一个订单忙活了小半天的时间，一遍遍地确认地址，确认到货时间，确认产品细节，感觉万无一失了才发走，上传单号。现在想想，有一种莫名的感动，面对我的第一单，我怀着一颗虔诚的心，而这不就是跨境电商人的初心吗？愿我的团队在今后的发展中可以继续怀着这种初心，用服务和产品换来流量和转化率。

有了第一单，就有第二单、第三单，因为 Wish 的流量红利加上自己的努力，到 7 月底，我已经可以做到日均出 20 多单。随着出单量的增加，问题随之而来，我一个人已经不能兼顾产品更新、上传和高质量发货，而这必将成为日后的隐患。感谢自己在原行业积累的带团队的经验，我仅用了半个月的时间就组建了初创团队，我们的 Wish 之旅也迎来了第一次腾飞。

9.2.2.4　团队的力量

进入 8 月份，我开始了团队的搭建，因为初期资金的压力，我一开始无法给我的团队成员太好的待遇。现在回想起来，可能打动他们的是这么一句话："跨境电商是这个时代的年轻人能遇到的最好的机会，我们可以从零开始，创造巨大的价值，而我们现在做的平台是跨境电商行业的第一个移动端平台,是'蓝海'行业中的'蓝海'平台,是最好机会中的最优选择。"

无论如何,他们来了,抱着创业的心态来了。我们在朋友公司的一个办公室开始起步,开发产品、上传产品、联系供货商。我和大家坐在一起,从最初的四五个人,到年底我们已经发展成了 8 个人的团队。大家基本上晚上 9 点之前没有下过班。回家以后讨论的都是产品、店铺和数据,就在 2014 年的年底,我们做到了日均出 700 单!

我们租了自己的新办公室,办公面积从原来的十几平方米扩展到了 200 多平方米。也有了专门的仓库,搭建了 ERP 体系,一切开始向好的方向发展。感谢那年我们的团队,感谢一开始提供给我们场地的朋友。团队的力量带来的效果倍增,现在回想那段历程,其实就是我们做好了每一个细节,从选品到图片到描述再到物流,做到了我们能做到的极致。而强有力的团队配置是做好这一切的基础,所以现在我也经常建议刚开始做跨境电商业务的商户,有条件的话,一定要在一开始就搭建自己的团队,跨境电商行业竞争日益加剧,只有和团队一起努力才能走得更远。

9.2.2.5 成长的烦恼

团队稳定下来以后,公司稳步发展,在不到一年的时间里,因为规模越来越大,所以我们搬了三次家。在业绩提升的同时,我越来越担心现有的团队的规模已经不能支撑公司的持续发展。而在现有模式上想要扩张却发现困难重重,团队成员的分工模糊成了问题的关键。大家什么都可以搞定,但分身乏术,在出单量增长、规模扩张的时候无法面面俱到。于是我们稳下心来,开始考虑解决方案,分工合作成了解决之道。我们将团队分成若干小组,在小组内部进行精细分工,团队扩张以小组增加的方式实现。这样既延续了公司之前的业务模式,同时又解决了扩张的难题,这种裂变式的发展也为我们带来了第二次腾飞。到了 2016 年年底,我们的团队已经扩张到了 20 多人,峰值出单量每天 2000 单。

一路走来,我们遇到过困难和挫折,也有过迷茫和无措,但我们坚持了下来,而做 Wish 最大的秘密也在于坚持,坚持开发产品,坚持优化数据,坚持适应 Wish 的改良规则。Wish 刚进入中国市场时有一个口号:"硅谷移动电商 Wish:带中国商户'出海'",既然我们选择了跟随 Wish 出海,那就让我们做更好的水手!

9.3 黄远欣:跨境电商这些年

9.3.1 黄远欣简介

黄远欣,2012 年进入跨境电商行业,目前主要运营 Wish、AliExpress、Shopee 等平台,专注 Fashion 及 3C 类目,精通 Wish 选品优化、供应链优化、站外引流等。黄远欣担任鸟课特聘讲师、广东财经大学华商学院特邀创业导师、广东外语外贸大学特邀创业导师、广州拓浦万国际贸易有限公司总经理。

2017 年 10 月,黄远欣成为 Wish 中国区官方讲师。2018 年 5 月,2018 海贤汇 Wish 专场培训大会上，Wish 官方认证讲师黄远欣分享了《精细化运营——站外工具使用》，现任广州拓浦万国际贸易有限公司负责人，从事跨境电商达 6 年之久。

9.3.2 黄远欣跨境电商创业历程

9.3.2.1 初识跨境电商

说到"跨境电商"，我也忘记了自己第一次听到这个词语是什么时候。第一次接触这个行业的时候，只知道有一些平台而已。2012 年，那时候的我还是一个在校学生，因为学的是商务英语专业，所以偶尔会听到类似于亚马逊、易贝这些平台，但也仅仅停留在一个"听过"的阶段。真正进入到这个行业，是因为我一个舅舅的推荐(他是一个在深圳做 3C 产品的传统贸易商)，他说既然我学的是商务英语，在校的空余时间也比较充裕，不如尝试去做一下一个叫作"速卖通"的平台，说这个平台跟淘宝一样，用一张身份证就可以注册账号，跟淘宝的区别仅仅在于速卖通的客户是外国人，上传产品用英文就可以了。想想能把中国各式各样的产品卖给外国人，我觉得非常好玩，也是抱着试一试的态度，就这样我拥有了自己的第一家速卖通店铺。

9.3.2.2 起航跨境电商

2012 年的速卖通，不像现在，需要分类目缴纳服务费，那时全品类免费上传产品，而且除佣金之外没有别的费用，仿品查得也没有现在那么严格。当时大家做速卖通就是疯狂铺货，巨大的境外流量，较小的市场竞争。我每天需要做的工作就是在宿舍上传产品，记得当时速卖通有"海代销"功能，即将淘宝的产品复制到速卖通店铺，将标题描述改为英文。就这样一个一个每天上传 20 个产品到自己的店铺，等待订单的到来。大约是在开店的第 13 天，跟往常一样，我在宿舍打开店铺，看到订单显示为 1，我激动得不得了。因为是线下的货源(广州沙河女装)，所以第二天我就去买货，并打电话给货代安排上门收货。但接连打了数个电话，得到的回答都是"一件货太少了，我们不上门收，油钱都赚不回来"。说实话当时我感到非常失望，被泼了一盆冷水，便在各个卖货的 QQ 群发"一件货，有没有广州的货代上门收货的"，终于收到了一个回复，有个货代愿意上门收货。后来我问这个货代的老板，为什么我一件货他也同意收，他说："你是刚开始，我们也是，我们希望你能跟我们一同成长。"所以这个公司也理所当然地成了我后来的物流商，每当回想起这件事时，我都会觉得非常感动。

9.3.2.3 经验的沉淀

时间到了 2013 年，我即将面临实习，我的速卖通店铺日均订单也有了 20 单左右，但接下来面临的是就业还是创业的选择。由于之前经过了一年时间对速卖通的运营，我对这个行业产生了浓厚的兴趣，最终在舅舅的劝说下选择去他们公司实习，沉淀经验。因为他们公司正处于从传统贸易向跨境电商转型的阶段，所以他们的跨境电商业务是从头开始的。我也开始从仓管到发货，从美工到客服，一步步学习。我每天都要清点仓库(也正是因为仓管的工作，使我对产品很熟悉，这也为后来创业打下了基础)，说实话那段时间是非常痛苦的，因为很累，每天我得盘点仓库到深夜，第二天上班还需要打包发货。当时觉得自己做的工作对自己并没有有多大的帮助,我很多时候都想过要辞职,想出去自己创业,但最终考虑到当下平台的变化,竞争越来越激烈,如果没有扎实的经验作基础,创业将会十分艰难,最终我还是坚持了下来,并在一年后选择了独自创业。

9.3.2.4 创业是孤独的修行

2013年年底,我接触到了一个新的平台——Wish,一个专注于移动端,专注于推送的新兴平台。Wish招商会时,其招商经理介绍的Wish的推送机制及运营模式,让我觉得非常适合我这种刚开始创业的人。顺利地开通了Wish之后,我将原本速卖通上的爆款上传到Wish里面,让我非常惊讶的是,3个月后,这些产品在Wish上面的销量逐渐超过了速卖通的销量,这让我非常有信心继续在这个新平台做下去。因为Wish是一个非常纯粹的平台,当时竞争也比较小,并没有太多所谓的"黑科技",在产品没问题的情况下,我们只需要做到"合理的定价、精美的图片、尽可能快的发货速度、更优质的物流服务"这几点,便能将Wish做好,所以其实我独自创业做Wish的这段时间,都是顺风顺水的,并没有那么多的阻碍,也正是因为Wish,我赚到了人生的第一桶金,并且这一切都是我独自一人完成的。我每天的工作就是独自上架产品、独自处理订单、独自打包、独自发货,什么事情都是独自一人完成,遇见了问题也只能独立思考,并没有太多第三方的意见可以参考。晚上睡觉的时候,我会觉得特别孤独,但是创业终究是孤独的。我们公司现在大概有30个人,遇见问题我们会经常开会讨论,甚至会为一个问题争得面红耳赤,但我内心依然有一种孤独感。因为只要选择创业这条路,就意味着你需要承担更多的东西,而且是独自承担——员工的薪水、公司的业绩、关键问题的抉择。这些都需要我去承担,去负责,所以我觉得创业这条路,始终是孤独的,关键在于我们如何去克服这些困难,如何去接受并且享受这份孤独。

9.3.2.5 团队的组建和合伙人

1. 团队组建

先说团队的组建问题。相信大多数人选择创业,刚开始都会选择独自创业,然后再慢慢扩大自己的团队。很多人问我,应该在什么时候扩大自己的团队?其实这个问题,我觉得没什么准确的答案,根据自己的实际情况判断,当我们自己已经具备一定的运营能力且需要突破瓶颈的时候,就是我们要组建团队的时候了。我们一定要适应从一只"羊"变成"牧羊人"的角色,将我们所知道的成功的运营经验,复制给团队里的每一个成员。我曾经在开始扩建团队的时候,也犯过一些错误,我当时总是觉得,如果我把我的核心技术、核心价值告诉给我团队里的每一个成员,那他们跑出去自己创业了怎么办?但后来的经验告诉我,如果我们连这个都需要去担忧的话,那还是不要创业了。因为团队创业不是我们一个人创业,需要让团队里面所有的人参与进来,并能享受创业带来的成果,这样才能留住这些伙伴。

2. 合伙人

再来说关于合伙人的问题。当公司运营到了一定的阶段时,随着公司业务的发展,对资金的需求也会越来越大,此时我们需要找到合适的合伙人进行融资。关于合伙人的选择,我想说的是,合伙人实在是太重要了,因为合伙人一旦出现问题,有可能导致整个公司资金链的断裂，这是影响公司生死存亡的大事。所以说我们在找合伙人的时候，不仅要对合伙人资金情况、人品等方面有全面的了解，最重要的是，一定要将所有的投资比例、盈利分配等约定按照法定程序确认。切记！

总之，跨境电商的创业就是一次孤独的修行，踩坑在所难免，一步一个脚印，就会每天进步一点，相信各位会在这个行业里有所作为。

9.4 谢剑：内贸转外贸的坎坷

9.4.1 谢剑简介

谢剑，温州东瓯外经贸职业培训学校、温州东瓯教育特聘讲师。具有 7 年电商运营经验，几度创业，终在 Wish 上开花结果。有多个平台、品类，及品牌店铺运营经验。2014 年年底转战跨境电商行业，谢剑注册公司自建团队，全面负责 Wish 整体运营，摸索出一套适合中小卖家的独特玩法，深受 Wish 运营同行追捧。谢剑主攻新品开发、产品创新，对选品有独特心得，注重精品打造！

2017 年 3 月，百万美金俱乐部第八期语音分享课程培训邀请 wish 官方认证讲师——谢剑，在社群内为大家详解了 Wish 选品 9 大招式。通过区域定位、人群定位、习俗定位等多角度专业的选品方法，快速打造爆款。

2018 年 5 月，2018 海贤汇 Wish 专场培训大会上，Wish 官方认证讲师谢剑分享了《Wish 中小卖家经营之道》。

9.4.2 谢剑跨境电商坎坷创业路

2009 年我开始进入电商行业，从最初在企业做电商运营总监，到后来自己创业，自己操作过的店铺不下 30 家，既有电商平台里的热门类目女装，也有小类目丝巾、开关插座等。当初自认为对电商工作游刃有余，但是后面发生的事情，让我懂得了如果要进步更快，得随时保持一颗谦虚的心。

从内贸电商平台转战外贸电商平台的故事，要从 2014 年的"双 11"说起。

2014 年我们为了备战"双 11"，团队全部小伙伴都铆足了劲，为的就是在"双 11"当天打一场漂亮仗，从备货、推广方案、人员配备到推广费用，我们都做了充分的准备，当时确定的销售目标是"双 11"当天销售业绩突破 1000 万元。万事俱备，只欠东风，"双 11"当天小伙伴们热血沸腾，个个信心满满！但是"双 11"结束后，我们的销售业绩却不太理想，推广费用占了当天销售业绩的 20%，而且仓库中还有很多存货。因为我们卖的产品季节性太强，今年这个季节如果没有销售完，得等到明年的这个时间段市场才有需求。

这次失利，让我的事业走到了十字路口，资金的问题、团队以后的发展方向、个人事业的规划，这些都得重新思考。

事后我把自己关在房间里，对之前在电商行业走过的这几年做了深刻的总结。之前因为技术和方法到位，平台每次有改变我们都能很好地抓住机会，但是到了 2014 年后，国内知名品牌的大量入驻，给我们这些中小品牌企业带来了很大的冲击。同时，平台为了转化率，在流量和政策上对知名品牌有更多的扶持，加上国内消费者对产品品牌的认知度问题，中小品牌只能靠产品特色或者价格吸引消费者，而国内的设计师经常相互模仿，在产品特色方面没有太多的突破，商家如果要生存，只能选择从价格入手。国内商家为了抢占市场，走的是残暴的路线，大家的口号都是：把自己逼疯，把同行逼死，让客户爽！没有最低，只有更低！确实，客户爽了，得到了实惠，但很多厂家都走进了忙疯而且不赚钱的怪圈。如果想在电商界有所作为，必须突破这个怪圈。

在 2014 年底的一次政府和企业的交流会上，跨境电商这个新名词开始在温州兴起。我决定开始接触跨境电商，从内贸电商转变为外贸电商，这也许是我人生中的第二次春天。

9.4.2.1 语言——做外贸行业的第一座大山

做 Wish 店铺，语言是第一关，这也是进入外贸行业的第一道不可跨越的门槛，没有英语基础是很难做好的。我是一个说干就马上干的人，经过英语测评，团队小伙伴大部分都不符合要求，之前花了好几年的心血组建起来的团队在这次转型中全军覆没，这次转型相当于在还没有复原的伤口上又重重地割了一刀。为了发展，只能舔舐伤口选择重新上路。快速处理掉团队后，我开始独自一人重新起航，进入外贸电商行业。

虽然我过去英语水平还行，但是多年没有使用，已经把英语荒废很久了。在这次转型中，我遇到了我人生中的一个贵人——我的妻子。她之前一直做传统外贸行业，但国内原材料的涨价、人工劳动成本的增加、出口退税率的下降，使国内传统外贸代加工模式的黄金岁月一去不复返了。她之前一直负责和欧美客户沟通并处理出货、单证等方面的事情。她懂外贸，我懂电商运营，我们双方互补，算是完美的结合了。这样我们两个人的团队就组建完成了。

在团队组建完成后，开始选择入驻平台，当初我们考察和分析过 AliExpress、亚马逊、易贝、Wish 和其他一些小平台，最后我们选择入驻 Wish 平台。当初我们选择 Wish 的主要原因有以下几点：第一，Wish 的推广和销售都是在手机端完成，内贸电商平台的无线端流量和成交量增长猛烈，如果说外贸跨境电商是一个风口，那么专业定位于无线端的跨境电商平台 Wish 注定是一匹黑马；第二，Wish 平台结合消费者个人的喜好和多维度分析做推送，相对转化率会更高；第三，Wish 平台推送走的是千人千面路线，同时弱化了搜索和比价功能，这样的平台让商家处于一个良性的竞争状态；第四，Wish 平台规则比其他平台简单很多，便于新手马上入手操作；第五，平台收费合理，产品在成交后才收取 15% 的销售佣金，没有任何其他费用。

9.4.2.2 货源问题——做外贸行业的第二座大山

我决定入驻 Wish 平台后，注册店铺按照平台要求很快通过审核，但是选择什么产品成了一个巨大的难题。因为货物发到国外，物流成本很高，所以只能选择一些比较小的产品，而且重量要很轻才行。浙江地区货源种类丰富，而且物流方便，但产品重量使选择范围缩小了很多。当初考虑到国外特别是欧洲和美国等发达国家的消费者肥胖的比较多，我们选择了一款男女通用的产品——减肥足贴。后来店铺出单的第一款产品就是这款减肥足贴，而且热销了很久，算是一个比较好的品类。

在内贸转型外贸选择货源时我们也经历了很多波折。女装一直是所有电商平台的热销品类，在 Wish 上也不例外。当初我们为了快速出单，上了很多女装产品，但是因为不懂行情，导致了很多客户退款。当时韩剧在国内盛行，国内女装行业的产品风格多是韩版，韩版产品尺码和欧美产品尺码有所不同，胸围、袖长至少相差2cm，直到客户收到产品后申请退款，提出建议时，我们才发现这个问题。当初的热销款因为退款问题严重直接被平台下架。

眼镜行业是我们温州的支柱产业之一，所以我选择的第二类产品就是眼镜。因为国内眼镜制造商大部分是做外贸加工的，所以只要产品是针对欧美市场的都应该有很大的优势，但是也存在一个严重的问题，就是国外商家提供的太阳镜款式都有自己的设计专利，在Wish平台销售很容易被判为仿品，这种情况被查出了好几次。后来我们选择售卖仿品比较少的老花镜，它款式相对较少，而且有标准的度数，虽然不再是仿品，但是Wish平台的主要消费群体是35岁以下的年轻人，老花镜不太适合平台消费者的需求。这个教训告诉我们，选择合适的货源需要多方位、多角度考虑才行。

9.4.2.3　平台规则——在Wish平台上来不得半点马虎

结合之前的经验，我们为店铺持续上新产品。但接下来的一次操作让我体会到了Wish平台政策的严厉。

当初我们上架了一款短袖连衣裙，款式属于欧美风格，产品有收藏量，但是没有订单。为了提高产品的展现率，我在国外网站的一篇电子杂志中找到了一张这款连衣裙的模特实拍图，该图对产品展现力非常强，我直接将这款连衣裙的首图换成了模特实拍图。当初我满怀信心，认为修改后一定会出单，但是结果却和我们想象的不一样。早上醒来，打开店铺，我收到了一笔100美元的罚款，这对于店铺还没有出单的新商家来说是一种最严厉的警告。我们面临着两种选择，要么继续认真学习平台规则坚持下去，通过后面的订单业绩来弥补这100美元罚款；要么选择放弃，重新考虑还有没有其他的路可走。选择放弃就不用接受平台的罚款，而且我们也没有任何损失。但是，最后我们还是选择了坚持下去，认真学习平台规则，争取早日出单弥补这次罚款。自己犯的错误就要敢于承担责任。

9.4.2.4　物流难题——难以跨越的坎

我在国内电商平台打拼的5个年头里，对接过国内的所有快递公司，也了解国内快递的服务和时效，但是在我转型做外贸后，他们全部变得陌生了。

用心学习平台规则，每天用心选品，上新产品，终于我们的Wish店铺出了第一单。出单当天我们内心无比兴奋，我们经过艰难的选择，一路跌跌撞撞，终于在新的领域和新的平台上有了成绩，这种成就感是无法用语言形容的。在开心的同时我们又不得不面对另一道难题，订单通过什么渠道发到客户手中。之前在外贸行业给客户邮寄样品的时候都是用DHL或者UPS，大件货物都是用集装箱海运或者头程仓空运。我们这个订单货值太低，无法使用这些商业快递。后来通过温州跨境电商协会我们了解到，可以通过易邮宝(e邮宝)或中邮小包把货物派送到国外，而且费用比较低。当初由于店铺产品刚开始有销量，订单太少，e邮宝和中邮小包工作人员不负责上门取件，我们只好每天把货物送到当地服务站。炎热的太阳煎烤着大地，中午的室外气温高达40度，但是它无法阻挡我们重新起航的热情。为了节省工作时间，我们选择中午送货，因为中午太热，大家都在午休，路上不会堵车，一个来回刚好1.5小时，就这样我坚持了一个多月的时间。靠着这份坚韧和执着，我们店铺的单量有了一个新的突破，每天能有20单左右，而且每周都有上涨的趋势。达到一定单量后 e 邮宝和中邮小包都开始安排工作人员每天上门取件，物流难题算是完美解决了。

我们解决了语言、货源问题，熟悉了平台规则，解决了物流问题，店铺持续出单。从电商转型做外贸电商虽然一路坎坷，但总算是走过来了，不过后面发生的事是对我的一次考验。

9.4.2.5　坚定对 Wish 的信心——和招商经理第一次面对面

正当订单量每天上涨，我对自己的前景充满无限希望的时候，曝出了商家去上海 Wish 公司维权的事情，而且群里有很多 Wish 商家指责 Wish 平台暂扣商户货款。当时我自己也很担心，虽然结的款每次都会到账，但是随着订单量的增长，未结款的金额越来越大。正当我们在忧心的时候，Wish 商户后台出了公告，Wish 近期会联合温州邮政在我们当地召开一次 Wish 培训会。我立刻报了名，终于有人可以帮助我解决心中的疑惑了。

我记得那天的会议是在我们当地邮政局的一个大会议室举行的，会场来了很多人，其中大部分是做速卖通的，做 Wish 的只有几个，而且坐在我前面的人就是遭遇货款暂扣的 Wish 商家。前半场讲的是平台的规则，后半场开始答疑解惑时，大家围绕平台暂扣货款提出了很多问题，招商经理都做了很详细的解答，会议当天我也把心中所有的疑惑提了出来，招商经理都做了耐心的解答，而且仔细询问了我的店铺现在的订单情况，同时给了我很大的鼓励，我还记得当初她说的话：只要我按照平台要求保持现在的姿态用心做下去，一定会有很大的收获！这次培训让我更加坚定了对 Wish 平台的信心。

9.4.2.6　保持一颗感恩的心——将商机无私地分享给更多的人

从内贸转型做外贸虽然一路坎坷，但是靠着团队的坚持，加上平台的优势，店铺订单数量持续上升，我个人的财富状况也有了很大的改变。

在和之前一起做国内电商的同行谈起 Wish 这个平台时，他们很多人都说没有听说过。但我已经通过 Wish 平台从内贸完美转型做外贸，而身边很多做电商的朋友还处在内贸电商的"红海"中，我想通过我的努力改变一些人，就把 Wish 这个平台的优势告诉了他们，让他们有一个更好的发展方向。

2016 年 7 月，我和东瓯教育一起通过了 Wish 的官方认证，我们一起在温州当地高校进行了几次公益性的宣传，好几所大学决定开设跨境电商专业，特别针对 Wish 平台开设了专项课程。在今后的课程中，我将带领更多的大学生认识 Wish，学习 Wish 平台规则，运营 Wish 店铺，为社会培养更多具备跨境电商专业技能的人才，为温州当地内贸转型为外贸，传统外贸转型为跨境电商外贸做一份贡献。

9.5　李大磊：Wish 星青年项目的受益人

9.5.1　李大磊简介

李大磊，毕业于浙江外国语学院。大学期间参与了 Wish "星青年"计划，毕业后与同学一起创立了宁波思动电子商务有限公司，业绩斐然。他是 Wish 官方认证讲师，多所高校合作教师，其公司与浙江外国语学院等高校签证就业实践基地，致力于为学生提供跨境孵化。

9.5.2 李大磊 Wish 创业分享

9.5.2.1 与跨境电商的结缘

我是众多普通大学生中的一员，也和许多的大学生一样喜欢参与社团组织，对新鲜事物充满兴趣与好奇。在大学期间，我不愿意闲着，在学习之余，我积极参加校级组织，结识校内校外形形色色的人。同时，作为一名商学院的学生，我在浓厚的商业氛围中不断找寻创业的点子，创业的方向。大学期间，我了解了时下热门的微商、淘宝，接触了海淘、代购，对于跨境电商有了较为笼统的认知，但确实从来没有重视过这方面。在这个过程中，我有了几次销售的创业经历，也逐渐有了毕业之后自主创业的想法和计划。

到了大三，学校对创新创业学院进行宣讲，介绍了与 Wish 合作的"星青年"计划，这时我才真正认识到跨境电商的发展潜力，意识到这是一个多大的发展机会。记得当时几乎所有的大三在校生都参与到宣讲中，但是宣讲之后的反响并不理想，报名参与的同学并不多。在我看来，如果我没有抓住这一次机会，未来想要进入跨境电商领域，将会比现在更加困难，于是我在宣讲会一结束就报名了"星青年"计划，并最终通过了学院的筛选，进入了跨境电商班，开始学习跨境电商的知识，接触到 Wish 平台。

9.5.2.2 结缘 Wish

"星青年"计划是 Wish 培训部门的一个项目。作为新一代的青年，我深知我们对于手机的依赖程度之深，网购在日常购物中所占比例之大，而 Wish 平台近乎 100%的交易都是客户通过移动端下单，在线上购物完成的。移动端购物是当下消费的趋势，不只是中国，全世界都是如此，那么跨境电商的前景、Wish 的前景将是无法估量的。在想明白这一点之后，我也更加坚定了投身跨境电商，通过 Wish 创业的决心。

9.5.2.3 投身跨境电商

带着想在跨境电商这一行业打拼创业的决心，在一开始我就选择了以公司的身份注册账号，同时开始为创办公司做准备。但作为跨境电商领域的新人，想要在跨境电商领域创业，需要学习的知识很多，拦在我面前的坎也有很多。

初遇 Wish 平台，我对它一无所知，必须在课上课下不断地在 Wish 平台中探索，了解 Wish 操作平台上的每个功能的逻辑，每个功能的效果。即使每天的课业再多，社团活动再忙，我也会要求自己每天一定要完成 5～10 个产品的上传，操作后台模块，反复学习和浏览。通过反复的操作和学习，在 Wish 导师的指导下，我用两周的时间，初步地了解了 Wish 后台，并能够进行基础的电商交易操作。

我之前对英语没有重视，但在接触跨境电商之后，我深刻体会到了英语的重要性。Wish 产品的销售依靠标签的推送，而标签的设置不仅要能够准确地描述产品信息，还要按照外国人的语言习惯书写。我的英语基础差，词汇量累积少，对外国人的语言习惯不了解，根本无法写出合适的标签。在刚开始时，我大多借助平台的一键翻译功能，可后来发现，翻译的结果都非常生硬，而且与其他人发布的并没有区别，几乎是无效标签。然而，从头开始学习英语根本来不及，我只能以实践为导向进行英语学习。因此，我在速卖通、亚马逊等大型平台上寻找合适的产品，再根据其排名前几页的产品标题总结归纳合适的词块，最后按照 Wish 的标题要求，重组标题并书写标签。一个一个产品下来，我对标签的书写也逐渐能够掌握，甚至能够自己直接书写。

在标签的优化中，我也慢慢感觉到了平台的热点，能够触摸到平台最火的流量，这又间接地给我的选品带来了一些灵感和帮助，销售额也在慢慢增加。这对于初次尝试跨境电商的我来说是一种极大的鼓励。

很快校内班的学习结束了，带着理论基础的我被安排到了宁波一家公司进行暑期实习。在这里我第一次真正感受到了跨境电商的魅力。从标题到标签、从图片到定价我都学习了很多，感受了很多，总结了很多，也给公司带来了一些业绩上的增长。

但是压抑不住心中创业梦的我最终还是选择离开了公司，与同样对跨境电商充满兴趣的其他几位同学一起创立了宁波思动电子商务有限公司。公司化的运营和大学时的家庭作坊式运营有着天壤之别。ERP 系统、货代选择、采购的系统化这些操作看似简单，但对于刚起步的小公司来说实在太难了。在这样的压力下，我们几个人都成了多面手，在运营、打包、分拣、发货中轮番切换，每天都过得很充实，公司的业绩也快速地上升。

"星青年"计划让我开始接触跨境电商，将我领进跨境电商的大门，更是让我成为一个完全的电商人。一路走来，我们碰到过困难，遭遇过挫折，犯过巨大的错误，但我们也学习了最新的网络销售理念，丰富了见闻，收获了成长，更是在创业的路上越走越远。

2018 年，宁波思动电子商务有限公司越做越好，成为浙江外国语学院、浙江工商职业技术学院等高校的校企合作单位，同时我被认定为 Wish 官方讲师，被浙江工商职业技术学院聘请为客座讲师，已经带领团队为学校孵化出一家 Wish 创业子公司。感谢 Wish"星青年"计划，相信只要坚持和努力，你也一定能够成为跨境电商领域的新星！

参 考 文 献

[1] Wish 电商学院. Wish 官方运营手册：开启移动跨境电商之路[M]. 2 版. 北京：电子工业出版社，2018.
[2] 姜继红，崔立标，张雁峰. Wish 平台操作实训教程[M]. 西安：西安电子科技大学出版社，2021.
[3] 方美玉，汤叶灿. 跨境电商 Wish 立体护实战教程[M]. 杭州：浙江大学出版社，2019.
[4] 郑秀田，甘红云，林菡密. 跨境电商概论[M]. 北京：电子工业出版社，2021.
[5] 肖旭. 跨境电商实务[M]. 3 版. 北京：中国人民大学出版社，2020.
[6] 中国国际贸易学会商务专业培训考试办公室. 跨境电商英语教程[M]. 北京：中国商务出版社，2016.
[7] 翁晋阳，MARK. 再战跨境电商[M]. 北京：人民邮电出版社，2015.